权威·前沿·原创

皮书系列为
“十二五”“十三五”国家重点图书出版规划项目

BLUE BOOK

智库成果出版与传播平台

大洋洲蓝皮书

BLUE BOOK OF OCEANIA

大洋洲发展报告（2019~2020）

ANNUAL REPORT ON DEVELOPMENT OF OCEANIA (2019-2020)

地区治理的契机与挑战

Opportunities and Challenges to Regional Governance

主　编／喻常森　费　晟
副主编／李　骏

社会科学文献出版社
SOCIAL SCIENCES ACADEMIC PRESS (CHINA)

图书在版编目(CIP)数据

大洋洲发展报告.2019－2020：地区治理的契机与挑战/喻常森，费晟主编.－－北京：社会科学文献出版社，2021.2

（大洋洲蓝皮书）

ISBN 978－7－5201－7893－8

Ⅰ.①大…　Ⅱ.①喻…　②费…　Ⅲ.①大洋洲－研究报告－2019－2020　Ⅳ.①D76

中国版本图书馆 CIP 数据核字（2021）第 026350 号

大洋洲蓝皮书

大洋洲发展报告（2019～2020）

——地区治理的契机与挑战

主　　编／喻常森　费　晟

副 主 编／李　骏

出 版 人／王利民

责任编辑／高明秀

文稿编辑／李惠惠　肖世伟　许文文

出　　版／社会科学文献出版社·国别区域分社（010）59367078

地址：北京市北三环中路甲 29 号院华龙大厦　邮编：100029

网址：www.ssap.com.cn

发　　行／市场营销中心（010）59367081　59367083

印　　装／天津千鹤文化传播有限公司

规　　格／开 本：787mm×1092mm　1/16

印 张：16.25　字 数：243 千字

版　　次／2021 年 2 月第 1 版　2021 年 2 月第 1 次印刷

书　　号／ISBN 978－7－5201－7893－8

定　　价／128.00 元

本书如有印装质量问题，请与读者服务中心（010－59367028）联系

教育部国别和区域研究培育基地——中山大学
大洋洲研究中心 2019、2020 年度自主研究
专项经费资助

大洋洲蓝皮书编委会

主要编撰者简介

喻常森　中山大学国际关系学院副教授，教育部国别和区域研究培育基地——中山大学大洋洲研究中心常务副主任。主要研究方向为国际政治、中国与大洋洲关系。

费　晟　中山大学历史学系教授，教育部国别和区域研究培育基地——中山大学大洋洲研究中心副主任。主要研究方向为亚太国际关系史、大洋洲移民问题及澳大利亚社会问题等。

李　骏　中山大学国际关系学院副教授，教育部国别和区域研究培育基地——中山大学大洋洲研究中心研究员。主要研究方向为中澳关系、亚太地区非传统安全、国际合作与创新机制等。

摘　要

2019～2020年，大洋洲地区发展经受了严峻考验。受世界经济增长乏力和2020年全球新冠肺炎疫情影响，大洋洲经济呈低迷态势，经济下行压力增大，迫使各国政府强力干预。同时，重大公共危机对各国社会治理能力提出了挑战，环保、民粹等多重因素叠加使大洋洲政局呈现复杂多变的态势。中国对太平洋岛国外交取得了重大进展，但太平洋岛国对华态度呈现两面性、中澳关系再次跌入谷底等表明未来中国仍将面对极具变化和挑战性的南太平洋外交局势。

政治方面，澳大利亚总理莫里森领导的自由党－国家党联盟在澳大利亚联邦大选中获胜，成功获得连任。在此次大选中，执政联盟反复炒作移民问题，明显收紧了亚裔移民政策，反对同性婚姻，支持特朗普政府的以色列政策。2019年新西兰最重要的内政议题之一就是以南岛枪击事件为代表的公共安全问题。2019年3月基督城恐袭事件后，出色的危机反应为新西兰总理阿德恩赢得了较高的国际声誉。但在新西兰国内，联合政府中间偏右的优先党在社会再分配、移民、安全与外交等关键问题上都与工党有不少分歧，这对阿德恩领导的联合政府施政构成一定的限制。

外交方面，在特朗普政府加快重塑“印太”地区战略布局的背景下，2019年澳大利亚继续保持向美国全面靠拢的外交姿态。与澳大利亚相反，新西兰则表现出防务收缩的态势。2019年6月，新西兰政府宣布召回在伊拉克的驻军，将防务重点转向太平洋地区。在对华关系方面，澳大利亚、新西兰对中国还是继续采取经济与政治交流的双轨发展策略。一方面，中澳、中新贸易合作继续推进。另一方面，在政治上，除了在华为5G等老问题上继续与中国对抗之外，澳、新还不断出现干涉中国内政、无理指责中国的不当言行。

2019 年，尽管中国与澳大利亚、新西兰在外交领域是冲突与合作并存，但是与太平洋岛国外交工作取得了丰硕成果。2019 年 5 月，瓦努阿图总理访华；9 月，中国与所罗门群岛、基里巴斯分别建交与复交；10 月，国务院副总理胡春华率团出席在萨摩亚举办的“第三届中国－太平洋岛国经济发展合作论坛”，同月所罗门群岛总理访华；12 月，密克罗尼西亚联邦总统访华。2020 年 1 月，基里巴斯总统访华。2019～2020 年，中国对巴布亚新几内亚中国城建设、援助巴布亚新几内亚菌草和旱稻技术、5G 项目等稳步推进，可见中国同太平洋岛国关系发展呈现良好势头。

环境保护成为 2019 年大洋洲政治最重要的议题之一。继 2019 年 7 月《禁塑令》通过之后，11 月新西兰《零碳法案》几乎全票通过国会三读。澳大利亚空前严重的丛林大火引发环境危机和社会焦虑，并向政治和经济层面“延烧”。烟雾甚至飘洋过海影响到南美洲，澳大利亚经济也因大火遭到重创。

关键词： 大洋洲　澳大利亚　新西兰　太平洋岛国　外交关系

目　录

Ⅰ　总报告

Ⅱ　澳大利亚、新西兰篇

Ⅲ　太平洋岛国篇

Ⅳ　专题篇

Ⅴ　附录

皮书数据库阅读**使用指南**

总 报 告

General Report

B.1 2019~2020年大洋洲地区发展形势回顾与展望

费 晟 李星皓*

摘 要： 2019~2020年，大洋洲地区发展遭受了严峻考验。受世界经济增长乏力和2020年全球新冠肺炎疫情影响，大洋洲经济低迷，经济下行压力增大，迫使各国政府强力干预；同时，重大公共危机对各国社会治理能力提出了挑战，环保、民粹等多重因素叠加使大洋洲政局呈复杂多变的态势。2019~2020年中国对太平洋岛国外交取得了重大进展，但岛国对华态度呈两面性、中澳关系再次跌入谷底等表明未来中国仍将面对极具变化和挑战性的南太平洋外交局势。

* 费晟，博士，中山大学历史学系副教授，教育部国别和区域研究培育基地——中山大学大洋洲研究中心副主任、研究员；李星皓，中山大学历史学系博士研究生。

关键词： 大洋洲　经济发展　内政形势　外交博弈

一　大洋洲经济发展总体低迷，政府干预力度加强

由于世界经济增长整体乏力及国际贸易保护主义抬头，2019～2020 年大洋洲经济发展总体处于低迷状态。由表 1 中数据可见，除巴布亚新几内亚、萨摩亚与瓦努阿图等少数国家因新的外资投资项目经济明显逆势增长外，大多数国家经济均为低速增长，且增速普遍比 2018 年缓慢，这与 2019 年全球经济增速整体走低的大趋势相一致；而 2020 年上半年受全球新冠肺炎疫情及其关联因素严重影响，大洋洲各国经济普遍呈现负增长，尤其是依赖旅游业的国家如帕劳等出现了罕见的经济大幅衰退。与国内生产总值（GDP）的缓慢增长同步，大洋洲国家消费者价格指数普遍为正且呈走低态势，不过除汤加出现恶性通货膨胀迹象外，各国物价上涨普遍可控。经常账户差额方面，2019～2020 年大洋洲国家总体走低，且预计 2020 年将普遍出现逆差，反映出大洋洲国家在国际贸易中处于不利地位。投资方面，根据联合国贸易和发展会议的数据，澳大利亚、新西兰、斐济、巴布亚新几内亚等大洋洲主要经济体的外商投资和对外投资总体呈萎缩趋势，反映出大洋洲的投资吸引力与经济活力均有所降低。[①] 作为大洋洲两大支柱经济体的澳大利亚和新西兰，2019 年经济增速继续领先发达经济体平均水平，且失业率有所降低，这再次说明了两国经济体系的稳定性。但预计 2020 年两国经济负增长程度将高于发达经济体平均水平，这不仅反映出澳大利亚、新西兰两国应对全球新冠肺炎疫情引发的经济危机能力不足，而且说明两国高度出口导向型的产业经济存在脆弱性。[②]

① UNCTAD, *World Investment Report 2020*, Annex Tables.

② 澳、新两国 2019 年失业率（5.2%、4.1%）比 2018 年（5.3%、4.3%）分别降低了 0.1 个、0.2 个百分点。参见 IMF, World Economic Outlook Database, April 2020。

表1　2018~2020年主要大洋洲国家宏观经济指数

单位：%

项目	GDP实际增长率			消费者价格指数			经常账户差额			政府净借款率		
	2018年	2019年	2020年	2018年	2019年	2020年	2018年	2019年	2020年	2018年	2019年	2020年
世界	3.6	2.9	-3.0	—	—	—	—	—	—	—	—	—
发达经济体	2.2	1.7	-6.1	2.0	1.4	0.5	0.7	0.7	0.1	5.1	4.8	8.3
澳大利亚	2.7	1.8	-6.7	1.9	1.6	1.4	-2.1	0.5	-0.6	-0.9	-3.7	-9.7
新西兰	3.2	2.2	-7.2	1.6	1.6	1.2	-3.8	-3.0	-4.5	1.4	-1.6	-5.2
巴布亚新几内亚	-0.8	5.0	-1.0	4.7	3.8	4.7	25.9	24.1	19.8	-2.6	-4.1	-5.0
斐济	3.5	0.5	-5.8	4.1	1.9	1.2	-8.5	-7.2	-8.2	-5.5	-4.9	-10.6
所罗门群岛	3.9	1.2	-2.1	2.7	2.2	2.4	-4.5	-6.4	-15.0	0.7	-2.7	-7.3
瓦努阿图	2.8	2.9	-3.3	2.3	2.1	1.8	1.9	7.2	-10.9	7.6	5.3	-13.7
萨摩亚	-2.2	3.5	-3.7	3.7	2.2	2.3	0.8	2.3	-6.4	0.1	2.7	-9.1
汤加	0.4	-0.1	-1.2	3.6	4.7	2.0	-5.5	-8.9	-14.8	2.8	1.0	-2.4
密克罗尼西亚	0.2	1.2	-0.4	1.5	1.8	2.0	21.0	17.1	3.4	25.0	16.4	5.7
帕劳	5.2	0.5	-11.9	1.6	0.7	0.5	-15.8	-23.6	-30.7	6.1	1.9	-5.0
马绍尔群岛	3.6	2.4	-0.2	0.8	0.6	-0.9	6.5	3.7	-0.9	2.5	2.0	0.3
基里巴斯	2.3	2.3	0.0	0.6	-1.9	1.8	38.7	44.9	1.5	-1.1	8.8	-18.7
瑙鲁	5.7	1.0	-1.7	0.5	3.9	1.5	-4.6	5.0	5.2	32.5	16.1	5.3
图瓦卢	3.7	6.0	-1.0	2.1	2.2	1.9	7.1	25.6	-11.2	32.0	-8.6	-25.5

注：2020年各项数据为国际货币基金组织预测数据；经常账户差额和政府净借款率以占GDP的百分比表示。

资料来源：IMF，*World Economic Outlook*，April 2020，Statistical Appendix。

受经济不景气状况的影响，2019~2020年大洋洲国家主要采取的是宽松的货币政策和积极的财政政策。事实上，从2019年初开始，就有越来越多的大洋洲国家主动制造财政赤字（见表1政府净借款率）来刺激经济。此外，以澳大利亚为例，2019年6~10月澳联储连续三次降息至0.75%，政府还实施了减税1580亿澳元的政策。而新西兰央行在2019年8月大幅降息至历史新低点1%。[①] 2020年3月以后，澳、新两国还强化了上述措施。2020年3月12日，澳大利亚政府公布了总值176亿澳元的一揽子刺激计划；3月23日，澳大利亚联邦国会通过了总值近1000亿澳元的多项经济刺激措施。2020年3月16日，新西兰央行将官方现金利率下调至历史最低点（0.25%）；3月17日，新西兰政府公布了总值121亿新元（占新西兰GDP的4%）的经济计划；5月14日，新西兰财长发布了2020年财政预算，预算的核心是建立500亿新元的经济复苏基金。[②] 此外，澳大利亚还利用行政手段保护受重创的本国企业，2020年3月29日出台了更严格的限制外国收购的新措施，规定任何外国企业对澳大利亚企业进行竞购，都要经过外国投资审核委员会审批，旨在保护本国企业免于因在全球新冠肺炎疫情期间资产贬值而遭“猎取”。[③] 以巴布亚新几内亚为代表的岛屿国家也通过扩大国际信贷推动产业发展，比如巴布亚新几内亚融资1.8亿美元投资农业领域，因为这关系全国80%的人口的收入。[④]

---

① 《年内第三次：澳联储降息25个基点至0.75%，历史新低》，观察者网，2019年10月1日，https：//www.guancha.cn/internation/2019_10_01_519975.shtml；商务部美洲大洋洲司：《澳政府即将实施总额1580亿澳元减税计划》，中华人民共和国商务部网站，2019年7月25日，http：//mds.mofcom.gov.cn/article/zcfb/201908/20190802889115.shtml；驻新西兰经商参处：《新西兰央行大幅降息至历史低点1%》，中华人民共和国商务部网站，2019年8月9日，http：//www.mofcom.gov.cn/article/i/jyjl/l/201908/20190802889192.shtml。

② 《澳大利亚宣布176亿澳元刺激措施以帮助经济》，新浪财经，2020年3月12日，http：//finance.sina.com.cn/stock/usstock/c/2020-03-12/doc-iimxxstf8320862.shtml；《澳推出刺激计划应对经济下行》，人民网，2020年4月17日，http：//sn.people.com.cn/n2/2020/0417/c378286-33954599.html；驻新西兰大使馆经济商务处：《新西兰央行将官方现金利率（OCR）下调至历史最低点》，中华人民共和国商务部网站，2020年3月16日，http://www.mofcom.gov.cn/article/i/jyjl/l/202003/20200302945270.shtml；驻克赖斯特彻奇总领事馆经贸之窗：《为对抗疫情，新西兰政府公布121亿新元经济援助计划》，中华人民共和国商务部网站，2020年3月19日，http：//christchurch.mofcom.gov.cn/article/ztdy/202003/20200302946441.shtml；驻奥克兰经商处：《新西兰政府发布2020财政预算》，中华人民共和国商务部网站，2020年5月15日，http：//auckland.mofcom.gov.cn/article/jmxw/202005/20200502964881.shtml。

③ 《忧外资趁疫情之危收购　澳大利亚出台强力限制措施》，参考消息网，2020年3月31日，http：//www.cankaoxiaoxi.com/finance/20200331/2406217.shtml。

④ 《巴布亚新几内亚在财政与经济领域采取大胆步骤》，*Euromoney*，2019年5月15日，https：//www.euromoney.com/article/b1f9w8sh3slx99/papua-new-guinea-debate-png-takes-bold-step-onto-financial-and-economic-map。

在可预见的未来，大洋洲各国经济增长前景不容乐观。各国政府的主要精力将放在提振本国经济上，不排除采取更激进直接的干预手段刺激本国经济发展。但是对区域内所有经济体而言，外部市场的需求具有不可忽视的影响力。尤其对于太平洋岛国而言，对国际投资与援助的吸收具有决定性作用，这一层面的走势显然不甚乐观。

二　大洋洲国家内政形势多变，重大公共问题考验治理能力

2019 年大洋洲国家的内政局势多变，这意味着许多事态的发展与预期相悖，而一些事态则完全超出预期。最具戏剧性但意义重大的事件是澳大利亚大选结果。2019 年 5 月 18 日，澳大利亚联邦大选结果出炉，与选前各媒体与机构民调的普遍判断不同，现任总理斯科特·莫里森（Scott Morrison）领导的自由党－国家党执政联盟获胜，莫里森成功连任。就数据来看执政联盟并未取得压倒性的优势，自 2016 年以来执政联盟已经连续 56 次在专业的民意调查中落后，直到大选前夕几乎所有分析人士还都认为澳大利亚工党会获得胜利，之所以获胜，一个重要的影响因素是两位候选人之间的吸引力差异，虽然莫里森个人风格并不鲜明，缺乏公众魅力，但依然远胜澳大利亚工党竞争对手肖顿（Bill Shorten），因为澳大利亚工党在过去十年经历了反复内耗之后迟迟无法推出具有领袖气质的政治人物。在整个大选造势活动中，莫里森积极与选民互动，成功打造了“邻家总理”“普通人”的政治形象。

除此之外，执政联盟胜出的关键也在于其前一个任期内的经济成绩单可圈可点。2019 年 3 月，联邦政府宣布当年财政预算已经提前实现盈余，为 12 年来首次，引发巨大社会反响。在竞选过程中，执政联盟一直主打经济牌，甚至成功将气候变化议题转化成了经济议题，使澳大利亚工党“减排 45%”的目标为民众所担忧。“在工作和环境之间，很多澳大利亚人选择了工作。”①

① 袁野、姚亿博：《2019 年澳大利亚大选与政党政治新变化》，《当代世界》2019 年第 9 期，第 75 页。

不仅如此，还有分析指出，本次大选中执政联盟大多数新增票源来自澳大利亚最年轻的选民，反映出澳大利亚的选民结构发生了与美国类似的变化，“几乎在整个西方，越来越自由的富裕大城市与越来越保守的郊区农村之间形成了一道日益扩大的鸿沟”。①

最后，莫里森的获胜也是澳大利亚民粹主义的胜利。在此次大选中，执政联盟反复炒作移民问题，明显收紧了亚裔移民政策，反对同性婚姻，支持特朗普政府的以色列政策。事实上，选举前夜，长期坚持文化自由主义、支持全球化并努力推动亚太区域一体化的澳大利亚工党前总理霍克去世，尽管引发政坛广泛的哀悼，但并没有湮没民粹主义的呼声。因此，有评论将这次大选与 2016 年大选特朗普获胜相提并论。②

值得注意的是，2019 年澳大利亚大选期间，并没有炒作“中国渗透”或“中国威胁论”等议题，事实上大部分国际政治议题都没有成为舆论焦点。这并不意味着澳大利亚政坛不关心这类议题，而是说明两党在这些议题上的立场基本相同，没有特别炒作的空间。在这一背景下，选民与候选人也更关注内政问题。

在 2019 年大选前的 10 年间，总理频频易主，任期最长不超过 3 年且无一人连任，莫里森能否为澳大利亚政坛带来稳定，仍有待时间检验。此次大选对整个亚太地区局势的影响在于执政联盟一直奉行更为保守的政治、经济与社会政策。大选之前，包括中澳关系在内的地区关系都受到保守政治思潮的影响，澳大利亚工党如果胜出，至少在具体政策安排上会出现调整的契机。但是根据大选的结果，执政联盟显然无须考虑调整既有的保守政治立场，也就意味着澳大利亚在对外关系上的既有立场也很难明显改变。

2019 年新西兰内政遭遇了若干意外事件的冲击，其中最具刺激性的议

① 袁野、姚亿博：《2019 年澳大利亚大选与政党政治新变化》，《当代世界》2019 年第 9 期，第 76 页。

② 袁野、姚亿博：《2019 年澳大利亚大选与政党政治新变化》，《当代世界》2019 年第 9 期，第 73、76 页。

题就是以南岛枪击事件为代表的公共安全问题。众所周知，新西兰以社会稳定与治安良好闻名于世，普通刑事案件与政治极端主义活动均不突出。然而，2019 年 3 月 15 日新西兰南岛克赖斯特彻奇（Christchurch）清真寺门口发生了反穆斯林极端分子对人群开枪扫射事件，导致至少 50 人死亡。枪手是 28 岁的澳大利亚新南威尔士人布兰顿・塔兰特（Brenton Tarrant）。他强调自己是法西斯主义者，信奉白人至上主义，坚决反对外来移民。[①] 这一事件是全球民粹主义政治思潮泛滥的又一有力证据。这一事件引发了新西兰及澳大利亚社会的反思。然而，更糟糕的是，新西兰在 6 月 19 日发生了公开场合的枪击凶杀案，一名悍匪在奥克兰市当街枪杀一名警察，震惊全国。[②] 连续发生的枪击事件成为新西兰人对枪支管控态度的分水岭，也刺激当局强化反恐措施。4 月 11 日，新西兰总督签署了更严格的控枪法案，禁止普通民众持有半自动武器；10 月 22 日，国会通过新反恐法案一读，该法案旨在防止在海外涉足恐怖主义活动的新西兰人回流作案，尤其是针对卷入中亚及西亚宗教极端暴力活动的人员。[③] 显然，在经济衰退、社会阶级分化加剧以及种族主义与民粹思想回潮的背景下，澳大利亚与新西兰的社会治理压力进一步增大。而在整个大洋洲地区都存在上述社会问题的情况下，本来就存在治安与社会严重分化问题的巴布亚新几内亚、所罗门群岛等国发生内部动荡的风险也大大增加。

在全球气候变化和环境危机的大背景下，环境保护成为 2019 年大洋洲最重要的内政议题之一。太平洋岛国最关注气候变化问题。2019 年 5 月，联合国秘书长古特雷斯访问斐济、图瓦卢、瓦努阿图等太平洋岛国，表示岛

---

① 《新西兰特大枪击案：一场屠杀直播的背后》，《周末画报》2019 年 3 月 16 日，http：//cms. iweek. ly/index. php？/article/index/200073324。

② 《新西兰奥克兰突发枪击案　造成一名警察死亡》，海外网，2019 年 6 月 19 日，http：//m. haiwainet. cn/middle/3541093/2020/0619/content_ 31817223_ 1. html。

③ 《新西兰通过新版控枪法案》，人民网，2019 年 4 月 12 日，http：//world. people. com. cn/GB/n1/2019/0412/c1002 – 31025662. html；《新反恐法案通过一读，但未来仍存巨大变数》，新西兰先驱报中文网，2019 年 10 月 29 日，https：//www. chineseherald. co. nz/news/new – zealand/terrorism – suppression – bill – passes – first – reading/。

国部分地区海平面上升的高度是全球平均水平的四倍，呼吁国际社会立即采取行动，并盛赞斐济等岛国是气候与环境问题的天然领袖；当月，太平洋岛国论坛领导人联合声明表示，气候变化引发的海平面上升与极端天气影响了全世界，应当立即行动起来。[①] 8 月，第 50 届太平洋岛国论坛领导人会议在图瓦卢召开，主题为“确保我们在太平洋的未来”，着重就气候变化、海事安全、海洋污染等问题展开讨论，这反映出环境变化和生物保护成为太平洋岛国的重要关切。[②] 环境政治在新西兰尤为突出，继 2019 年 7 月通过《禁塑令》之后，11 月《零碳法案》几乎全票通过国会三读。当月新政党“可持续新西兰”成立，该党抨击绿党环保工作不力，承诺重视保护野生动物及消灭外来物种。[③]

环境问题在澳大利亚表现为空前严重的森林大火引发环境危机和社会焦虑，并向政治和经济层面“延烧”。澳大利亚森林大火实际上并不罕见，但这次从 2019 年 9 月持续到 2020 年 2 月的火灾，其规模和破坏性是空前的。据联合国环境规划署总结，到 2020 年 1 月中旬，过火面积达 1800 万亩，5900 栋房屋被烧毁，无数动物因火灾及火灾造成的栖息地被破坏而死亡，火灾形成的有害烟雾甚至“漂洋过海”影响到南美洲，澳大利亚经济也因大火遭到重创。[④] 究其原因，一是受全球气候变化和厄尔尼诺现象的影响，澳大利亚的环境条件正朝着越来越有利于火势发展的趋势转变，这次火灾前澳大利亚偏热少雨的天气已经持续了三年，而由于 2019 年印度洋偶极

---

① 《联合国秘书长古特雷斯发表评论文章：继续在气候变化问题上无所作为“不可接受”》，联合国新闻网，2019 年 5 月 29 日，https：//news. un. org/zh/story/2019/05/1035381；《联合国秘书长古特雷斯：斐济与自然“和谐共生”、是气候与环境问题的“天然领袖”》，联合国新闻网，2019 年 5 月 16 日，https：//news. un. org/zh/story/2019/05/1034521；《联合国秘书长呼吁全球加快应对气候变化的行动》，新华网，2019 年 5 月 15 日，http：//www. xinhuanet. com/2019 -05/15/c_ 1124499397. htm。

② 《第 50 届太平洋岛国论坛领导人会议在图瓦卢开幕》，新华网，2019 年 8 月 13 日，http：//www. xinhuanet. com/2019 -08/13/c_ 1124871954. htm。

③ 《新西兰成立新党派：比绿党友好，比国家党环保》，天维网，2019 年 11 月 12 日，http：//news. skykiwi. com/na/zh/2019 -11 -11/415960. shtml。

④ https：//www. unenvironment. org/news - and - stories/story/ten - impacts - australian - bushfires.

子（Indian Ocean Dipole，IOD）指数达到60年来最高值，年底澳大利亚更是经历了极端高温的酷热。[①] 二是澳大利亚以往的救火经验对这次空前的火灾失灵，“以往小规模精兵作战的志愿者救火模式难以奏效”，这次火灾“烧出了澳大利亚防火抗灾体制的最薄弱环节”。[②] 三是莫里森政府对火情警惕不够、措施不力，2019年12月莫里森在国内火势蔓延之际仍赴夏威夷度假，遭到民众强烈批评；2020年1月12日莫里森承认政府应对火灾存在失误，加之内阁成员丑闻，2月6日宣布改组内阁。可以说这次火灾直接引发了政坛地震。四是长期以来澳大利亚对气候变化问题与自然规律不够重视，澳大利亚以占世界0.3%的人口排放了占世界1.3%的温室气体，[③] 出于利益的考量不愿限制化石燃料的开采加工，从而无法有效改变引发森林大火的环境条件。因此，这场火灾“远不是一个消防不力的行政治理问题，而是近200年中人类无视自然法则遭受教训的又一个典型”[④]。

2019年最后一个引发广泛担忧的问题是，以萨摩亚麻疹流行为代表的流行病危机对太平洋岛国公共卫生体制提出了严峻挑战。萨摩亚人口仅19.6万人（2018年），但自2019年10月中旬暴发麻疹到12月28日短短两个多月的时间里，报告麻疹病例5655例（占本国人口的2.9%），死亡病例81例，死者大多数是儿童。[⑤] 麻疹这种古老的病毒性传染病尚无特效药，最有效的预防方法是接种疫苗。2018年两名婴儿接种麻疹疫苗死亡后，许多萨摩亚父母拒绝为自己的孩子接种疫苗，从而造成了这次本可避免

---

① 《关于澳大利亚大火的几个真相》，腾讯网，2020年1月14日，https：//new. qq. com/omn/20200114/20200114A0454B00. html。

② 陈弘：《“史无前例”的大火重创澳大利亚》，《世界知识》2020年第4期，第59页。

③ 陈弘：《“史无前例”的大火重创澳大利亚》，《世界知识》2020年第4期，第59页。

④ 费晟：《澳大利亚森林大火警示人类重视自然规律》，《中国社会科学报》2020年4月16日，第3版。

⑤ 《萨摩亚国家概况》，中华人民共和国外交部，2020年4月，https：//www. fmprc. gov. cn/web/gjhdq_ 676201/gj_ 676203/dyz_ 681240/1206_ 681716/1206x0_ 681718/；《萨摩亚宣布结束麻疹疫情紧急状态》，新华网，2019年12月28日，http：//www. xinhuanet. com/world/2019－12/28/c_ 1125399421. htm。

的流行病危机。[①] 2019 年，麻疹还在新西兰、汤加和斐济等其他岛国零星出现，暴露出这些国家存在对疫情麻痹大意、预防接种制度不完善等问题。[②] 这种情况无疑意味着各国在随后暴发的全球流行病危机中将面临更严峻的挑战。

三　大洋洲地区成大国外交博弈场

大洋洲各国的对外关系虽然反映各自国家的诉求，但无可否认它们都深受国际政治大局变化尤其是大国博弈的影响。比如 2019 年澳大利亚在防务及国际政治议题上继续保持向美国全面靠拢的姿态，澳大利亚在 8 月加入了美国应对伊朗石油封锁的护航联盟，9 月莫里森亲自访问美国以庆祝澳美两国百年“情谊”。[③] 不仅如此，也出现太平洋岛国进一步靠拢美国的迹象，首要的原因是 2019 年美国政府对大洋洲事务的直接干预达到了空前的程度。2019 年 5 月，美国总统特朗普在白宫会见了密克罗尼西亚联邦、马绍尔群岛、帕劳三个国家的领导人，强调美国在密克罗尼亚地区的“领导”角色。第二次世界大战以来，这里一直是美国第二岛链关键的军事基地，也存在数个美国的自由联系国。不仅如此，5 月美国驻澳大利亚大使在访问澳大利亚北部达尔文港军事基地时公开宣布将增加驻澳美国海军陆战队人数，以制衡中国在南太平洋地区日益增强的影响力。8 月，继特朗普会晤密克罗尼西亚联邦、马绍尔群岛及帕劳群岛领导人之后，美国国务卿蓬佩奥访问了密克罗尼西亚联邦并与赶来的马绍尔群岛及帕劳群岛领导人再次举行会谈；美国内政

① 《因反疫苗萨摩亚麻疹爆发：60 多人死亡　大多数是 4 岁以下儿童》，快科技，2019 年 12 月 9 日，https：//news. mydrivers. com/1/661/661130. htm。

② 《新西兰南岛暴发麻疹疫情》，新华网，2019 年 3 月 11 日，http：//www. xinhuanet. com/2019 -03/11/c_ 1124219992. htm。

③ 《澳大利亚总理宣布：澳将加入美国倡议的波斯湾“护航联盟”》，环球网，2019 年 8 月 21 日，https：//world. huanqiu. com/article/9CaKrnKmm5t；孙梦文：《澳总理莫里森访美巩固“百年情谊”，获高规格接待》，环球网，2019 年 9 月 20 日，https：//world. huanqiu. com/article/9CaKrnKmWcD。

部长也率团参加了在图瓦卢举办的第 31 届太平洋岛屿论坛对话伙伴会议。9 月，蓬佩奥在纽约与太平洋岛国领导人举行圆桌会谈，宣布 2020 年将提供高达 6500 万美元的新援助。① 显然，“在特朗普政府不断强化对华战略竞争的背景下，美国方面正加快重塑印太地区的战略布局，尤其是越来越重视太平洋岛国在中美博弈的作用”。对于中国和密克罗尼西亚联邦、马绍尔群岛、帕劳等与美国传统上关系密切的岛国关系的发展，美国显然已经予以高度关切。②

其次，不应否认澳大利亚等国在外交与军事上进一步亲美具有主动性，原因在于这些国家与美国具有相同的意识形态，同时也对中国全方位崛起日益担忧与抵触，而美澳军事同盟及“五眼联盟”等机制为澳大利亚等国追随美国提供了制度保障。比如 11 月 1 日，澳大利亚国防部长琳达·雷诺兹（Linda Reynolds）在美国首都华盛顿发表题为《处于竞争世界的美澳防务联盟》的演说，呼吁美国在“印太”地区扮演更重要的角色，以对抗中国的影响力。③

在强化对美国支持的同时，澳大利亚对特朗普政府可能实质上减少对澳大利亚军事援助的动向做出了妥协，开始通过增加军费加强国防。2019 年 12 月 16 日澳大利亚审计总署发布的国防项目审计报告预算大幅增加，2020 年 2 月 21 日澳大利亚政府宣布斥资 11 亿澳元扩建北领地北部的廷达尔（Tindal）空军基地，以容纳美军的空中加油机、战略轰炸

① https：//www. breitbart. com/news/trump – meets – pacific – islands – leaders – to – boost – us – ties/；https：//www. sbs. com. au/news/australia – in – front – line – in – region – us；刘天亮：《蓬佩奥访南太兜售“中国威胁论”，中方斥：美无权说三道四，横加指责》，环球网，2019 年 8 月 7 日，https：//m. huanqiu. com/article/9CaKrnKml Y2；https：//www. doi. gov/oia/press/interior – secretary – bernhardt – and – us – delegation – conclude – trip – pacific – islands – forum；https：//www. state. gov/u – s – engagement – in – the – pacific – islands – un – general – assembly – update/。

② 赵明昊：《中美竞合｜太平洋掰头，开始了吗?》，澎湃网，2019 年 8 月 22 日，https：//www. thepaper. cn/newsDetail_ forward_ 4227235。

③ https：//sldinfo. com/2019/11/the – australian – minister – of – defense – visits – washington – november – 2019/.

机等大型战机。[①] 与澳大利亚不同，新西兰展现出减少介入域外国际防务事务的姿态，但这反而意味着新西兰对周边安全与防务问题越来越重视。最典型的例子是2019年6月10日新西兰政府宣布召回在伊拉克的驻军，将防务重点转向太平洋地区，尽管新西兰政府表示做出这一决定不是为了对抗中国。[②]

值得高度注意的是，在地区外交与防务方面，澳大利亚积极主动炒作"印太"话题，成为美日"印太战略"的积极推手。2019年8月，澳大利亚总理先后访问越南、东帝汶寻求经济和防务合作，这显然是对4月东帝汶宣布引进中资建设天然气港的反应。[③] 需要指出的是，澳大利亚力图利用援助等手段拉拢太平洋岛国以对抗中国影响力的举措并非全然如意。如2019年6月，澳大利亚总理莫里森在获得连任后首次出境访问就选择了所罗门群岛，特别表示将向所罗门群岛提供2.5亿澳元的基础设施建设援助。其主要动机是遏制所罗门群岛已经显现的与中国建交的态势。然而，所罗门群岛在9月正式宣布与中国建交。对澳大利亚等区域大国操纵地区外交产生进一步冲击的事件是中国与基里巴斯复交。当地时间2019年9月27日，中国国务委员兼外交部长王毅在纽约中国常驻联合国代表团驻地同基里巴斯总统兼外长马茂签署《中华人民共和国与基里巴斯共和国关于恢复外交关系的联合公报》，宣布即日起两国恢复大使级外交关系。[④] 这充分说明2019年大洋洲地区外交的复杂性与多向性，小岛屿发展中国家外交自主性在内外因素合力作用下明显

---

① https://www.theguardian.com/australia-news/2019/dec/16/australias-major-defence-projects-in-further-12bn-budget-blowout；《澳大利亚升级北领空军基地　谋求军事介入东亚事务》，新浪军事，2020年3月8日，https://mil.sina.cn/2020-03-08/detail-iimxxstf7332991.d.html?pos=24&vt=4。

② 《从伊拉克撤军是为了制衡中国？新西兰总理：不是的》，新西兰先驱报新闻网，2019年6月11日，https://www.chineseherald.co.nz/news/new-zealand/pacific-orientated-defence-focus-not-because-of-china/。

③ https://www.bloomberg.com/news/features/2019-08-28/timor-leste-gas-development-in-middle-of-u-s-china-competition.

④ 《中国与基里巴斯复交》，中华人民共和国外交部网站，2019年9月28日，http://new.fmprc.gov.cn/web/zyxw/t1703113.shtml。

增强。

大洋洲国家与中国的关系仍然是该地区对外关系最重要的领域之一。澳大利亚与新西兰特别是澳大利亚对中国继续采取经济与政治交流的双轨策略。一方面，中澳、中新贸易合作继续推进。例如，2019 年 4 月，新西兰贸易部长访华并出席在北京举行的第二届“一带一路”国际合作高峰论坛；11 月，澳、新积极参加在上海举办的第二届中国国际进口博览会，当月为期三年的中新自贸区升级协定顺利签署，澳大利亚总理在中澳总理会晤时表示澳大利亚将独立开展对华外交，释放出合作信号。[①] 另一方面，在政治关系上，除了在华为 5G 等问题上继续对抗外，澳、新还频频干涉中国内政，无理指责中国。例如，澳大利亚外长佩恩（Marise Payne）批评中国驻布里斯班总领馆肯定中国留学生爱国行为的表态，澳大利亚内政部长妄称中国对其进行“网络攻击”和“干涉内政”；10 月 6 日，澳大利亚议员蒂姆·威尔逊甚至亲赴香港参加了街头游行示威活动，以示对“港独”分子的支持；7 月，澳、新同联合国人权理事会 22 个成员国就新疆问题签署批评中国人权问题的声明；澳大利亚官员和澳大利亚部分媒体炒作“中国间谍案”“中国渗透论”，甚至反诬中国干涉澳大利亚内政。[②] 对此，2019 年 10 月 17 日中国外交部发言人耿爽表示：“所谓中国干涉澳大利亚内政，这种说法只不过是澳大利亚国内一小部分势力，在毫无根

① 景曦：《新西兰贸易和出口增长部部长率代表团访华并出席“一带一路”国际合作高峰论坛》，环球网，2019 年 4 月 25 日，https：//world. huanqiu. com/article/9CaKrnKk2k9；《第二届进博会开幕　澳新企业积极参展》，人民网，2019 年 11 月 5 日，http：//australia. people. com. cn/n1/2019/1105/c408038 – 31439193. html；《李克强会见新西兰总理，双方宣布中新自贸协定升级谈判顺利完成》，新华网，2019 年 11 月 5 日，http：//bjrb. bjd. com. cn/html/2019 – 11/05/content_ 12426972. htm；《李克强同澳大利亚总理莫里森举行第七轮中澳总理年度会晤》，中华人民共和国中央人民政府网站，2019 年 11 月 3 日，http：//www. gov. cn/xinwen/2019 – 11/03/content_ 5448167. htm。

② 《中领馆发声明挺澳洲爱国留学生　澳外长又说三道四》，网易新闻，2019 年 7 月 28 日，https：//news. 163. com/19/0728/11/EL5V04MK0001899N. html；《澳内政部长妄指“干涉内政”，外交部：不要什么事都泼中国脏水》，观察者网，2019 年 10 月 11 日，https：//www. guancha. cn/politics/2019_ 10_ 11_ 520941. shtml；《垃圾分类，从他们做起……》，人民网，2019 年 12 月 1 日，http：//world. people. com. cn/n1/2019/1201/c1002 – （转下页注）

据的情况下自编自导的拙劣的把戏，为的是达到他们不可告人的政治目的。”① 中方也做出了一定的反击，2019 年 11 月中方禁止澳方两名反华议员入境。②

2019 年中国与澳大利亚及新西兰在外交领域冲突与合作并存，但是在太平洋岛国外交工作上取得了丰硕成果。除两个岛国分别与中国建交与恢复邦交之外，双方的互访也顺利展开，如 2019 年 5 月瓦努阿图总理访华；10 月，胡春华副总理率团出席在萨摩亚举办的“第三届中国 - 太平洋岛国经济发展合作论坛”，同月所罗门群岛总理访华；12 月，密克罗尼西亚联邦总统访华。2020 年 1 月，基里巴斯总统访华。与此同时，2019 年中国对巴布亚新几内亚中国城建设、援助巴布亚新几内亚菌草和旱稻技术、5G 项目等稳步推进，可见中国同太平洋岛国关系呈良好发展势头。③ 2020 年全球新冠肺炎疫情暴发后，中国与太平洋岛国加强交流和合作，体现了大国担当。例

（接上页注③）31483747. html；《伊朗常驻日内瓦使团发表声明，强烈反对西方针对中国的指控，痛斥西方拿人权作政治工具》，新浪网，2019 年 7 月 19 日，http：//k. sina. com. cn/article_ 1914880192_ 7222c0c002000lpkh. html；《澳外长宣称关切“杨恒均案”　华春莹：所谓“间谍案”频出怎么还不汲取教训?》，环球网，2019 年 12 月 2 日，https：//world. huanqiu. com/article/9CaKrnKo6LV。

① 《中国干预澳大利亚内政？外交部：中国奉行不干涉他国内政原则》，海外网，2019 年 10 月 17 日，https：//m. haiwainet. cn/middle/3541083/2019/1017/content_ 31647391_ 1. html。

② 《两名澳大利亚反华议员访华被拒签，中方回应很直接》，腾讯网，2019 年 11 月 18 日，https：//new. qq. com/omn/20191118/20191118A045BE00. html? pc。

③ 《习近平会见瓦努阿图总理萨尔维》，人民网，2019 年 5 月 29 日，http：//cpc. people. com. cn/n1/2019/0529/c64094 - 31107827. html；《中华人民共和国和所罗门群岛建立外交关系》，中华人民共和国中央人民政府网站，2019 年 9 月 21 日，http：//www. gov. cn/guowuyuan/2019 - 09/21/content_ 5432018. htm；《中国与基里巴斯复交》，中华人民共和国中央人民政府网站，2019 年 9 月 28 日，http：//www. gov. cn/guowuyuan/2019 - 09/28/content_ 5434327. htm；《胡春华出席第三届中国 - 太平洋岛国经济发展合作论坛开幕式宣读习近平主席贺信并致辞》，中华人民共和国中央人民政府网站，2019 年 10 月 21 日，http：//www. gov. cn/xinwen/2019 - 10/21/content_ 5442826. htm；《李克强举行仪式欢迎所罗门群岛总理索加瓦雷访华》，中华人民共和国中央人民政府网站，2019 年 10 月 9 日，http：//www. gov. cn/guowuyuan/2019 - 10/09/content_ 5437385. htm；《习近平举行仪式欢迎密克罗尼西亚联邦总统访华并同其会谈》，2019 年 12 月 13 日，http：//news. cctv. com/ （转下页注）

如，3 月 10 日中国同建交太平洋岛国举行卫生专家视频会议，主动向太平洋岛国通报情况和介绍防控经验。[①]

四 展望

2020 年开始全球蔓延的新冠肺炎疫情毫无疑问将对大洋洲经济造成严重创伤，这会加剧已经存在的经济发展乏力以及内政外交分化问题，也完全可能加剧社会内部的动荡，其恢复过程必定是漫长的。一方面，世界经济在未来很长时间内不会出现显著复苏的迹象，国际货币基金组织 2020 年 6 月 24 日发布的《世界经济展望：一次空前的危机，一种不确定的恢复》，将 2020 年全球增长率下调为 -4.9%，表示全球新冠肺炎疫情对 2020 年上半年经济活动的负面影响比预期得更为严重，复苏将比之前预测得更为缓慢。[②] 另一方面，大洋洲国家虽然在卫生防控方面取得了巨大成功，但“闭关锁国”的消极对策意味着旅游、教育和移民这三大经济支柱将受到致命打击。以澳大利亚为例，到 2019 年澳大利亚 GDP 已经连续 23 年正增长，甚至全球金融危机都没能使澳大利亚经济陷入衰退，但全球新冠肺炎疫情后澳大利亚经济出现衰退。到 2020 年 6 月底，澳大利亚失业率飙升至 7.1%，

（接上页注③）2019/12/13/ARTIjmC175o5xME4jreem6nz191213. shtml；《习近平举行仪式欢迎基里巴斯共和国总统访华并同其会谈》，网易新闻，2020 年 1 月 6 日，https：//news. 163. com/20/0106/20/F2833D8Q000189FH. html；驻巴布亚新几内亚经商参处：《巴新中国城项目开工，巴新政府高官表示欢迎》，中华人民共和国商务部网站，2019 年 5 月 3 日，http：//www. mofcom. gov. cn/article/i/jyjl/l/201905/20190502859554. shtml；《中国援助巴新菌草和旱稻技术项目启动》，新华网，2019 年 8 月 20 日，http：//www. xinhuanet. com/world/2019 -08/20/c_ 1124899025. htm；驻巴布亚新几内亚经商处：《巴新电信公司将与华为技术巴新公司尝试 5G 商用合作》，中华人民共和国商务部网站，2019 年 12 月 23 日，http：//pg. mofcom. gov. cn/article/jmxw/201912/20191202924284. shtml。

① 国际合作司：《中国 - 太平洋岛国应对新冠肺炎疫情卫生专家视频会议召开》，中华人民共和国国家卫生健康委员会网站，2020 年 3 月 10 日，http：//www. nhc. gov. cn/xcs/fkdt/202003/a87bc5d4d9154ddc9c1d7d01d5cdb6ab. shtml。

② https：//www. imf. org/en/Publications/WEO/Issues/2020/06/24/WEOUpdateJune2020.

为19年来最高，执政党面临巨大压力。① 新西兰将于2020年9月举行大选，其选情也受到明显冲击，增加了执政党连任的不可预测性。不过，无论政局如何变化，防控社会不安定因素、稳定经济增长都会是选民最关注的议题。

在全球新冠肺炎疫情冲击下，大洋洲地区除了可能面临的经济与社会治理压力外，应对气候变化及人文交流等事务也可能被边缘化。从长远看，这会影响到该地区国家的发展，而且也会导致该地区部分国家孤立主义、民粹主义抬头，大洋洲地区可能成为受去全球化现象冲击和影响最大的地区之一。

在外交和地区安全事务上，大洋洲地区国家间的分化可能进一步加剧。以澳大利亚与新西兰为代表的“五眼联盟”国家很可能进一步主动或被动地站队美国，加大对地区岛国内政外交的干预，这不利于维护该地区自由、平等和开放的关系。与此同时，以太平洋岛国为代表的大洋洲国家可能将进一步寻求传统域内外大国之外的外部援助，并强化与东亚国家的全面联系，因为这有利于增加这些国家发展的资本、技术来源。不可忽略的是，中国与太平洋岛国关系未来仍存在一定变数。首先，台湾当局并没有完全退出南太平洋，可能会有一些小动作。其次，太平洋岛国内政的不稳定性可能导致其在外交上骑墙摇摆，消耗本可真正用于提振当地经济与改善民生的援助。最后，美日“印太战略”将大大影响该地区总体的外交走向。美国对其与太平洋岛国关系的调整可能会对该地区发展产生难以预测的影响。

① 《澳大利亚经济黄金时代终结?》，每日经济·商业，2020年6月29日，http://cn.dailyeconomic.com/business/2020/06/29/22573.html。

澳大利亚、新西兰篇

Australia and New Zealand Reports

B.2
2019年澳大利亚内政外交及中澳关系评析

于 镭　于飞洋*

摘　要： 2019年是澳大利亚大选年。执政六年的自由党-国家党联盟以明显优势获得胜利，继续执政。大选结果虽在意料之外，却在情理之中。它既是澳大利亚经济不断下行的结果，也是澳大利亚国内政治在后冷战时期不断右转的产物，同时是美国政治势力与澳大利亚国内势力共同作用的产物。大选结果一方面深刻表明澳大利亚民众关注经济发展和民生改善，关注贫富差距的不断扩大；另一方面它也深刻表明在经济下行之际，澳大利亚国内民粹主义和右翼势力在不断增长。大选结果深刻预示澳大利亚的内政和外交

* 于镭，聊城大学太平洋岛国中心首席研究员、教授，北京外国语大学英语与地区研究学院客座教授，主要研究方向为东亚安全、中美澳三边关系；于飞洋，北京建筑大学外语与国际文化学院研究生，主要研究方向为国际政治、中国与澳大利亚关系。

将继续沿着既定的右转轨迹发展，短时间内难以生成逆转所需的巨大变革力量。作为澳大利亚第一大贸易伙伴和亚太地区最具活力的经济体，中国对澳大利亚经济影响力和中澳经济紧密度仍将稳中有升，这是中澳全面战略合作伙伴关系的基础，也是中澳关系不会因政府领导人更迭而轻易改变的基石。

关键词： 澳大利亚大选 《区域全面经济伙伴关系协定》 中澳关系

2019 年是澳大利亚大选年，尽管选前澳大利亚舆论一边倒地预测最大的在野党澳大利亚工党将会以较大的优势赢得选战胜利成为执政党，但选举结果大出政治观察人士和媒体的意料，执政六年的自由党 - 国家党联盟竟以明显优势大获全胜，继续执政。[①] 本次大选结果虽在意料之外，却在情理之中。它既是澳大利亚经济不断下行的结果，也是澳大利亚国内政治在后冷战时期不断右转的产物，同时是美国政治势力与澳大利亚国内势力共同作用的产物。大选结果一方面深刻表明澳大利亚民众关注经济发展和民生改善，关注贫富差距的不断扩大；另一方面深刻表明在经济下行之际，澳大利亚国内民粹主义和右翼势力在不断增长。大选结果深刻预示澳大利亚的内政和外交将继续沿着既定的右转轨迹发展，短时间内难以生成逆转所需的巨大变革力量。

一 2019年澳大利亚政治发展与政局评析

自由党 - 国家党联盟在此次选举中获得压倒性胜利，截至 2019 年 5 月 24 日，自由党 - 国家党联盟已在众议院 151 个席位中获得 77 席，超过执政

① Paign Cockburn and Bellinda Kontominas, "Election 2019: How the Polls Got It so Wrong in Predicting a Labor Victory", ABC, 20 May 2019, https://www.abc.net.au/news/2019-05-19/federal-election-results-how-the-polls-got-it-so-wrong/11128176.

所需的76席；澳大利亚工党只获得了65席，低于上次大选；小党派和独立候选人获得6席（见图1）。[①] 自由党－国家党联盟之所以在2019年的大选中“翻盘”获胜，主要有以下四点原因。

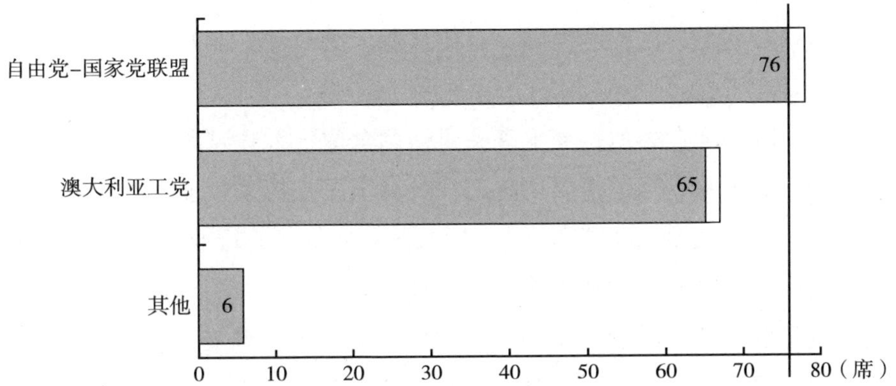

图1　2019年澳大利亚选举结果初步统计

资料来源：BBC，“2019 Australia Election：Liberal-National Coalition Secures Majority”，22 May 2019，https：//www. bbc. com/worklife/？ referer = https% 3A% 2F% 2Fwww. bbc. com% 2Fnews% 2Fworld – australia – 48331125。

（一）自由党－国家党联盟在事关国内选民切身利益的经济发展、劳动就业、环境保护、税收和移民等政策上较澳大利亚工党更有吸引力

自由党－国家党联盟执政以来，澳大利亚经济每况愈下，促使莫里森政府重视发展经济，并在事关选民切身利益的问题上采取了比澳大利亚工党更为务实的政策。莫里森政府顶住国内外某些环保组织和人士的压力，坚持尽快恢复和发展采矿业。莫里森政府之所以逆国内外环保潮流而动，首先是因

① BBC，“2019 Australia Election：Liberal-National Coalition Secures Majority”，22 May 2019，https：//www. bbc. com/worklife/？ referer = https% 3A% 2F% 2Fwww. bbc. com% 2Fnews% 2Fworld – australia – 48331125.

为澳大利亚矿业资源丰富，少量投入即可带来“快钱”，解决联邦和地方政府的财政困难。其次是因为采矿业属于劳动密集型产业，能够迅速拉动相关行业的就业率。基于这两方面的考量，莫里森政府力主大力发展煤炭业，并将其视为能够推动澳大利亚经济较快复苏的支柱产业之一。[①] 2019 年，澳大利亚迅速跃升为世界主要产煤国，直接从业人员超过 5 万人，并创造了十余万个间接就业机会。[②]

与特朗普的观点相似，莫里森一再强调全球气候升温和海平面上升并无科学依据，莫里森甚至手举煤块游说议员和国民支持采煤业：“这是澳大利亚的宝贝，不要谈煤色变。”[③] 为了获取采矿业和相关行业选民的支持，莫里森多次保证尽管澳大利亚约 85% 的能源依赖化石燃料，但他不会为改善空气质量和保护环境而牺牲澳大利亚的采煤业和经济繁荣。[④] 与莫里森领导的自由党 - 国家党联盟不同，澳大利亚工党主张逐年减少矿产，特别是煤炭的开采量，实现澳大利亚 2030 年的碳排放量较 2005 年减少 45%，2050 年前实现零排放，同时大幅度扩大可再生能源的使用范围，以保护澳大利亚脆弱的自然环境。澳大利亚工党在环保问题上的主张虽然受到国内外环保组织和人士的欢迎，却引起国内与矿业相关的选民及其家庭对自身利益的担忧。在此次大选中，盛产煤炭的昆士兰州有数个摇摆选区最终都将选票投给了自由党 - 国家党联盟；另外，绿党得票率只微升了 0.5 个百分点。这些都表明虽然多达 60% 的澳大利亚民众表示关注环境问题，但他们中间的大多数人

---

① Rick Noack, “Why Australia's Prime Minister Just Defended Coal, Even Though the Country Is ‘On Fire’ and Voters Fear Climate Change”, *Washington Post*, 23 December 2019, https://www.washingtonpost.com/world/2019/12/23/why-australias-prime-minister-just-defended-coal-even-though-country-is-fire-voters-fear-climate-change/.

② Kelly Chi, “The Prospects of Australian Coal Industry”, *Financial*, 29 March 2019, https://news.61financial.com.au/articles/780.

③ Katharine Murphy, “Scott Morrison Brings Coal to Question Time: What Fresh Idiocy Is This?” *Guardian*, 9 February 2019, https://www.theguardian.com/australia-news/2017/feb/09/scott-morrison-brings-coal-to-question-time-what-fresh-idiocy-is-this.

④ Sonali Paul, “In Coal We Trust: Australian Voters Back PM Morrison's Faith in Fossil Fuel”, Reuters, 19 May 2019, https://www.reuters.com/article/us-australia-election-energy/in-coal-we-trust-australias-voters-back-pm-morrisons-faith-in-fossil-fuel-idUSKCN1SP06F.

并不愿意以牺牲自身的经济利益和工作为代价，这在很大程度上影响了选民对澳大利亚工党的支持。①

（二）莫里森领导的执政联盟在税收和福利改革问题上的政策主张相较澳大利亚工党更有利于中高收入者，更加迎合国内日益上涨的民粹主义倾向，受到较多选民的支持

澳大利亚工党在竞选中大力主张对低收入者实施更大幅度的减税，要求采取切实措施封堵高收入者享受的税收减免政策。② 澳大利亚工党的主张遭到了莫里森政府的坚决拒绝，也遭到了澳大利亚企业主、农场主和中高收入者的强烈反对。自由党－国家党联盟以“公平、公正”为由，主张对社会各阶层实施同等幅度的减税方案。澳大利亚前总理霍华德和自由党－国家党联盟内高层在竞选中则借机指责澳大利亚工党的税收政策将导致澳大利亚不同收入阶层间产生巨大的隔阂，并不可避免地“撕裂”澳大利亚社会。③ 自由党－国家党联盟的税收政策虽然表面上对各阶层“公平、公正”，但实质上有利于富裕阶层，而不利于低收入者。

在澳大利亚民众极为关注的社会福利改革问题上，莫里森吸取前任总理的教训，对福利体系的改革秉持因势利导、循序渐进的策略，不在医疗、教育、养老和失业救济等事关广大选民切身利益的社会福利问题上作较大的改革，这一策略使其在大选中获得了多数选民的支持。澳大利亚是福利国家，

---

① Rick Noack, “Why Australia's Prime Minister Just Defended Coal, Even Though the Country Is ‘On Fire’ and Voters Fear Climate Change”, *Washington Post*, 23 December 2019, https://www.washingtonpost.com/world/2019/12/23/why-australias-prime-minister-just-defended-coal-even-though-country-is-fire-voters-fear-climate-change/.

② Katharine Murphy and Sarah Martin, “Labor's Tax Policies' Highly Progressive' with Top 20% Feeling Most Impact”, *Guardian*, 14 May 2019, https://www.theguardian.com/australia-news/2019/may/13/labors-tax-policies-to-have-virtually-no-impact-on-wealth-of-bottom-50-of-households.

③ Primrose Riordan, “Howard Takes Aim and Warns of Shorten's Class Warfare”, *Australian*, 29 April 2019, https://www.theaustralian.com.au/nation/politics/howard-takes-aim-and-warns-of-shortens-class-warfare/news-story/2441cfdb83cdbcfd5e8cc0eb9271a49d.

这一观念深植民心，并不是以一人之力一朝一夕就可以改变的。福利政策对澳大利亚政治影响巨大，牵一发而动全身，莫里森因而慎之又慎，采取只说不做或多说少做的策略，敷衍应对。在事关选民切身利益的社会福利问题上谨慎行事的同时，莫里森政府还迎合选民要求，对移民福利采取严厉的紧缩政策。在莫里森政府的主导下，参众两院于 2018 年 12 月通过《社会服务及其他立法修订（促进可持续福利）案》，自 2019 年 1 月 1 日起延长新移民享受澳大利亚某些社会福利的等待期，新移民需等待 4 年才可以享受全部福利，预计这一法案将每年为澳大利亚政府节省 13 亿澳元的福利支出。① 莫里森政府推行的新法案虽然遭到新移民的强烈反对，却获得了澳大利亚选民的广泛支持。

（三）新闻媒体，特别是美国掌控的新闻媒体的偏向性舆论导向在相当程度上影响了选民背弃澳大利亚工党转而支持莫里森领导的自由党-国家党联盟

包括澳大利亚工党前领袖陆克文在内的相当多的澳大利亚工党党员和支持者认为，在选战期间媒体大亨默多克旗下的众多国内外媒体连篇累牍地发表对澳大利亚工党充满“敌意”的报道，在相当程度上影响了澳大利亚的选民意向，破坏了澳大利亚工党的胜选。② 默多克不仅在澳大利亚拥有多家具有相当影响力的纸媒、网媒和电视媒体，而且位于美国、英国和其他西方国家的《纽约时报》、《泰晤士报》、福克斯新闻频道等全球 175 家报纸与一些横跨五大洲的卫星电视都是他的资产。虽然默多克一再否认澳大利亚工党的指责，但其麾下的媒体的确在大选期间频频抹黑澳大利亚工党，对莫里森领导的自由党-国家党联盟则大加支持。

① Young Evan, “New Changes for Australian Visas and Migrants Welfare in 2019”, *SBS News*, 31 December 2018, https：//www. sbs. com. au/language/english/new - changes - for - australian - visas - and - migrants - welfare - in - 2019.

② Kevin Rudd, “Democracy Overboard：Rupert Murdoch's Long War on Australian Politics”, *Guardian*, 7 September 2019, https：//www. theguardian. com/commentisfree/2019/sep/06/democracy - overboard - rupert - murdochs - long - war - on - australian - politics.

默多克对自由党－国家党联盟的支持经历过180度的大转变。特恩布尔当政时，默多克鉴于其税务改革主张危及自身利益，而指示旗下媒体对特恩布尔大加挞伐。特恩布尔因此在下台的讲话中明确指出，党内“叛乱分子”得到媒体支持，涉及复仇、个人野心和派系斗争。莫里森上台后，默多克不仅帮助他与特朗普建立密切的私人关系，而且其旗下的媒体立即转变攻击方向，对以前支持的澳大利亚工党大加批评。澳大利亚是西方发达国家中媒体所有权高度集中的国家，默多克的新闻集团控制了澳大利亚一多半主流媒体。政府前总理、澳大利亚工党领袖陆克文（曾于2007年、2013年两度担任澳大利亚总理）在下台后公开批评默多克运营的不是新闻机构，而是“政党”，他不仅追逐商业利益，还在竭力实现其极右翼的意识形态。①

（四）澳大利亚主要政党近年来频频上演“宫斗”和“逼宫”大戏，领导人更迭频繁，无心也无力专注于国计民生

澳大利亚自2010年以来出现过五位总理，其中四位总理是当时的执政党澳大利亚工党和自由党－国家党联盟激烈“宫斗”的产物（见图2）。政党内斗的“胜利者”执政后的政策并不比“失败者”高明，经济发展和就业状况无明显好转，政局和经济每况愈下，致使广大选民深感厌恶。澳大利亚工党领袖陆克文和吉拉德在2010～2013年的长期缠斗，自由党－国家党联盟的阿伯特和特恩布尔以及特恩布尔与达顿2013年后的激烈争斗都给澳大利亚民众留下了深刻的负面印象。频繁的领导人变更导致许多关系国计民生的政策或朝令夕改，或被束之高阁，难以施行，严重影响了澳大利亚经济发展和社会和谐稳定。在澳大利亚经济踏上下行通道之际，广大选民希望政府稳定，能够集中精力发展经济，改善民生。②

---

① Kevin Rudd, “Democracy Overboard: Rupert Murdoch's Long War on Australian Politics”, *Guardian*, 7 September 2019, https://www.theguardian.com/commentisfree/2019/sep/06/democracy-overboard-rupert-murdochs-long-war-on-australian-politics.

② BBC, “2019 Australia Election: Liberal-National Coalition Secures Majority”, 22 May 2019, https://www.bbc.com/worklife/?referer=https%3A%2F%2Fwww.bbc.com%2Fnews%2Fworld-australia-48331125.

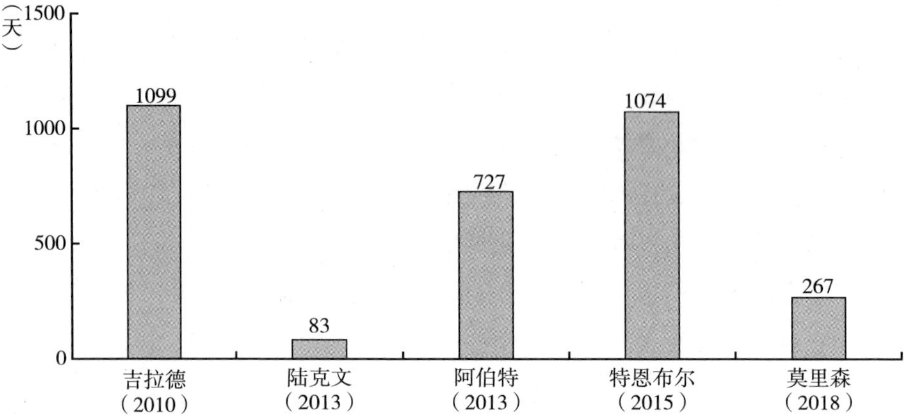

图 2　2010～2019 年澳大利亚各总理任期

注：数据截至 2019 年 5 月 18 日大选前。

二　2019年澳大利亚经济发展评析

2019 年，已连续 28 年增长的澳大利亚经济进一步表现出放缓的迹象。澳大利亚统计局公布的数据显示，澳大利亚经济 2019 年呈现出逐季下行的走势，全年经济增长率只有 2.1%，明显低于澳大利亚经济学家的普遍预期。澳大利亚统计局首席经济学家布鲁斯·霍克曼悲叹，这是澳大利亚“自国际金融危机以来最疲软的年度增长”①。澳大利亚国内生产总值从 2012 年矿业繁荣时期的峰值 1.56 万亿美元跌至 1.42 万亿美元，人均国内生产总值也从当年的峰值 6.8 万美元猛降至 5.5 万美元（见表 1）。② 澳联储曾于 2019 年降息 3 次，澳大利亚联邦政府同步推出大规模的基础设施建设计划，并施行总额达 1580 亿澳元（约合 1100 亿美元）的个人所得税减免计

① Department of Foreign Affairs and Trade, Fact Sheet of Australia, February 2020, https://dfat.gov.au/trade/resources/Documents/aust.pdf.

② Department of Foreign Affairs and Trade, Fact Sheet of Australia, February 2020, https://dfat.gov.au/trade/resources/Documents/aust.pdf.

划，以期扭转经济下行趋势。但这些重大经济举措并未产生预想的效果，既未止住经济下滑的势头，也未抑制失业率的持续上升，致使澳大利亚民众对经济前景和未来就业状况越来越担心。

澳大利亚经济学家普遍认为联邦政府采取的减税和降息政策不足以刺激家庭消费支出。更重要的是，澳大利亚政府应借此机会大力推行经济改革，改变澳大利亚经济结构过于单一的不利局面，而不是通过一味增加政府支出或降息来刺激经济的短期增长。澳大利亚经济的不断下行一方面表现出消费者购买力和购买愿意的走低，另一方面也显示了澳大利亚全年经济表现不尽如人意，居民可支配性收入较往年明显下降。澳大利亚 2019 年底传统购物旺季的反常表现便深刻反映了民众对经济前景的忧虑：澳大利亚零售业在这一传统购物旺季的销售额跌至 10 年来的最低点。更糟糕的是，澳大利亚经济学家和民众对 2020 年的经济预期普遍不乐观，澳大利亚研究机构罗伊·摩根近日公布的一项调查显示，40% 的受访者预计 2020 年澳大利亚的经济运行将比 2019 年“糟糕”，这一比例是 1990 年澳大利亚发生经济衰退以来的最高水平。

为了保持经济增长，遏制失业率攀升，莫里森政府仍然将澳大利亚的经济重心放至矿业领域，重点加大对煤炭等不可再生资源的开采力度。莫里森此举一方面是由于澳大利亚联邦政府财政紧张，根本没有足够的财力推动澳大利亚的经济转型和有利于澳大利亚经济长期持续发展的“北部大开发”计划；另一方面也是由于煤炭等矿业开采具有“短、平、快”的特点，能够为澳大利亚联邦和各级政府带来“快钱”和明显的短期“政绩”。此外，澳大利亚的煤炭储藏区主要分布在澳大利亚东部的昆士兰州、新南威尔士州和维多利亚州。这里既是澳大利亚的经济发达区，也是人口集中区。在此大规模开采煤炭有利于提高就业率，保持澳大利亚经济持续增长的势头。莫里森重振矿业的政策虽然遭到了国内主要反对党澳大利亚工党和各在野党以及环保人士的强烈反对，却得到了东部各州和西澳大利亚州选民的认同和支持，更获得了自由党 - 国家党联盟高层、矿界、工商界和金融界的支持。

表 1　2010～2019 年澳大利亚主要经济数据

主要经济指标(美元)	2010 年	2011 年	2012 年	2013 年	2014 年
GDP(单位:万亿)	1. 25	1. 50	1. 56	1. 51	1. 46
GDP(购买力平价:万亿)	0. 92	0. 96	1. 01	1. 05	1. 10
GDP per capita(人均国内生产总值)	56383	66786	68035	64660	61147
GDP(人均国内生产总值,购买力平价)	41398	42732	44298	45212	46550
GDP 年均真实增长率(%)	2. 4	2. 6	3. 6	2. 0	2. 6
国际收支平衡(单位:亿)	-443	-442	-662	-516	-441
主要经济指标(美元)	2015 年	2016 年	2017 年	2018 年	2019 年
GDP(单位:万亿)	1. 23	1. 27	1. 39	1. 42	1. 42
GDP(购买力平价:万亿)	1. 16	1. 20	1. 25	1. 32	1. 37
GDP per capita(人均国内生产总值)	51473	52038	55966	56556	55421
人均 GDP(人均国内生产总值,购买力平价)	48226	49276	50609	52373	53559
GDP 年真实增长率(%)	2. 5	2. 8	2. 5	2. 7	2. 1
国际收支平衡(单位:亿)	-579	-413	-355	-290	-291

资料来源：Department of Foreign Affairs and Trade, Fact Sheet of Australia, January 2020, https://dfat. gov. au/trade/resources/Documents/aust. pdf。

煤炭、铁矿石、天然气、黄金和铝矿石是澳大利亚 2019 年最主要的大宗出口商品，其出口额高达 2039 亿澳元，约为澳大利亚货物出口总额的 60%。[①] 澳大利亚现已跃升为世界第四大煤炭生产国和最大的煤炭净出口国，其开采的冶金煤和大约 70% 的热能煤用于出口。2019 年，澳大利亚煤炭出口额飙升至创纪录的 669 亿澳元，一举超过铁矿石，成为澳大利亚最大的出口商品。[②] 澳大利亚煤炭资源丰富，拥有超过 700 亿吨经济论证的黑色煤炭和

① Department of Foreign Affairs and Trade, Fact Sheet of Australia, February 2020, https://dfat. gov. au/trade/resources/Documents/aust. pdf.

② Department of Foreign Affairs and Trade, Fact Sheet of Australia, February 2020, https://dfat. gov. au/trade/resources/Documents/aust. pdf.

760 亿吨褐煤资源。按照目前的生产速度，黑煤的开采可维持 125 年，褐煤的开采可维持 1200 年。[①] 2019 年，澳大利亚铁矿石出口额为 633 亿澳元，为澳大利亚第二大出口商品。[②] 矿业的繁荣和大宗出口商品的增长的确在短期内令澳大利亚的经济呈现出繁荣景象，增加了澳大利亚联邦政府和相关各州政府的收入，并使澳大利亚国际收支经常项赤字降至 250 亿美元，为近年来最低。[③] 矿业的繁荣也大幅度降低了澳大利亚的失业率，2019 年的失业率为 4.8%，亦为近 10 年来最低。

澳大利亚整体经济走势在不断下行。这一趋势的背后固然有国际市场大宗商品价格和需求整体下降的外部因素，但澳大利亚经济成分过于单一，产业结构极度畸形等内因才是其经济逐年下行的最根本原因。澳大利亚经济结构不合理的"痼疾"早已存在，只是以中国为代表的亚洲新兴经济体对大宗商品的庞大需求给澳大利亚带来的长达数十年之久的矿业繁荣潮掩盖了澳大利亚经济的致命病根。澳大利亚相当多的经济学家和政府领导人早就注意到了这一问题，并多次试图调整澳大利亚的产业结构，以便为澳大利亚经济的持久繁荣奠定基础。为此，澳大利亚政府于 2015 年 6 月发布了《我们的北部，我们的未来——开发北澳》白皮书，正式提出"北部大开发"的战略构想，描绘了包括西澳大利亚州北部、北领地和昆士兰州在内的北澳大开发的愿景和蓝图。澳大利亚政府希望通过北部大开发，使这片广袤的土地在未来的 20 年内成为澳大利亚新经济的摇篮，并成为能够带动澳大利亚经济长期持续发展的新引擎。[④]

但是，从"北部大开发"白皮书发布以来 5 年多的实践研析，要想将

---

① Australian Productivity Commission, The Black Coal Industry, Report Number One, 1998, https://www.pc.gov.au/inquiries/completed/black-coal/report/coal2.pdf.

② Department of Foreign Affairs and Trade, Fact Sheet of Australia, February 2020, https://dfat.gov.au/trade/resources/Documents/aust.pdf.

③ Department of Foreign Affairs and Trade, Fact Sheet of Australia, February 2020, https://dfat.gov.au/trade/resources/Documents/aust.pdf.

④ Australian Government, *Our North, Our Future: White Paper on Developing Northern Australia*, Australian Federal Government, 2015.

“北部大开发”的美好蓝图变成现实尚存在诸多难以解决的问题。最大的难点是“北部大开发”对基础设施的需求巨大，而澳大利亚既缺乏开展大规模基础设施建设的资金，也缺乏超大规模基础设施的建设能力。澳大利亚联邦政府自2015年以来只计划在北澳地区投资60多亿澳元，用以强化道路和供水、供电等基础设施建设。这对地广人稀、基础设施极其落后的澳大利亚北部地区来说根本就是杯水车薪，难以带动该地区的规模性开发。由于澳大利亚国内政治斗争的内生因素和美国施压的外生因素，澳大利亚政府希望其盟友美国和日本能够投资“北部大开发”，并共同参与这一计划的大规模基础设施建设，而对既拥有资金又拥有基建能力的中资企业设置层层阻碍。从美国和日本在过去5年的表现分析，两国政府和企业对需要投资数千亿美元的“北部大开发”毫无兴趣。美国特朗普政府为了实施“印太战略”也仅仅为地域辽阔的“印太”地区提供了1.13亿美元的基础设施建设基金，而“蓝点”计划更是动员美国和日本的私企投资“印太”地区基建，政府不提供任何实质性资金。①

同样重要的是澳大利亚执政党和政府为了巩固执政地位和既得利益，执意追随美国“印太战略”，不断将宝贵的资金用于军事力量建设，不仅大幅度增加军费，将其开支增至国内生产总值的2%，而且追加4000亿澳元，用于购买美制天价战机和日制潜艇，致使政府财政赤字飙升，极大地浪费了资源出口换来的宝贵财富，也严重制约了政府的基础设施和创新研发资金投入，弱化了政府推动经济改革和推行“北部大开发”的能力。② 当然，还有其他一些重要因素阻止“北部大开发”的实施。例如自“北部大开发”计划公布以来，执政党和反对党党内“政变”不断，党首更迭频繁，因而主要政党难以形成合力，共同推动“北部大开发”计划，或将工作重心放至实施经济变革和发展经济的任务上，而是为了竞选，更加注重短期效益和短期政绩。在此情形下，“北部大开发”计划也只能停于纸面。与此同时，澳

① Roland Rajah, “An Emerging Indo-Pacific Infrastructure Strategy”, Lowy Institute, 3 August 2018, https://www.lowyinstitute.org/the-interpreter/emerging-indo-pacific-infrastructure-strategy.

② Marcus Hellyer, “The Cost of Defence: Beyond 2% of GDP”, *Strategist*, 5 June 2019, https://www.aspistrategist.org.au/the-cost-of-defence-beyond-2-of-gdp/.

大利亚矿业和能源的既得利益集团也希望政府将有限的资金集中到矿业和能源等传统“获利”领域，为其垄断利益服务，而不希望政府推行改革，彻底调整澳大利亚的产业结构。

三 2019年澳大利亚外交政策评析

澳大利亚经济近年来明显进入下行通道，这令莫里森政府的外交政策不论是在大选前还是大选后都呈现出强烈的“对冲”特质，即在经济方面更加强调“融入亚洲”，力推亚太地区经济一体化机制的建构，以便搭乘亚洲，特别是中国经济发展的快车，为澳大利亚谋获经济实惠；在军事和安全方面，则表现出更加紧密地追随美国，不断强化美澳军事同盟，借以维护美国于冷战时期在亚太区域编织的“轮辐”安全体系，护持美国在亚太地区的军事霸权，以及基于其上的区域秩序。对美国地区霸权的护持就是维护澳大利亚的既得地区利益和地区霸权，美澳双方在亚太地区的军事战略目标高度契合①，这是莫里森政府竭力强化美澳军事同盟的根本动因。莫里森政府外交战略的“对冲”特点主要表现在以下两个方面。

（一）推动澳大利亚与亚洲的经济融合，构建地区经济一体化，并视之为澳大利亚重振经济与持久繁荣的最主要和最便利的路径

在过去的数年里，澳大利亚迅速与中国、日本和韩国等亚洲主要经济体缔结了自由贸易协定，并积极参与和推动《区域全面经济伙伴关系协定》（RCEP）的谈判与缔约。RCEP是全球最大的自贸协定之一，涵盖人口超过36亿，占全球总人口的47.4%；国内生产总值27万亿美元，占全球总额的32.2%；外贸总额占全球外贸总额的29.1%。该自贸区是全球涵盖人口最多、最具潜力的自由贸易区之一，其成员国也是澳大利亚最为重要的全球贸

① Lei Yu, “China-Australia Strategic Partnership in the Context of China’s Grand Peripheral Diplomacy”, *Cambridge Review of International Affairs* 29（2016）：740－760.

易伙伴，与澳大利亚的贸易额超过5000亿美元。[①] 澳大利亚政界和经济界较为一致地认为，该自贸区建成后将会有效地整合本地区贸易规则，促进地区产业和价值链的融合，为区域经济一体化注入强劲动力。[②] RCEP不是双边协定，而是大型区域贸易协定，因此有利于争端解决机制的建立，有利于贸易和政治问题脱钩，从而实现区域贸易的稳定，提振成员国对自由贸易的信心。

RCEP对贸易立国的澳大利亚具有重要意义，它包括了澳大利亚15大贸易伙伴中的9个，贸易额占澳大利亚对外贸易总额的58%，占其出口总额的66%。RCEP的缔结将确保澳大利亚的商品、服务、投资在自贸协定下享受优惠待遇，令澳大利亚的对外贸易和经济成长跃上新的台阶。莫里森总理多次强调RCEP的规模是“跨太平洋伙伴关系的两倍”，将为澳大利亚的教育、卫生、通信和运输等服务业打开更为广阔和便利的国际市场，使澳大利亚的上述行业得以迅速进入亚洲最为重要的新兴经济体，为澳大利亚经济的持久繁荣奠定基础，确保“澳大利亚公民未来的工作”。[③] 澳大利亚联邦、贸易旅游和投资部长西蒙·伯明翰（Simon Birmingham）也一再对媒体发表讲话，宣称RCEP使澳大利亚进一步融入充满经济活力的亚太地区。他预测随着RCEP中各经济体的发展和中产阶层的扩大，该自由贸易区将为澳大利亚企业带来无限商机，澳大利亚公民将会有更多更好的就业机会。[④] 据汇丰银行报告预计，随着亚洲中产阶级对牛肉、羊肉等高品质食品，国际化教育，以及海外度假需求的增长，到2020年，澳大利亚对亚洲的出口额将占

① Department of Foreign Affairs and Trade, Regional Comprehensive Economic Partnership, February 2020, https://dfat.gov.au/trade/agreements/negotiations/rcep/Pages/regional-comprehensive-economic-partnership.aspx.

② Department of Foreign Affairs and Trade, Regional Comprehensive Economic Partnership Resources, February 2020, https://dfat.gov.au/trade/agreements/negotiations/rcep/business/Pages/for-business.aspx.

③ David Crowe, "Scott Morrison Urges Patience on Regional Trade Deal", *Sydney Morning Herald*, 5 November 2019, https://www.smh.com.au/politics/federal/scott-morrison-urges-patience-on-regional-trade-deal-20191104-p537cv.html.

④ Simon Birmingham, "Australia Welcomes Agreement to Finalise Regional Trade Deal", 4 November 2019, https://www.trademinister.gov.au/minister/simon-birmingham/media-release/australia-welcomes-agreement-finalise-regional-trade-deal.

其总出口额的 80% 。[①] 亚洲市场如此巨大，且仍不断增长的经济权重，是澳大利亚任何政治家都无法忽视的。

（二）莫里森政府无论是在大选前抑或大选后均明确强调与美国的军事同盟对澳“非常重要”，是澳外交政策和对外关系的基石

莫里森政府进一步强化与美国的军事同盟，既是国内政治角力的需要，也是美国施压的产物，具有显著的内生性和外生性。为了与美国进一步密切军事同盟，莫里森紧密追随美国的“印太战略”，不仅继续与美国举行大规模的联合军事演习，而且实质性充实美国在澳大利亚的驻军。2019 年 7 月初，美澳在澳大利亚东部海域举行“护身军刀——2019”联合军事演习。“护身军刀”是美澳军事同盟规模最大的双边军事演习，旨在增强两军协同作战，共同控制西太平洋的军事霸权的能力。该军演每两年举行一次，2019 年是第八次联合军演。美澳两军参演兵力超过 3.4 万人，是冷战后参演兵力最多的一次。[②] 为了壮大演习的声势，美国第七舰队派出“里根”号航母战斗群和以“黄蜂”号两栖攻击舰为首的远征战斗群参加军演。美国空军则派出最先进的战斗机 F－22 参加演习。为了配合美军，澳大利亚陆海空三军精锐悉数参加演习。军演还邀请了加拿大、日本、新西兰、英国等国家的军队与美澳军队联合行动，日本派出数艘战舰和两栖作战王牌部队“水陆机动团”参加军演。此外，印度、韩国等 18 个印太区域国家受邀观摩。

在扩大美澳联合军演规模的同时，莫里森政府还与美国擘画在距离达尔文港约 40 公里的格莱德角北修建大型深水港，以专供美国海军陆战队使用。[③]

---

① Liam Dilley, “Australia's Rapidly Rising Asian Connections”, Export Council of Australia, 9 June 2015, http://www.export.org.au/eca－news/page/46/#sthash.AvxLHAJ1.dpuf.

② Seth Robson, “US, Australian Forces Kick Off Massive, Monthlong Military Drills”, *Stripes*, 8 July 2019, https://www.stripes.com/news/us－australian－forces－kick－off－massive－monthlong－military－drills－down－under－1.589362.

③ Andrew Greene, “Secret Plans for New Port Outside Darwin to Accommodate Visiting US Marines”, ABC, 23 June 2019, https://www.abc.net.au/news/2019－06－23/navy－port－us－darwin－glyde－point－gunn－marines－gunn－military/11222606.

美澳于 2011 年达成军事协议，计划进一步增加美军在澳大利亚的驻军数量，以加强美国对印度洋和太平洋的军事控制。鉴于达尔文港是大型商业港口，其功能主要是商用，不能满足美军的需要，同时不利于大型军舰停靠和军事行动的隐蔽性，美澳两国遂计划修建格莱德角军港。该港建成后可容纳澳大利亚“堪培拉”级两栖攻击舰和美国海军“黄蜂”级两栖攻击舰的停靠和战备，并且可以为 2500 名美国海军陆战队员及其装备长期驻扎提供服务。格莱德角港周边几乎没有商业航线，不仅便于美军开展隐蔽行动，而且能够强化美国在印度洋和西太平洋的军事存在和投射能力，巩固美国在“两洋地区”的军事霸权。

四　2019年中澳关系评析

在美国加速对华遏制和对澳大利亚既施压又拉拢的背景之下，2019 年中澳关系进一步呈现出经济合作日益密切，安全领域分歧不断扩大之势。在澳大利亚经济日趋下行之际，莫里森政府在一定程度上弱化了对华刺耳之音，在大选前后基本保持了霍华德总理在 21 世纪初开创的在中美两大国间保持平衡的外交策略，对中国“两面下注”，既与中国保持密切的经济和贸易合作，使中国继续成为澳大利亚最重要的客户和出口市场，以护持澳大利亚的经济利益和繁荣富裕[①]，又与美国加强军事同盟，以防范中国的快速发展在权力架构和全球体系上对美国构成挑战，对澳大利亚的自身安全和既得利益与地位构成挑战。鉴于澳大利亚经济形势严峻，而中国在澳大利亚经济成长中权重不断上升，莫里森采取了有别于特恩布尔的做法，尽量减少对华正面冲突，以最大限度地获取经济利益。此策略在一定程度上减缓了中澳紧张关系，有利于中澳双边经贸合作的稳定发展，但也不可避免地加速了中澳

① Angus Livingston, “China ‘Customers’, US ‘friends’: Morrison”, *Canberra Times*, 13 May 2019, https://www.canberratimes.com.au/story/6121057/china-customers-us-friends-morrison/? cs=14231.

关系的“政经背离”。

2019年中澳双边经贸关系继续保持快速增长势头，中国蝉联澳大利亚第一大贸易伙伴、第一大出口目的地等。中澳两国间几近零关税和中国对资源的庞大需求将双边贸易额推向历史新高。2019财年，中澳双边贸易总额首次跃上2000亿澳元的新高度，达到2082亿澳元，较上一年增长12%。其中澳大利亚对华出口额增至1299.9亿澳元，创下历史新高，比2018财年增长了26.7%，超过澳大利亚出口总额的三分之一。澳大利亚从中国进口额也快速增至782.9亿澳元，较上一年增长了17.2%，占澳大利亚进口总额的25.36%，也创下新的纪录。[①] 不仅中澳贸易增长快，而且澳大利亚对华商品出口呈现出多元化、开放化的趋势，不仅为中国市场提供了优质的农产品、矿产品等澳大利亚传统优势出口项目产品，还提供了极富竞争力的服务业产品，内容涵盖健康、教育、养老等多个领域。《澳大利亚人报》援引麦肯锡全球研究院（McKinsey Global Institute）最新的报告称，2013～2017年，“中国进口占澳大利亚总产出的16%”，而2003～2007年，中国进口仅占澳大利亚总产出的4%。《澳大利亚人报》指出，中澳两国经贸关系顽强且快速增长表明中澳两个经济体具有高度互补性，以及两国都有大量代理商想与对方做生意的事实。[②] 这就是为什么不论来自哪个党派的澳大利亚政治家都认为中澳两国关系势将“更加深入，更加稳固”[③]。

虽然中澳双边经贸关系在2019年跃上新的台阶，但中澳两国在安全领

---

① Glenda Korporaal, “Trade with China Hits $208”, *Australian*, 4 July 2019, https://www.theaustralian.com.au/subscribe/news/1/?sourceCode=TAWEB_WRE170_a_GGL&dest=https%3A%2F%2Fwww.theaustralian.com.au%2Fbusiness%2Feconomics%2Ftrade-with-china-hits-208bn%2Fnews-story%2Fd64666eae89e16f83af68ef61f3edd76&memtype=anonymous&mode=premium.

② Glenda Korporaal, “Trade with China Hits $208”, *Australian*, 4 July 2019, https://www.theaustralian.com.au/subscribe/news/1/?sourceCode=TAWEB_WRE170_a_GGL&dest=https%3A%2F%2Fwww.theaustralian.com.au%2Fbusiness%2Feconomics%2Ftrade-with-china-hits-208bn%2Fnews-story%2Fd64666eae89e16f83af68ef61f3edd76&memtype=anonymous&mode=premium.

③ Alex Oliver, “What to Expect from Malcolm Turnbull”, *Foreign Policy*, 16 September 2015, http://foreignpolicy.com/2015/09/16/what-to-expect-malcolm-turnbull-australia-tony-abbott-prime-minister/.

域的分歧继续呈现加速扩大之势。随着中国的快速发展，澳大利亚政界、安全防卫界不断渲染“中国威胁论”。①

中澳两国对亚太乃至“印太”地区在后冷战时代的安全体系与安全架构的分歧进一步增大。在后冷战时代，中国一直倡导互信、互利、平等、协作的新安全观来取代旧有的以军事集团对抗为主的冷战模式。与中方观点相反，澳大利亚政府坚持澳美军事同盟是其对外政策的基石，也是维护“印太”地区安全体系和澳大利亚既得利益和地位的最重要力量。为此，莫里森政府与前任政府一样，积极推动和支持美国的“印太战略”，深化澳美军事同盟，不断升级澳美在亚太和“印太”地区的联合军事演习规模，并竭力将澳大利亚打造成“印太战略”最为重要的军事枢纽。

澳大利亚立国以来一直奉行与全球体系中的超级大国结盟的策略，以获取政治、经济和安全利益，这是澳大利亚的国策，也是澳大利亚历经殖民主义、帝国主义和冷战中超级大国霸权对抗的实践经验总结，任何澳大利亚政治领导人都很难在短时间内改变这一政策取向。这是澳大利亚的国家利益和民族思维定式所共同决定的，很难因政府领导人的更迭及其个人好恶而改变。但是，与美国强化军事同盟，并不一定意味着澳大利亚一定会立即在中美之间选边，也不意味着其一定会马上介入中美之间的纠纷，这也是澳大利亚的国家利益所决定的。为了澳大利亚的经济、政治和军事利益，莫里森政府仍会延续霍华德总理21世纪以来开创的在中美两大国间平衡的外交方略。

① Damien Cave and Jamie Tarabay，“Suddenly，the Chinese Threat to Australia Seems Very Real”，*New York Times*，28 November 2019，https：//www. nytimes. com/2019/11/28/world/australia/china – spying – wang – liqiang – nick – zhao. html.

B.3

2019年澳大利亚新闻热点分析

胡 丹*

摘 要： 本报告综合参考了澳大利亚不同定位、不同发行范围、不同类型的四家媒体对2019年阅读量最高的新闻的统计结果，并与《澳大利亚数字新闻报告》连续五年的年度调查结果进行比对，发现2019年澳大利亚民众在网上新闻阅读时持续显现出对灾难、犯罪、惊悚、猎奇、民生类主题的偏好，具有明显的“向内看”特征。民众对新闻主题与自己的相关性不甚满意，对新闻和媒体的态度出现显著的恶化，体现在：对新闻特别是政治新闻的兴趣降低；认为新闻观点经常过于负面且会主动回避一些新闻，对新闻不信任达到历史最高点或次高点，全球同比也多处于较低甚至是最低水平。该态度变化应是由受访时选战升温和媒体机构竞争加剧两大因素所造成。

关键词： 新闻热点 澳大利亚 新闻消费

一 引言

2019年对澳大利亚而言属多事之秋。从以“奇迹”收场的联邦大

---

* 胡丹，博士，北京外国语大学英语学院讲师、澳大利亚研究中心副主任，主要研究方向为国际传媒问题。此报告受“中央高校基本科研业务费专项资金”资助，为“全球投资保护主义兴起的比较与对策研究”（2019JJ013）项目的中期成果之一。

选，到历史上最严重的山火，澳大利亚民众最关注哪些新闻呢？本文将通过对多家媒体的统计进行综合分析并结合年度调查的数据，对澳大利亚人该年度所关注的新闻热点进行整理和解读，对其中折射出的社会新闻消费习惯的变迁及媒体环境的改变进行深入分析。

由于纸媒和电视较难统计，澳媒进行统计时多依赖网络新闻的点击量，有时也会参考评论量。根据 2019 年牛津大学路透新闻研究学院（Reuters Institute for the Study of Journalism）的年度《路透学院数字新闻报告》（“Reuters Institute Digital News Report”）[①] 的统计，澳大利亚同全球大趋势保持一致，新闻正经历从依赖传统线下来源转变为以线上来源为主。该报告 2016 ~ 2019 年四年的跟踪调查显示，始终有 73% ~ 79% 的受访者表示，线上新闻（包括社交媒体）是他们获取新闻的主要来源。[②] 2019 年《澳大利亚数字新闻报告》[③] 的统计则显示，澳大利亚 43% 的受访者表示线上新闻是他们获取新闻的主要来源，剩下的 57% 选择线下新闻。[④] 部分受访国家和地区民众获取新闻的主要来源情况见图 1。

---

① 该报告一般每年 1 ~ 2 月进行调查，6 月发布。本文成稿时 2019 年报告系最新可得版本。该报告虽名为《路透学院数字新闻报告》，但其实旨在对各平台的媒体及大众的新闻消费习惯进行年度跟踪，主要关注的问题是“大众对新闻付费的意愿、对新闻媒体的看法”等。2019 年的报告对 38 个国家和地区的超过 75000 名受访者进行了调查，并辅之以质性研究。N. Newman，R. Fletcher，A. Kalogeropoulos，R. K. Nielsen，“Reuters Institute Digital News Report 2019”，Reuters Institute for the Study of Journalism at University of Oxford，http://www.digitalnewsreport.org/survey/2019/overview-key-findings-2019/.

② 此项调查为多选项题，如 2019 年的统计结果中，线上新闻（包括社交媒体）是第一大来源，73% 的受访者选择该项，除此之外分别为：电视（66%）、社交媒体（45%）、纸媒（28%）。N. Newman，R. Fletcher，A. Kalogeropoulos，R. K. Nielsen，“Reuters Institute Digital News Report 2019”，Reuters Institute for the Study of Journalism at University of Oxford，http://www.digitalnewsreport.org/survey/2019/overview-key-findings-2019/.

③ 由于全球的《数字新闻报告》篇幅有限，其中澳大利亚部分的内容与受托完成澳大利亚国内调研的堪培拉大学的报告全文大部分重合，但也有少数统计和图表的项目为其独有。为方便计，将堪培拉大学的全文报告称为《澳大利亚数字新闻报告》。C. Fisher，S. Park，J. Lee，G. Fuller，Y. Sang，“Digital News Report：Australia 2019”，Canberra：News and Media Research Centre，2019.

④ C. Fisher，S. Park，J. Lee，G. Fuller，Y. Sang，“Digital News Report：Australia 2019”，Canberra：News and Media Research Centre，2019.

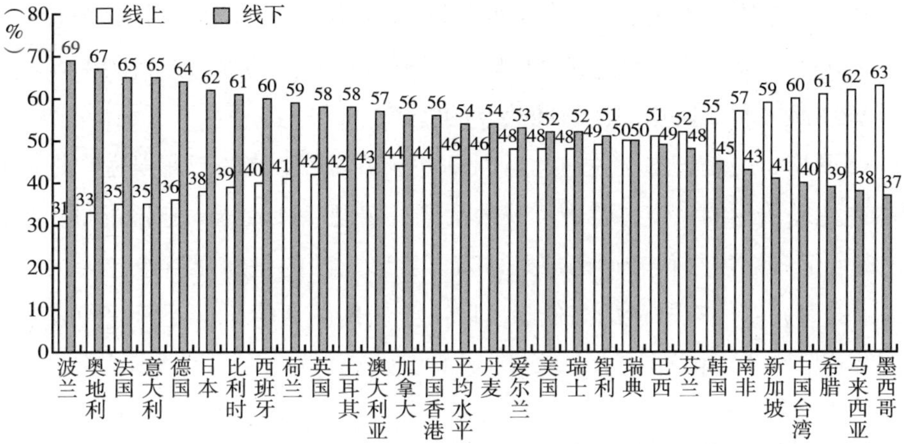

图1　部分受访国家和地区民众获取新闻的主要来源

注：平均水平为受访38个国家和地区的平均水平；数据占比合计略超100%者为数值修约误差所致，但不会对结论分析产生实质性影响，本文图中数据余同，此后不赘。

资料来源：2019年《澳大利亚数字新闻报告》（C. Fisher, S. Park, J. Lee, G. Fuller, Y. Sang, "Digital News Report: Australia 2019", Canberra: News and Media Research Centre, 2019）。

本文依据澳大利亚主要媒体的线上阅读统计，并结合《路透学院数字新闻报告》中的澳大利亚部分以及更完整的《澳大利亚数字新闻报告》来进行澳大利亚人新闻消费习惯的分析。牛津大学路透新闻研究学院自2012年起对全球几十个重点国家和地区的媒体和新闻消费进行年度调查，是"世界上现行的对新闻消费最为全面的比较研究"。①

二　2019年澳大利亚的新闻热点统计

本文分别选取了澳大利亚广播公司（Australian Broadcasting Corporation，以下简称ABC）和历史最悠久的私营纸媒《悉尼晨锋报》（*Sydney Morning*

① N. Newman, R. Fletcher, A. Kalogeropoulos, R. K. Nielsen, "Reuters Institute Digital News Report 2019", Reuters Institute for the Study of Journalism at University of Oxford, http://www.digitalnewsreport.org/survey/2019/overview-key-findings-2019/.

Herald）的统计来跟踪新闻关注度，同时参考《澳大利亚金融评论报》（*Australian Fiancial Reviw*）和雅虎财经（澳大利亚）的财经类新闻统计来进一步说明澳大利亚民众关注新闻热点的特点。

需要指出的是，本文关注的新闻热点系阅读量最高的新闻报道，是新闻消费者主动关注的报道，其中反映的话题、主题、领域不一定和新闻从业者（编辑、记者）所提供新闻的偏好一致，更多反映的是新闻消费者关注的话题。[①] 同时，新闻点击量的高低除了取决于新闻的话题，也受标题的表达形式等其他因素影响。

（一）综合类新闻

基于全面考虑不同网站在定位、内容上的差异及其访问群体可能具有的不同特征，本文在采用综合新闻的榜单时综合参考了 ABC 和《悉尼晨锋报》的统计，分别代表了国有媒体—私营媒体、全国性—地区性（以新南威尔士州为主）、电视广播媒体为主营业务—纸媒为主营业务等不同特征和类别的媒体组织。政治倾向上，一般认为《悉尼晨锋报》属于温和派、中间偏左；ABC 尽管力主无任何偏见，但多年来被认为有偏左之嫌，尤其是在政党政治和选举中，一般认为其略倾向于澳大利亚工党。

1. ABC 对网上新闻的统计

ABC 是澳大利亚的国有新闻机构，拥有电视、广播、网络（数字媒体）等多种平台，每年可获政府资助，但在新闻报道上保持着独立性。据 2019 年《路透学院数字新闻报告》的统计，ABC 在电视、广播中是澳大利亚的第一媒体，在数字媒体中略逊于新闻集团旗下的网站排第二位，并且是澳大利亚人获取新闻时最为信任的品牌（见图 2）。[②]

① 当然，新闻消费者可选择的新闻皆由媒体所提供，因此一定程度上也受到媒体偏好的影响。

② N. Newman, R. Fletcher, A. Kalogeropoulos, R. K. Nielsen, "Reuters Institute Digital News Report 2019", Reuters Institute for the Study of Journalism at University of Oxford, http://www.digitalnewsreport.org/survey/2019/overview-key-findings-2019/.

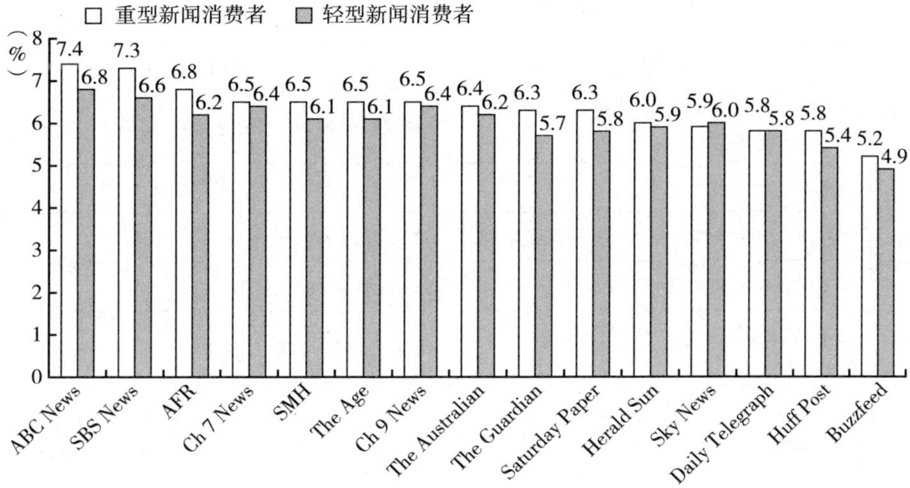

图 2　澳大利亚人对新闻品牌的信任度

资料来源：2019 年《路透学院数字新闻报告》澳大利亚篇（N. Newman，R. Fletcher，A. Kalogeropoulos，R. K. Nielsen，“Reuters Institute Digital News Report 2019”，Reuters Institute for the Study of Journalism at University of Oxford，http：//www. digitalnewsreport. org/survey/2019/overview – key – findings – 2019/）。

ABC 对 2019 年网站（www. abc. net. au）上点击量最高的 20 条新闻进行了统计，具体见表 1。

表 1　2019 年 ABC 网站点击量最高的 20 条新闻

	新闻标题	新闻内容
1	2019 年大选：执政联盟得以连任，莫里森表示“我一直相信奇迹”	2019 年联邦大选
2	克赖斯特彻奇两座清真寺发生枪袭，49 人死亡，一名直播恐怖袭击的澳大利亚人被捕	新西兰克赖斯特彻奇枪击案
3	新南威尔士州山火持续，风情或加重危险，房屋损失或达几十间，暂无人员死亡	11 月，新南威尔士州的山火火情
4	巴黎圣母院大火：教堂尖顶坍塌、巴黎地标陷入火舌中	巴黎圣母院火灾
5	斯里兰卡教堂和酒店发生爆炸，200 余人死亡、几百人受伤	复活节时斯里兰卡教堂和酒店的爆炸案

续表

	新闻标题	新闻内容
6	弗雷泽·安宁在墨尔本接受采访时被少年“蛋击”,愤而反击	参议员弗雷泽·安宁被“蛋击”事件
7	你的收入处于什么水平?	用人口普查的数据来测算收入水平
8	悉尼闹市两女被刺一死一伤,嫌疑人被捕	8 月,悉尼市区的暴力事件
9	佩尔被认定性侵唱诗班男童	佩尔大主教的性侵案
10	达尔文枪击案:四死一伤,警方逮捕 45 岁嫌疑人	6 月,达尔文的暴力事件
11	医生们还是弄不明白阿历克斯·布雷的死,甚至不认识他(阿历克斯·布雷去世前去了四次急诊室)	一名偏远地区的患者阿历克斯·布雷脚趾被感染,去了四次急诊室均未查出,最终去世
12	富学校、穷学校:澳大利亚的教育大鸿沟	教育资源的不平等、不均衡
13	怎么装死(瑞秋的男友去世了,接着在餐厅里撞见了他)	瑞秋的男友为避免还钱而伪装去世
14	资深喜剧人伊恩·科格尼多在台上表演时突然去世,死前还在开玩笑	英国脱口秀喜剧演员伊恩·科格尼多在表演时突然去世,死前还在开玩笑说,“设想一下,我现在死在你们面前”
15	行李箱中发现悉尼牙医普丽缇·雷迪的尸体,前男友撞车身亡	悉尼牙医普丽缇·雷迪失踪后,其前男友在警方联系他后故意撞车身亡,次日牙医尸体被发现
16	一个普通的周日(现场:奋战在家暴紧急情况处理第一线的警察们)	家暴紧急情况处理警察的一夜工作
17	维系父女关系的三个诀窍(我问了 1300 个女孩,她们是如何同父亲维系关系的)	父女关系的维系
18	巴蒂在温布顿赛后的新闻发布会上留了迪士尼“梗”	澳大利亚网球球星巴蒂在新闻发布会中喜欢用迪士尼中的台词
19	珀斯发现两名儿童死亡,警察已逮捕母亲	珀斯两名儿童死亡案
20	加拿大警方发现两具尸体,应为卢卡斯·弗勒被谋杀案的两名嫌疑人卡姆·麦柯里尔德和布莱尔·施莫格尔斯基	两名嫌疑人涉嫌谋杀悉尼人卢卡斯·弗勒

注:若表中的新闻标题与原标题不符,以原标题为准。

资料来源:https://www.abc.net.au/news/2019-12-31/these-are-the-top-stories-of-2019-as-decided-by-abc-news-readers/11787918。

2.《悉尼晨锋报》对网上新闻的统计

不同于 ABC，《悉尼晨锋报》属于私营媒体，此前隶属于澳大利亚历史最悠久的媒体集团费尔法克斯（Fairfax Media），是澳大利亚持续发行时间最久的纸媒。2018 年底，九娱乐（Nine Entertainment Co.）并购费尔法克斯后，《悉尼晨锋报》归于其旗下，但仍保持相当的新闻独立性。根据 2019 年《路透学院数字新闻报告》的统计，《悉尼晨锋报》网络新闻在纸媒出身的数字媒体平台中成绩最好，并且是澳大利亚人获取新闻时最为信任的综合性纸媒品牌。①《悉尼晨锋报》的发行区域相对集中，以悉尼、新南威尔士州其他地区、堪培拉等地为主。

《悉尼晨锋报》网站对 2019 年订阅用户点击量最高的 20 条新闻进行了统计，具体见表 2。

表 2　2019 年《悉尼晨锋报》网站订阅用户点击量最高的 20 条新闻

	新闻标题	新闻内容
1	新南威尔士州大火：农村/郊区消防局（Rural Fire Service）对新南威尔士州北部发出多个紧急情况警告	新南威尔士州山火
2	“一名演员举着屠刀”，悉尼市区发生暴力事件	8 月，悉尼市区的暴力事件
3	2019 年联邦大选：斯科特·莫里森宣布获胜	2019 年联邦大选
4	克赖斯特彻奇枪击案：新西兰历史上“最黑暗的一天”，死亡人数升至 49 人	新西兰克赖斯特彻奇枪击案
5	2019 年新南威尔士州州选：自由党执政联盟第三次当选	2019 年新南威尔士州州选
6	新南威尔士州火灾风险级别最高的邮编区域：最危险的地方	新南威尔士州山火
7	2019 年奥斯卡：从红毯到典礼全收录	奥斯卡颁奖典礼

① N. Newman, R. Fletcher, A. Kalogeropoulos, R. K. Nielsen, “Reuters Institute Digital News Report 2019”, Reuters Institute for the Study of Journalism at University of Oxford, http://www.digitalnewsreport.org/survey/2019/overview－key－findings－2019/.

续表

	新闻标题	新闻内容
8	悉尼经受大风雨雪天气,气象局向开车人员发出预警	6月,悉尼的极端天气
9	巴黎圣母院火灾,举世惋惜	巴黎圣母院火灾
10	揭秘张志贤医生:聪明、受人喜爱、有缺点	神经外科医生张志贤被攻击有医德、品行问题
11	悉尼雷雨交加,树木电线倒塌,火车停运	11月,悉尼的极端天气
12	"已经全满了":几千名游客在新南威尔士州著名景点遭拒	海姆斯海滩(Hyams Beach)游客爆满
13	怀特岛火山爆发,多人死亡重伤	新西兰怀特岛火山爆发
14	牙医普丽缇·雷迪的前男友撞车身亡	悉尼牙医普丽缇·雷迪案
15	悉尼脚手架坍塌,一死一伤	悉尼一工地脚手架坍塌
16	斯里兰卡发生爆炸,确认两名澳大利亚人死亡	斯里兰卡爆炸案
17	2019年新南威尔士州高考结果出炉:詹姆斯·鲁斯(James Ruse)连续24年位居榜首,探花归于音乐学院	中学排名
18	约翰·霍华德只用了一分钟就给了竞选以来对比尔·肖顿的最强一击	2019年联邦大选
19	悉尼遭遇极端雨情:"很短但来势凶猛"	3月,悉尼的极端气候
20	迟了整整204分钟:悉尼的火车在元旦前夜陷入混乱	悉尼的火车服务

注：若表中的新闻标题与原标题不符，以原标题为准。

资料来源：J. Berry，"Year in Review：The Most-read Stories by Sydney Morning Herald Subscribers in 2019"，https：//www. smh. com. au/national/nsw/year – in – review – the – most – read – stories – by – sydney – morning – herald – subscribers – in – 2019 – 20191215 – p53k6z. html。

3. 对综合类新闻热点的分析

将ABC和《悉尼晨锋报》两家媒体2019年各自的20条热门报道所涉及的事件进行统计后，会发现其结果充分应证了新闻理论里"灾难性事件""坏事""猎奇、惊悚的事件"更容易成为新闻、更容易吸引读者关注的基本规律，同时"本国""本地""民生"类新闻是新闻消费的热点。

（1）灾难性

2019年，有7大热门事件在两家媒体上均进入了前20名，分别是：

“2019 年联邦大选”、“新西兰克赖斯特彻奇枪击案”、“新南威尔士州山火”、“巴黎圣母院火灾”、“斯里兰卡爆炸案”、“悉尼市区持刀暴力事件”和“悉尼牙医普丽缇·雷迪案”。除了年内国内政治的大事——5 月的联邦大选外，其他 6 件都属于灾难性事件或犯罪事件。

（2）猎奇性、惊悚性

除了绝对的热点事件，在影响范围、涉及人物影响力均较小的事件中，猎奇性新闻、丑闻性新闻更容易成为大众关注的热点。如 ABC 的电视、广播在澳大利亚新闻消费中都处于绝对第一，新闻同源的网站新闻也呈现大众更喜欢猎奇类新闻的特点。在与《悉尼晨锋报》进行比较后，会发现 ABC 的榜单上有 11 条新闻在《悉尼晨锋报》中并未进前 20 位，包括：“参议员弗雷泽·安宁被‘蛋击’”、“收入在全国居于什么水平”、“佩尔大主教性侵案”、“偏远地区医疗条件恶劣（医生们还是弄不明白阿历克斯·布雷的死，甚至不认识他）”、“教育资源不平等”、“瑞秋男友装死案”、“喜剧演员表演时死亡”、“家暴紧急情况处理警察”、“父女关系的维系”、“网球球星巴蒂”和“卢卡斯·弗勒被谋杀案”等。这 11 条新闻中，除了“收入水平”“教育资源不平等”这样的民生类议题、“父女关系”这样的自救（self-help）类议题、“网球球星”这样的泛娱乐议题，其余是以“蛋击”“主教性侵”“男子死亡”“装死”“喜剧演员表演时死亡”“谋杀”“家暴”这样的猎奇性、惊悚性话题或标题所呈现。

究其原因，《悉尼晨锋报》一直以“历史最悠久的纸媒”为豪，力图扛起新闻界半壁江山，防止新闻集团旗下的媒体独大，因此在新闻的选择和呈现上更突出社会责任和新闻价值观，而且读者的新闻消费似也呈现类似的对较严肃新闻的偏好。同时，《悉尼晨锋报》以悉尼和堪培拉为主的消费群体也更代表大城市居民的阅读喜好，而 ABC 受众面更广，因此对新闻的选择更为大众化。

（3）本国性

澳大利亚新闻消费者关注的热点新闻另一个突出的特点是绝大多数与本国有关，对澳大利亚以外的新闻，尤其是与澳大利亚无直接关系的新闻关注度较低。以 ABC 的榜单为例，除了“巴黎圣母院火灾”和“喜剧演员表演中去世”以外，其余 18 条（90%）均发生在澳大利亚或涉及澳大利亚（人），如“新西兰克赖斯特彻奇枪击案”的凶手为澳大利亚人、“斯里兰卡爆炸案”中 2 名澳大利亚人死亡、加拿大警方发现的 2 具尸体则疑为谋杀澳大利亚人卢卡斯・弗勒的凶手。与澳大利亚无直接关系的 2 条新闻中，巴黎圣母院以其独特的地位及法国热门旅游地的因素吸引了澳大利亚人的关注，而“喜剧演员表演中去世”这条新闻则凭借猎奇性（喜剧演员伊恩・科格尼多在英国表演时，前一分钟还在开玩笑说“设想一下，我现在死在你们面前”，没多久便倒地身亡）受到关注，该演员在澳大利亚并无太大名气，表演地点也不在澳大利亚。

《悉尼晨锋报》网站点击量最高的 20 条新闻中仅有“巴黎圣母院火灾”和“奥斯卡颁奖典礼”2 条（10%）为海外新闻。除了“新西兰克赖斯特彻奇枪击案”凶手为澳大利亚人和“斯里兰卡爆炸案”中 2 名澳大利亚人死亡外，“新西兰怀特岛火山爆发”也是因为有澳大利亚人受困而受到关注。

两份榜单中，90% 的热点新闻均与澳大利亚有关，这一比例与 2018 年《悉尼晨锋报》前 20 条热门新闻的统计比例①基本持平。

（4）本地性

澳大利亚新闻消费者更关注与自己息息相关的本地新闻。《悉尼晨锋报》因主要在新南威尔士州发行更具有该特点，前 20 条新闻中，13 条与首府悉尼直接相关，涉及本地的天气（“悉尼的极端天气”）、政治（“新南威尔士州州选”）、旅游景区（“热门海滩人满为患”）、事件（“悉尼工地脚手架坍塌”）、教育（“新南威尔士州高考发榜”）、基础设施（“元旦前夜火车严重延迟”）、知名人物（“神经外科医生张志贤被攻击”）等。其他 7 条包括联邦大选（2 条），“斯里兰卡爆炸案”“新西兰怀特岛火山爆发”“新西兰克赖斯特彻奇枪击案”3 件涉及澳大利亚人的灾难或暴力事件，以及“巴

① J. Noyes, R. Olding, “The Sydney Morning Herald’s 20 Most-read Stories of 2018”, https://www.smh.com.au/business/companies/the-sydney-morning-herald-s-20-most-read-stories-of-2018-20181219-p50nbb.html.

黎圣母院火灾”和“奥斯卡颁奖典礼”。

ABC作为覆盖更广、针对面更广的国家性媒体，新闻关注的地理分布就广得多，除了悉尼，也有西澳大利亚的珀斯（“儿童死亡案”）、北方领土地区的达尔文（“枪击案”）等地。新闻话题上地域性也更低，多是全国范围内具有普遍性的议题。

（5）重民生、轻政治

除了视野上较多关注本地和本国，澳大利亚新闻消费者对民生类议题的关注也非常明显，同时有轻政治新闻的倾向。

ABC的前20条热门新闻中，只有2条（10%）与政治相关，其中“参议员弗雷泽·安宁被‘蛋击’”更多属于泛政治类新闻，纯政治类新闻只有“2019年联邦大选”。与澳大利亚相关的18条新闻中，除了国外的犯罪案件（“克赖斯特彻奇枪击案”“斯里兰卡爆炸案”）、政治/泛政治类新闻（“2019年联邦大选”“参议员弗雷泽·安宁被‘蛋击’”）和猎奇/泛娱乐类新闻（“瑞秋男友装死案”“网球球星巴蒂”）之外，剩下的12条均涉及民生问题：收入（“收入水平”）、医疗（“偏远地区的医疗服务”）、教育（“教育资源不平等”）、家庭（“父女关系的维系”）、家庭暴力（“家暴紧急情况处理警察”）、山火（“新南威尔士州山火”）、宗教（“佩尔大主教性侵案”）以及治安（“悉尼市区持刀暴力事件”“达尔文枪击案”“悉尼牙医普丽缇·雷迪案”“珀斯儿童死亡案”“悉尼人卢卡斯·弗勒被谋杀案”），占到总量的60%。

《悉尼晨锋报》同样如此，前20条热门新闻中只有3条（15%）与政治相关（“2019年联邦大选”“新南威尔士州州选”“霍华德助选”），都是围绕2019年国内政治最大的事件——联邦选举和州选举而展开的。18条与澳大利亚相关的新闻中，除了国外的犯罪和灾难事件（“克赖斯特彻奇枪击案”“斯里兰卡爆炸案”“怀特岛火山爆发”）、政治/泛政治类新闻（“2019年联邦大选”“新南威尔士州州选”“霍华德助选”）、名人/泛娱乐新闻（“张志贤医生”）之外，剩下的11条均涉及民生问题：新南威尔士州山火（2条“山火”新闻）、极端天气（3条“极端天气”新闻）、安全或治安

（“悉尼市区持刀暴力事件”“悉尼牙医普丽缇·雷迪案”“脚手架坍塌”）、旅游（“海滩爆满”）、教育（“新南威尔士州高考”）、交通（“火车服务在元旦前夜陷入混乱”），占到总量的55%，且全部与悉尼本地相关。

（二）财经新闻

财经新闻以其较高的专业性受众较少，但受众一般具有受教育程度高、收入水平高的特点。为与综合性新闻的关注热点进行比对，本报告对雅虎财经（澳大利亚）和《澳大利亚金融评论报》的年度统计进行了整理和分析。雅虎财经（澳大利亚）属于全球门户类网站雅虎在澳大利亚的子频道，而《澳大利亚金融评论报》则是澳大利亚认可度最高、最为知名的财经专业性报刊，两者的读者群体存在较大的差异，因此本文采用这两份榜单并进行比较。

1. 雅虎财经（澳大利亚）对年度热点财经新闻的统计

雅虎（澳大利亚）在澳大利亚民众中颇受欢迎，受欢迎程度高于很多澳大利亚媒体企业的新闻网站，位列第四。① 雅虎财经（澳大利亚）对2019年全年阅读量最高的9条新闻进行了梳理，见表3。

表3 2019年雅虎财经（澳大利亚）阅读量最高的9条新闻

	新闻标题	新闻内容
1	开车的人要是这样做，114澳元罚款就等着你	新南威尔士州规定：若开车人钥匙插在车上且不熄火的离开空车三米远以外，应处114澳元的罚款
2	谷歌悬赏220万澳元征集解决方案	谷歌公司将悬赏提高25%至220万澳元，征集其智能手机Pixel的设计缺陷
3	周五起人人最高可得6000澳元	税务局自2019年11月1日（周五）起向48.5万名澳大利亚人返还因账户无交易或无法联系而“失去”的养老金

① 报告统计时，雅虎（澳大利亚）正从原来的合资公司［雅虎与七西传媒（Seven West Media）各占50%］变为威瑞森（Verizon，此前收购雅虎）的全资子公司，但保留了原名Yahoo！7。

续表

	新闻标题	新闻内容
4	他成功预测了“9·11”事件和全球金融危机,下一个是什么?	成功预测出“9·11”事件和全球金融危机的哈姆斯博士接受专访
5	和你同龄的澳大利亚人存了多少钱?	对澳大利亚人储蓄情况的研究,并披露依年龄、性别、地理等因素的统计结果
6	美国亿万富翁表示,有钱人轻易获得资本,资本主义制度已经不行了	对美国对冲基金桥水(Bridgewater Associates)创始人达利欧(Ray Dalio)在领英上的文章进行报道
7	简历里千万别出现这八个词	求职咨询公司对简历书写提出建议
8	澳大利亚人赢了乐透要缴税吗?	2019年1月17日开奖的“强力球”达到1亿澳元的新高,介绍澳大利亚相关的缴税规定
9	怎么逛好奥乐齐,当班经理告诉你	奥乐齐(Aldi)是在澳大利亚颇受欢迎的德国折扣连锁超市,一名前工作人员分享省钱的小诀窍

注:雅虎财经(澳大利亚)仅统计前九位。

资料来源:A. Santoreneos, “Yahoo Finance Australia's 9 Most-read Stories of 2019”, https://au.finance.yahoo.com/news/yahoo-finance-australia-9-most-read-stories-of-2019-203020546.html。

2.《澳大利亚金融评论报》对年度热点财经新闻的统计

《澳大利亚金融评论报》是澳大利亚最为知名的财经类纸媒,是纸媒中最受新闻消费者信任的品牌,也是私营媒体中最受信任的品牌。2020年1月,《澳大利亚金融评论报》对2019年阅读量最高的10条新闻进行了整理,见表4。

表4　2019年《澳大利亚金融评论报》阅读量最高的10条新闻

	新闻标题	新闻内容
1	银行业皇家委员会:最终报告发布	皇家委员会调查报告最终发布,提出76项针对金融业的建议,被澳大利亚政府采纳了75项
2	澳大利亚国民银行(NAB)的安德鲁·索伯恩(Andrew Thorburn)和肯·亨利(Ken Henry)辞职,菲尔·科洛尼肯(Phil Chronican)被任命为代理首席执行官	皇家委员会报告发布后,该银行的首席执行官与主席迅速辞职

续表

	新闻标题	新闻内容
3	上报违规行为后，合规职员遭西太平洋银行（Westpac）调离	澳大利亚交易报告与分析中心（AUSTRAC）调查西太平洋银行涉嫌违反《反洗钱法》，后经披露，该银行将上报违规行为的职员调离岗位
4	澳大利亚富人榜揭晓	年度榜单揭晓
5	年轻富人榜所持财富几乎翻番，达412亿澳元	年度榜单，统计40岁及以下富人的财富榜
6	澳大利亚私企500强揭晓	年度榜单揭晓
7	澳大利亚工党竞选团队：内情大揭秘	追踪澳大利亚工党竞选团队在败选前的行动并分析败选原因
8	纬度金融集团（Latitude Financial）上市失败的内情	该集团第二次上市失败
9	揭秘：德勤向合伙人支付多少钱	德勤咨询业务蒸蒸日上，合伙人可获高薪
10	澳大利亚又富又蠢，而且越来越蠢	哈佛大学最新研究认为，澳大利亚优厚的资源禀赋导致经济的复杂程度低。报道分析认为，该研究并未纳入服务业，存在缺陷

资料来源：https：//www. afr. com/work - and - careers/leaders/the - most - read - stories - of - 2019 - 20191227 - p53n50。

3. 对财经类新闻热点的分析

在财经新闻的消费上，我们发现澳大利亚民众在阅读偏好上呈现负面性、本国性、民生性和猎奇性、惊悚性的特征。

以负面性为例，雅虎财经（澳大利亚）的9条热门新闻中就有罚款（“开车的人要是这样做，114澳元罚款就等着你”）、未来灾难（“他成功预测了‘9.11’事件和全球金融危机，下一个是什么?”）、经济和社会制度的危机（“美国亿万富翁表示，有钱人轻易获得资本，资本主义制度已经不行了”）3条（33.3%）显著的负面新闻。《澳大利亚金融评论报》的榜单这一特点更为明显：“银行业皇家委员会调查结果发布”、“澳大利亚国民银行高层辞职”、“西太平洋银行丑闻”、“澳大利亚工党败选”、“纬度金融集团上市失败”、“德勤合伙人收入高”和“澳大利亚经济缺乏复杂性”7条

(70%) 均为比较明显的负面性新闻。

再以本国性为例，雅虎财经（澳大利亚）的9条新闻中除了第2条“谷歌悬赏220万澳元征集解决方案”，其他8条新闻都是关于澳大利亚本地的生活或宏观经济环境。《澳大利亚金融评论报》的榜单中10条新闻更是全部关于澳大利亚本国的。而本地性在财经新闻中并不显著，归根结底还是因为财经新闻多是针对一国的整体经济情况，针对一地经济状况的媒体终归受众太少。雅虎财经（澳大利亚）和《澳大利亚金融评论报》也都是面向澳大利亚全国民众的。

财经新闻消费同样体现了很强的民生性特征，雅虎财经（澳大利亚）的9条新闻中，6条（66.7%）是关于违反交规罚款（“开车的人要是这样做，114澳元罚款就等着你”）、养老金（“周五起人人最高可得6000澳元”）、储蓄（“和你同龄的澳大利亚人存了多少钱?”）、求职（“简历里千万别出现这八个词”）、博彩（“澳大利亚人赢了乐透要缴税吗?”）、日用品消费（“怎么逛好奥乐齐，当班经理告诉你”）等民生类事项的，还有2条是关于宏观环境的，只有“谷歌悬赏220万澳元征集解决方案”不具备此特征。相较而言，《澳大利亚金融评论报》的榜单民生性特征较弱，多是2019年的重大财经新闻，如“富人榜”“银行业皇家委员会调查报告”“金融业人事动荡”。这是因为雅虎财经（澳大利亚）属于免费的门户类网站子频道，受众在分布上更为广泛，而《澳大利亚金融评论报》需要订阅，且订阅价格并不便宜,[①] 受众具有更为一致的特征，如专业性更高等，因此关注的更多是宏观经济环境及重大财经新闻。

除此以外，新闻的选择，尤其是标题的表述也具有惊悚性、猎奇性的倾向。雅虎财经（澳大利亚）中“114澳元罚款”“220万澳元”“人人可得6000澳元”“下一个（危机）是什么”“亿万富翁表示……资本主义制度已经不行了”等都是用尽可能直接吸引受众眼球的表达，《澳大利亚金融评论报》这样的专业报纸也是用“辞职”“揭秘”“内情”“富人榜”，甚至是

① 该报的订阅费用每年628澳元起，显著高于其他纸媒。

“澳大利亚又富又蠢，而且越来越蠢”这样的字眼来吸引新闻消费者的注意力。

三　澳大利亚民众新闻消费的特点与变迁

上述四份榜单所呈现的澳大利亚民众在新闻消费时的偏好，生动反映了澳大利亚社会在新闻消费习惯上的变迁以及民众对新闻媒体态度的变化。

《路透学院数字新闻报告》中的澳大利亚部分以及更完整的《澳大利亚数字新闻报告》是新闻消费领域时间最长的年度调查。2019 年，《澳大利亚数字新闻报告》发布了第五份年度报告，基于 2019 年 1 ~ 2 月舆观（YouGov）调查对 2224 名[①]澳大利亚人的网上问卷结果，追踪和分析公众在新闻消费习惯和态度上的变化。同时，为进行补充和比对，本文还将参考美国皮尤研究中心（Pew Research Center）2018 年初发布的 2017 年全球态度调查（Global Attitudes Survey）媒体部分的结果。[②] 这两份报告时间间隔一年，但在以下三方面均同上述四份榜单呈现比较显著的一致性或关联。

（一）澳大利亚民众持续“向内看”

澳大利亚民众更关注本国新闻和本地新闻，四份榜单都呈现这一特点，这与多年来新闻理论和全球追踪的结果一致。2018 年、2019 年的《澳大利亚数字新闻报告》并未对不同种类新闻的关注度进行区分，最近一次对此问题的跟踪是 2017 年发布的报告，数据显示，“关于我所在的地区、城市、区”的本地新闻是民众最为关注的新闻类别。[③]

① 其中，214 名受访者因过去一个月内未关注过新闻而被剔除。

② A. Mitchell, K. Simmons, K. E. Matsa, L. Silver, “Publics Globally Want Unbiased News Coverage, But Are Divided on Whether Their News Media Deliver”, Pew Research Centre, Jan. 2018.

③ J. Watkins, S. Park, C. Fisher, R. Blood, G. Fuller, V. Haussegger, M. Jensen, J. Lee, F. Papandrea, “Digital News Report: Australia 2017”, Canberra: News and Media Research Centre, 2017.

几乎同时发布的皮尤研究中心 2017 年全球态度调查也对此进行了统计，38 个受访国家和地区的调查结果显示，“密切跟踪”[①] 本国新闻的比例的全球中位数（global median）为 86%，本地新闻的为 78%；而“密切跟踪”国际新闻的为 57%，显著低于关注本国新闻和本地新闻的比例，见图 3。

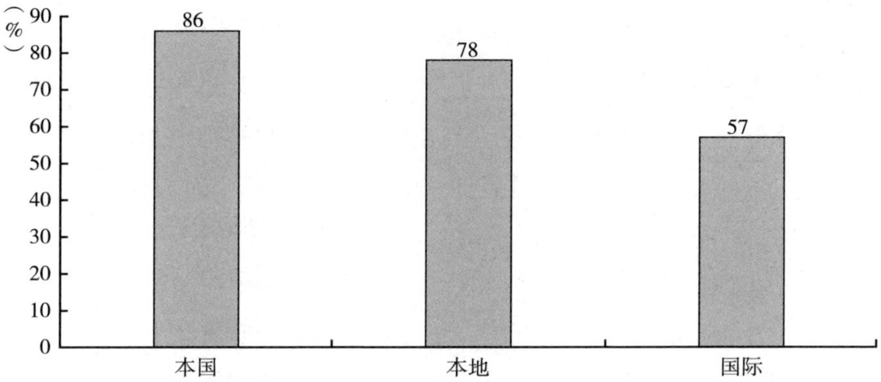

图 3　全球民众密切跟踪本国、本地、国际新闻的比例的全球中位数

资料来源：皮尤研究中心 2017 年全球态度调查（A. Mitchell，K. Simmons，K. E. Matsa，L. Silver，“Publics Globally Want Unbiased News Coverage，But Are Divided on Whether Their News Media Deliver”，Pew Research Centre，Jan. 2018）。

在皮尤研究中心的这次调查中，澳大利亚受访者中 92% 表示会“密切跟踪”本国新闻（47%“非常密切”、45%“比较密切”）、86% 表示会“密切跟踪”本地新闻（39%“非常密切”、47%“比较密切”），比全球中位数都高不少。[②] 尽管有 79% 的受访者认为自己也“密切跟踪”国际新闻，但其中仅 21% 表述为“非常密切”，另外的 58% 表述为“比较密切”。[③] 可

① 其中包括“非常密切”和“比较密切”两种情况。

② A. Mitchell，K. Simmons，K. E. Matsa，L. Silver，“Publics Globally Want Unbiased News Coverage，But Are Divided on Whether Their News Media Deliver”，Pew Research Centre，Jan. 2018.

③ A. Mitchell，K. Simmons，K. E. Matsa，L. Silver，“Publics Globally Want Unbiased News Coverage，But Are Divided on Whether Their News Media Deliver”，Pew Research Centre，Jan. 2018.

见，这与上述四份榜单中呈现出来的新闻消费者相对于国际新闻来说，更关注国内新闻、本地新闻的特征吻合。

（二）澳大利亚民众对民生新闻持续关注、对政治新闻的兴趣降低

与“向内看”相关联的是，民众对与自己工作、生活相关的民生类、社会类新闻更为关注，并期待能有更多此类新闻；相应的，对政治类新闻的兴趣持续降低。这在2019年《澳大利亚数字新闻报告》中的调查结果也可见一斑。一方面，根据受访者的表述，65%的受访者“对政治感兴趣程度低”，仅35%的受访者“对政治感兴趣程度高”。[①] 此数据（35%）不仅低于38个受访国家和地区的平均值（37%），而且如图4所示，在5个英语国家（美国、英国、爱尔兰、加拿大、澳大利亚）中也排最末。[②]

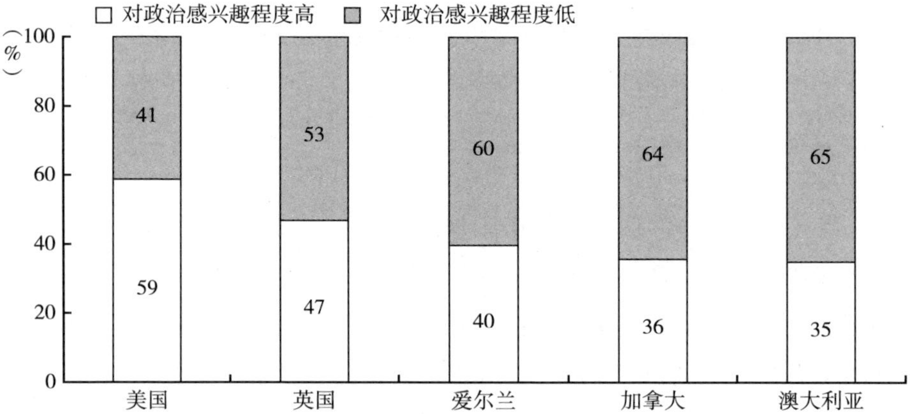

图4　5个英语国家对政治感兴趣的程度

资料来源：2019年《澳大利亚数字新闻报告》（C. Fisher，S. Park，J. Lee，G. Fuller，Y. Sang，“Digital News Report：Australia 2019”，Canberra：News and Media Research Centre，2019）。

---

① C. Fisher，S. Park，J. Lee，G. Fuller，Y. Sang，“Digital News Report：Australia 2019”，Canberra：News and Media Research Centre，2019.

② C. Fisher，S. Park，J. Lee，G. Fuller，Y. Sang，“Digital News Report：Australia 2019”，Canberra：News and Media Research Centre，2019.

纵向来看，与《澳大利亚数字新闻报告》此前年度的追踪结果相比，也比较明显地呈下降趋势，低于2018年的42%[①]和2017年的41.3%[②]。

另外，如图5所示，在对新闻媒体进行评价时，《澳大利亚数字新闻报告》的受访者尽管比较充分地肯定媒体在“帮助我理解发生的事”（57%）和“可获取最新的消息”（66%）上的作用，但在回答新闻媒体所选择的话题与自身的相关性时，出现了严重的分化：28%的受访者“非常同意”或“倾向于同意”新闻话题“与我无关”，25%的受访者“非常不同意”或“倾向于不同意”话题“与我无关”，有近一半（47%）的受访者选择的是“都不是”。[③] 受访者选择的分布状况可能与该问题比较一刀切式的表达方式有关（如将问题表述为“新闻媒体所选择的话题均与我相关”，统计结果可能出现比较显著的偏差），也可能反映的是受访者对“相关”一词的定义和对众多新闻进行总体性评判时所出现的犹豫，从而造成大量受访者选择中间选项的情况。

从另一个角度来看，对该题的回答或反过来呈现了澳大利亚民众对新闻相关性的要求：仅有25%的受访者坚决或比较坚决地反对“无关说”（即认为是相关的）。而且与其他受访国家和地区相比，澳大利亚位列第二低，与其他英语国家相比也显著低于英国、加拿大和美国的31%和爱尔兰的32%。[④] 这些数据都体现了民众对“相关度”的不满意。

澳大利亚民众渴求与自己更有关的新闻，与此相呼应的是，民众对政治的兴趣近两年呈明显下降趋势。除了《澳大利亚数字新闻报告》的年度比较，2017年皮尤研究中心报告中一道题的回答或能进一步诠释这种特征。当被问及“所在国或地区的新闻机构在公平地报道政治议题中的不同观点

---

① S. Park, C. Fisher, G. Fuller, J. Lee, “Digital News Report: Australia 2018”, Canberra: News and Media Research Centre, 2018.

② J. Watkins, S. Park, C. Fisher, R. Blood, G. Fuller, V. Haussegger, M. Jensen, J. Lee, F. Papandrea, “Digital News Report: Australia 2017”, Canberra: News and Media Research Centre, 2017.

③ C. Fisher, S. Park, J. Lee, G. Fuller, Y. Sang, “Digital News Report: Australia 2019”, Canberra: News and Media Research Centre, 2019.

④ C. Fisher, S. Park, J. Lee, G. Fuller, Y. Sang, “Digital News Report: Australia 2019”, Canberra: News and Media Research Centre, 2019.

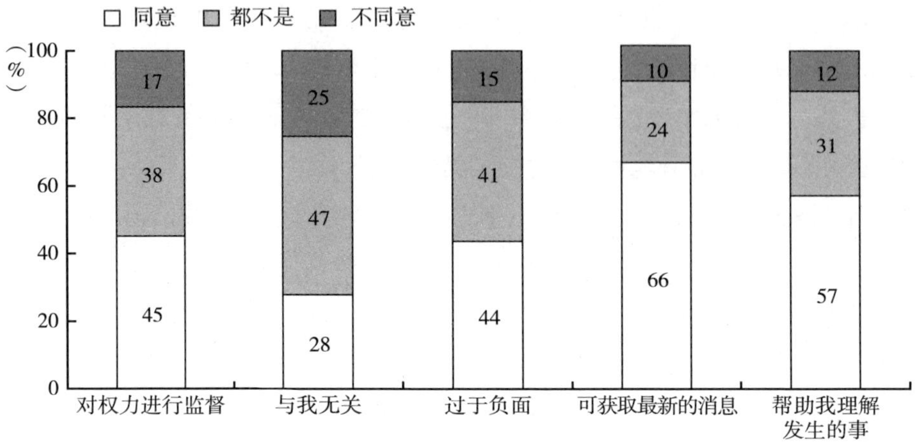

图 5 澳大利亚民众对新闻媒体的评价

资料来源：2019 年《澳大利亚数字新闻报告》（C. Fisher，S. Park，J. Lee，G. Fuller，Y. Sang，“Digital News Report：Australia 2019”，Canberra：News and Media Research Centre，2019）。

上表现如何”，澳大利亚在38 个国家和地区中是观点最为分化的：48% 的受访者认为“不太好”或“一点都不好”，另有同样比例（48%）的受访者表示“很好”（6%）或“比较好”（42%）。[①] 而其他国家多呈现明显的一边倒趋势，如加拿大（73% 好、24% 不好）、德国（72% 好、25% 不好）。[②] 虽然英语国家似乎都呈现比较均衡分布的特征，但与英国（52% 好、43% 不好）和美国（47% 好、53% 不好）[③] 相比，澳大利亚所呈现的分化是惊人的、不可忽视的，这种分化在多大程度上影响了澳大利亚民众对政治的兴趣，仍有待进一步跟踪和研究。

① A. Mitchell，K. Simmons，K. E. Matsa，L. Silver，“Publics Globally Want Unbiased News Coverage，But Are Divided on Whether Their News Media Deliver”，Pew Research Centre，Jan. 2018.

② A. Mitchell，K. Simmons，K. E. Matsa，L. Silver，“Publics Globally Want Unbiased News Coverage，But Are Divided on Whether Their News Media Deliver”，Pew Research Centre，Jan. 2018.

③ A. Mitchell，K. Simmons，K. E. Matsa，L. Silver，“Publics Globally Want Unbiased News Coverage，But Are Divided on Whether Their News Media Deliver”，Pew Research Centre，Jan. 2018.

（三） 澳大利亚民众对新闻的复杂态度

虽然四家媒体的榜单中都是灾难性、惊悚性报道更容易上榜，2019 年《澳大利亚数字新闻报告》基于大范围样本描绘的却是对新闻的复杂态度：尽管读者更容易点击灾难性、惊悚性新闻，澳大利亚民众却较显著地有更多人认为新闻媒体对事件所持观点通常“过于负面”，44% 的受访者“非常同意”或“倾向于同意”，仅有 15% “非常不同意”或“倾向于不同意”（见图 5）。尽管结果也呈现较大比例的中间部分，有待进一步解释，但该国认可媒体观点通常“过于负面”的受访者在 38 个国家和地区中仅略低于英国（47%）排第二位，高于全球平均值 39%，反对该观点（即认为媒体观点不负面）的比例（15%）也是仅略高于英国（12%）排第二位。

“负面性”是 2019 年《澳大利亚数字新闻报告》的重点结论之一，发布后也引发了不少关注。结合网络新闻的阅读偏好来看，澳大利亚民众呈现一方面爱读话题、观点、表述呈负面的新闻，另一方面至少近一半群体对此表示不满或忧虑的矛盾状况。

在 2019 年的《澳大利亚数字新闻报告》中，其他方面的数据也不同程度地支撑了“负面性”的情绪。如新闻消费呈明显的轻型化趋势，澳大利亚仅 52% 的受访者消费新闻的频率为一天一次或更高，48% 的受访者无法做到每天消费新闻。不仅大大低于全球的平均水平（66%），也是受访 38 个国家和地区中最低的，见图 6。①

与高轻型化新闻消费相辅相成的是，受访者对新闻感兴趣的比例降低、回避新闻的比例上升且对新闻的不信任度增大。2019 年《澳大利亚数字新闻报告》的调查显示，“对新闻很感兴趣”的受访者比例从 2016 年的 64% 下降到 2019 年的 58%，“试图回避新闻”的受访者比例从 2017

① C. Fisher，S. Park，J. Lee，G. Fuller，Y. Sang，“Digital News Report：Australia 2019”，Canberra：News and Media Research Centre，2019.

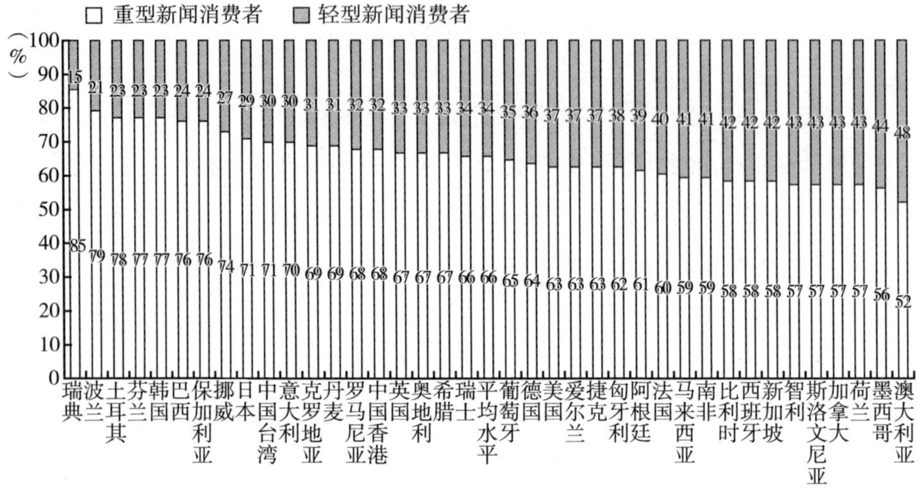

图6　受访38个国家和地区新闻消费的重/轻型化趋势

注：选项从每天超过10次、每天6~10次递减至低于一个月一次、从不、不知道。

资料来源：2019年《澳大利亚数字新闻报告》（C. Fisher, S. Park, J. Lee, G. Fuller, Y. Sang, "Digital News Report: Australia 2019", Canberra: News and Media Research Centre, 2019）。

年的57%上升到2019年的62%。① 同时，2019年受访者“对国内新闻整体的信任度”（44%），从2018年（50%）② 的高位重回2016年（43%）、2017年（42%）③ 的低水平，虽然在受访的38个国家和地区中处于中游，但与全球水平同比降低2%相比，澳大利亚民众对新闻信任度的降幅明显更大。④

---

① C. Fisher, S. Park, J. Lee, G. Fuller, Y. Sang, "Digital News Report: Australia 2019", Canberra: News and Media Research Centre, 2019.

② S. Park, C. Fisher, G. Fuller, J. Lee, "Digital News Report: Australia 2018", Canberra: News and Media Research Centre, 2018.

③ J. Watkins, S. Park, C. Fisher, R. Blood, G. Fuller, V. Haussegger, M. Jensen, J. Lee, F. Papandrea, "Digital News Report: Australia 2017", Canberra: News and Media Research Centre, 2017.

④ C. Fisher, S. Park, J. Lee, G. Fuller, Y. Sang, "Digital News Report: Australia 2019", Canberra: News and Media Research Centre, 2019.

四　结语

结合2019年澳大利亚不同定位、不同发行范围和不同类型的媒体的四份统计结果，并与《澳大利亚数字新闻报告》连续五年的追踪数据进行比对，澳大利亚民众在网上新闻阅读上清晰地呈现对灾难、犯罪、惊悚、猎奇、民生类主题的偏好，并且九成左右的热门新闻都与本国有关、至少六成与本地有关，具有明显的“向内看”特征。除了本国新闻和本地新闻持续保持第一热点，澳大利亚民众对民生类新闻也很感兴趣，并希望未来新闻主题能与民生更为相关；对新闻和政治新闻的兴趣均降低；对新闻观点过于负面反响较大，达到历史的峰值，随之出现回避新闻的现象、对新闻的不信任达到历史最高点或次高点。

基于2000多人的年度调查中凸显的民众“认为新闻观点通常太负面”“渴求更多与自己相关的新闻主题”“对新闻和政治新闻的兴趣和消费均降低”“对新闻的回避和不信任增加”等问题，均指向澳大利亚民众对新闻环境，尤其是对新闻提供者的不满。这可能是因为受访者当时[①]刚经历过的新闻环境集中了选战升温和媒体机构竞争加剧两大因素。

其一，近年来，无论是ABC这样的国有新闻机构，还是费尔法克斯、新闻集团等私营机构，均面临着来自社交媒体新闻的巨大竞争压力，尤其在吸引广告的能力上处于较大劣势。一方面，它们寄希望于澳大利亚竞争与消费者委员会（ACCC）的调查来限制谷歌和脸书；另一方面，国有新闻机构和私营新闻机构之间以及私营新闻机构内部的竞争都进一步加剧。在这种大背景下，新闻机构强势推动通过了媒体改革法，弱化了此前对跨平台经营的限制。法案通过不久，九娱乐便收购了历史最悠久的新闻机构费尔法克斯，代替后者同默多克旗下的新闻集团展开竞争。媒体版图的变动带来了全行业机构和人员的调整，出现了大规模裁员的现象。因此，自2018年起澳大利

① 2019年1～2月。

亚媒体行业从业者出现了比较明显的向“眼球”屈服现象，在新闻选题、观点上都“语不惊人死不休”。

其二，新闻消费者对“负面化”的认知以及对新闻的兴趣降低，还受到当时已如火如荼的联邦大选选战的影响。默多克旗下的新闻集团力挺自由党，发起了“杀死比尔”（Kill Bill）的针对澳大利亚工党及其党首比尔·肖顿（Bill Shorten）的大规模抹黑报道。而 ABC 对自由党、国家党的报道又引起了两党议员强烈的不满，认为其对两党的报道过于敌视，多次出现两党议员公开批评国家新闻机构的情况。

以上两点很大程度上能解释受访者当时对新闻环境的认知。因此，下一年度即 2020 年《澳大利亚数字新闻报告》的结果将有助于我们进一步理解和追踪澳大利亚民众对媒体和新闻态度的变化。

B.4
澳大利亚与印度贸易关系新变化
——基于《印度经济战略2035》视角

刘舒琪*

摘　要： 澳大利亚自出台《印度经济战略2035》以来，其与印度的贸易关系呈现了一系列新的变化，主要包括签署《澳大利亚-印度贸易投资谅解备忘录》，建立食品伙伴关系，澳大利亚养老金基金扩大对印度投资，签署《航空服务协议》，澳大利亚在印度加尔各答设立新的总领事馆。这些举措表明，澳大利亚政府批准通过的《印度经济战略2035》在具体落实层面，对澳大利亚和印度贸易关系的发展具有推动作用，澳大利亚与印度的贸易合作取得了阶段性成果。

关键词： 澳大利亚　印度　印度经济战略2035　贸易关系

自西方国家“印太战略”提出以来，印度就在美国及其盟国的全球战略中占据着重要地位。澳大利亚亦重新制定和调整了与印度的经济和外交政策，以适应全球战略格局的变化。2018年7月，澳大利亚政府发布了《印度经济战略2035》，该报告长达516页，主要探讨澳大利亚与印度的经济关系以及改善双边经济关系的策略。① 该报告是在西方国家提出“印太战略”的背景

---

* 刘舒琪，华东师范大学国际关系与地区发展研究院博士研究生，主要研究方向为澳大利亚对外关系。

① “An India Economic Strategy to 2035”, Department of Foreign Affairs and Trade, https: //www. dfat. gov. au/geo/india/ies/index. html.

下，由时任澳大利亚总理马尔科姆·特恩布尔（Malcolm Turnbull）委托澳大利亚前外交贸易部秘书兼印度特使彼得·瓦尔盖塞（Peter Varghese）拟订的一份有关印度的经济战略报告，旨在促进澳大利亚与印度的经济交往与合作。

澳大利亚与印度同处于“印太”地区，是“印太”地区重要的利益相关者。了解《印度经济战略 2035》的制定与施行对澳大利亚与印度贸易关系的作用不仅有助于丰富国内外学术界对澳印经济关系的研究，而且有助于对澳大利亚与印度贸易关系的发展做出研判。

一 《印度经济战略2035》的提出

过去 10 年，世界经济联系的增长推动了印度－太平洋地区（简称“印太”地区）的崛起，印度洋成为世界上“最繁忙、最具战略意义的贸易走廊”，承载着全球 2/3 的石油运输和 1/3 的散装货物运输。① 每年有超过 2.3 万艘船只横渡印度洋，以货币计算，贸易额超过 7 万亿美元，占全球集装箱运输总量的 50%，石油和天然气出口占全球出口总量的 70%。② “印太”地区繁荣的贸易带动了澳大利亚与印度经济关系的发展，成为澳大利亚与印度两国关系发展的转折点。在美国提出“印太战略”的背景下，澳大利亚与印度将注意力集中在如何更好地构建一个彼此共享的地区上。

2013 年，澳大利亚《国防白皮书》明确将澳大利亚的战略利益区定位至印度－太平洋，这是澳大利亚政府首次以这种方式界定该地区。③ 这不仅意味着澳大利亚政府重视印度在这一地区的战略作用，而且希冀发展与印度的双边关系。2014 年，澳大利亚时任总理托尼·阿博特（Tony Abbott）与

① Rory Medcalf, “In Defence of the Indo-Pacific: Australia's New Strategic Map”, *Australian Journal of International Affairs* 68 (2014): 472.

② Prerna Gandhi, “India and the Indo-Pacific”, Academia, https://www.academia.edu/10007348/India_ and_ the_ Indo－Pacific.

③ Australian Department of Defence, *2013 Australian Defence White Paper*, Commonwealth of Australia, 2013.

印度总理纳伦德拉·莫迪（Narendra Modi）互访，双方对加强两国之间的贸易往来表达了殷切的期望。2015 年 9 月，澳大利亚与印度启动了第九次全面经济合作协议谈判，两国总理决定将澳印关系提升到一个全面发展的水平。2016 年，澳大利亚政府发布的《国防白皮书》基本上使用“印太”一词取代了“亚太”。[①] 同年年中，澳大利亚前贸易、旅游和投资部部长安德鲁·罗布（Andrew Robb）指出，尽管澳印之间仍有一些“重大分歧”需要克服，但如果两国都将全面经济合作协定列为优先事项，那么这一“期待已久的贸易协定”可能会完成。2017 年 11 月，澳大利亚发布的《外交政策白皮书》将“印太”地区明确定义为“由东南亚连接起来的从东印度洋到太平洋地区，包括印度、北亚和美国”[②]。这些都是澳大利亚与印度在“亚太”地区概念扩大为“印太”地区新概念的情势下，日益重视双边关系的举措，也是澳大利亚与印度希冀在未来几十年建立牢固的经济关系的积极表现。

到目前为止，在所有国家中，澳大利亚对“印太”概念的使用最为积极，澳大利亚在新的“印太”环境下，将印度视为新的战略重心。[③] 由于中国、印度、日本以及亚洲其他国家正变得愈加依赖横跨印度洋从中东和非洲进口能源，而澳大利亚亦严重依赖与这些大国进行海运贸易，重视印度－太平洋地区对澳大利亚的经济、安全和社会发展具有重要意义。与此同时，澳大利亚与印度的贸易关系也在这一区域内得到发展，印度成为澳大利亚对外经济关系不可分割的一部分。

随着印度经济的加速增长以及澳大利亚政府认识到印度存在的机遇之多，2017 年 5 月，时任澳大利亚总理特恩布尔委托澳大利亚前外交贸易部秘书兼印度特使彼得·瓦尔盖塞拟订了一份印度经济战略报告。2018 年，

① Australian Department of Defence, *2016 Australian Defence White Paper*, Commonwealth of Australia, 2016.

② Department of Foreign Affairs and Trade, *2017 Foreign Policy White Paper*, Commonwealth of Australia, 2017.

③ 周方银、王婉：《澳大利亚视角下的“印太战略”及中国的应对》，《现代国际关系》2018 年第 1 期，第 29 页。

彼得·瓦尔盖塞提交了《印度经济战略2035》，这是澳大利亚迄今为止最全面的双边经济战略。这份报告长达516页，仅包含印度一个国家，但比2017年的《外交政策白皮书》长5倍，甚至超过了2012年的《亚洲世纪中的澳大利亚白皮书》。由此可见，澳大利亚政府十分重视发展与印度的经济关系，并将印度视为一个可行的投资目的地。该报告的主要作者彼得·瓦尔盖塞表示，印度有与众不同的前景，尽管澳印贸易协议发展缓慢，但到2035年，以当前价值计算，澳大利亚对印度的出口可能会增加两倍，达到450亿美元。同时，由于澳大利亚在亚洲的两个主要经济伙伴——中国和日本——正在放缓经济发展速度，而印度作为全球经济增长最快的国家，为澳大利亚与印度经济规模的扩大以及双边经济的增长提供了机遇。① 并且，时任澳大利亚总理特恩布尔认为，这是一项雄心勃勃的计划，但它符合澳大利亚积极的外交政策。澳大利亚的目标是“接触我们的朋友和伙伴，从而形成更广泛的合作习惯”，“共同塑造整个地区的战略前景”②。2018年11月，印度总统拉姆·纳特·科温德（Ram Nath Kovind）首次对澳大利亚进行国事访问，澳大利亚总理斯科特·莫里森（Scott Morrison）接见了他并表示，“澳大利亚和印度有紧密的经济联系，拥有广泛的合作基础。印度是澳大利亚在印度洋－太平洋地区重要的合作伙伴，也是澳大利亚的重要经济贡献者。《印度经济战略2035》为澳大利亚与印度的经济发展提供了具体的路线图。印度作为世界上增长最快的主要经济体，在未来20年内，将为澳大利亚的商业带来比任何其他单一市场更多的机会”③。

澳大利亚与印度的一系列行动是在“印太战略”背景下衍生及发展的。随着双方认识到加深双边经济关系的益处以及在多种利好因素的推动下，澳大利亚希冀加强与印度的经济互动。尽管双边贸易关系存在分歧，但“印

① “Economic Diplomacy Brief: India Ties, Labor on BRI”, Lowy Institute, https://www.lowyinstitute.org/the-interpreter/economic-diplomacy-brief-india-ties-labor-bri.

② “Where India Fits in an Activist Australian Foreign Policy”, Lowy Institute, https://www.lowyinstitute.org/the-interpreter/where-india-fits-activist-australian-foreign-policy.

③ “Boosting Our Economic Ties with India”, Prime Minister of Australia, https://www.pm.gov.au/media/boosting-our-economic-ties-india.

太战略”可以为双边发展提供一个良好的磋商平台，使澳大利亚与印度的贸易关系在《印度经济战略 2035》的指导下向好发展。

二 《印度经济战略2035》背景下的澳印贸易关系

澳大利亚政府批准了彼得·瓦尔盖塞提交的《印度经济战略 2035》，并对印度在未来 20 年内为澳大利亚的商业提供更多的机会抱持积极的态度。考虑到印度经济的规模及其复杂性，澳大利亚政府将采取报告中建议的“国家 + 部门”的方法。澳大利亚的经济外交工作将集中在被确定为最能与澳大利亚竞争优势相匹配的印度的 10 个主要部门以及 10 个主要州，教育、农业综合企业、资源和旅游业部部长将监督政府对策的进展以及《印度经济战略 2035》的持续实施。

《印度经济战略 2035》提出后，澳大利亚采取了具体行动，主要包括签署《澳大利亚 – 印度贸易投资谅解备忘录》，以促进双边贸易合作和投资流动；建立澳大利亚与印度的食品伙伴关系，保证粮食安全；澳大利亚养老金基金扩大对印度的投资，扩大澳大利亚资本的发展空间；澳大利亚与印度签署《航空服务协议》，增加直飞航班，促进人员流动；在印度设立新的澳大利亚总领事馆，协调澳大利亚与印度经济关系的相关事宜。2018 年 11 月，澳大利亚贸易、旅游和投资部部长西蒙·伯明翰（Simon Birmingham）表示，“我希望更多的澳大利亚人能更好地了解印度，更新他们对印度的看法，并想象澳大利亚与印度的关系可以带给我们什么”①。

（一）缔结《澳大利亚 – 印度贸易投资谅解备忘录》

为了帮助澳大利亚企业发掘印度的经济潜力，2018 年 11 月，在澳大利

① “Address to the AFR India Business Summit 2018”, Minister for Trade, Tourism and Investment, https://www.trademinister.gov.au/minister/simon-birmingham/speech/address-afr-india-business-summit-2018.

亚外交部部长玛丽斯·佩恩（Marise Payne）的陪同下，莫里森和科温德就教育、贸易投资、科学合作等几个重要领域进行了交流，并签署了5项谅解备忘录，以促进更强有力的双向投资和商业支持，增强双方经济联系。《澳大利亚－印度贸易投资谅解备忘录》表明，澳大利亚同意为企业建立一个一站式商店，考虑在印度各个市场进行投资，并对当地市场状况进行评估，为贸易投资的审批流程以及网络销售提供帮助。这项谅解备忘录提升了澳大利亚与印度在贸易投资方面的信任，并提高了双方在数字经济中的工作技能。

2020年2月26日，澳大利亚在亚马逊印度开设了澳大利亚商店，成功地推广了澳大利亚品牌。伯明翰部长表示："在印度最大的线上市场之一上为澳大利亚品牌提供专门的一站式商店，对于澳大利亚企业而言是一个巨大的胜利。在这个拥有13亿人口的国家中，亚马逊印度在线上市场中拥有的客户份额最高。对于许多澳大利亚企业而言，有利于澳大利亚品牌在增长最快的经济体之一中拥有更高的知名度，建立澳大利亚优质制造产品与印度消费者与之间的稳定联系。"①

长期以来，澳大利亚大力支持"印太"地区的经济持续向贸易与投资领域开放。印度在实行贸易和投资自由化改革之后，废除了诸多贸易壁垒，如放开很多可自由进出口的物资、大幅度降低进口关税和放松非关税限制、放松外汇管制、取消许可证制度，为外商投资创造公平、公开、透明的经营环境，不断创新引进外资的形式，扩宽利用外资的领域，鼓励私人和外国公司向更多工业部门投资，向电力、石油、通信、公路铁路、港口等基础设施项目投资。与此同时，政府实施的放松出口权限、扩宽出口渠道、提高出口退税、改善进出口商品结构、降低外贸赤字、增加外汇储备等新外贸政策成为澳大利亚与印度贸易关系的推动器。此外，政府还整顿、强化有关审批机构，简化审批手续，缩短审批时间，减少了进口受限产品所需证书的数量，

① "Australian Brands Get more Exposure in India", Minister for Trade, Tourism and Investment, https://www.trademinister.gov.au/minister/simon-birmingham/media-release/australian-brands-get-more-exposure-india.

完善外商投资的法律体系。另外，印度设立了旨在使印度成为全球贸易中心的贸易自由区及仓库区，在这些区域内，实行优惠税收及关税和较完善的劳工法，放宽对外资引进的限制，允许外国直接投资占比高达100%。这些举措大大增强了澳大利亚对印度投资的信心。[①]

随着印度国内经济改革的深入，其国内生产总值从2000年的4621亿美元跃升至2019年的2.94万亿美元，增长了6倍有余。[②] 2019年，印度成为世界第五大经济体，仅次于美国、中国、日本以及德国，是世界上发展最快的大型经济体之一。近20年的经济改革为印度营造了良好的贸易投资环境，不断吸引外国投资者进入印度市场。而澳大利亚自20世纪90年代以来一直致力于深化同亚太地区的经济联系，包括印度，以谋求经济的发展，并不断采取措施应对千变万化的亚太经济格局。在印度经济改革取得可观的成果之际，澳大利亚亦不断调整其与印度的经济和外交政策，并将印度作为新的战略重心。

《印度经济战略2035》的提出是澳大利亚对印度主动开放市场的即时反应，《澳大利亚-印度贸易投资谅解备忘录》的生效为澳大利亚和印度两国的企业带来大量的投资机会。在2018年科温德访澳之际，印度科技巨头印孚瑟斯（Infosys）宣布，到2020年，将在目前4500名澳大利亚员工的基础上再增加1200个工作岗位，开发3个创新中心，并加强与澳大利亚大学之间的联系。[③] 可以说，印度经济格局的转变以及经济水平的提高推动了澳印贸易关系的深化，使澳大利亚开始重视发展与印度这一新兴贸易伙伴的关系，并在经济方面与印度开展全方位的接触。

（二）建立澳印食品伙伴关系

尽管在过去的几十年里，农业产出的持续增长使印度成为农产品净出口国，

---

① 郭红：《20世纪90年代以来印度与欧盟的贸易关系》，硕士学位论文，四川大学，2006，第8页。

② 世界银行，https：//data. worldbank. org. cn/。

③ 《澳大利亚总理会晤印度总统　欲促进双边经贸合作》，中国新闻网，http：//www. chinanews. com/gj/2018/11－22/8683267. shtml。

但是印度的农作物易受天气的影响，产量没有保障，因此经常需要进口以补充国内供应。随着印度经济发展与人口增长速度的提升，豆类产品、谷物、园艺和油料种子的供应量依旧短缺，澳大利亚与印度的农产品贸易具有较大的潜力。同时，印度近年来的经济稳步增长，印度中产阶级不断寻求增值产品，如葡萄酒和加工食品，也为澳大利亚与印度的商品贸易带来了机会。在印度人口购买力提高，双收入、无孩子家庭增加，消费者观念转变的背景下，印度农业耕作要求逐渐提高，支持了澳大利亚对印度高科技农作技术的出口。澳大利亚与印度具有贸易合作的客观基础，两国对双边农产品贸易合作愈加重视。

2019 年，澳大利亚与印度建立了食品伙伴关系。澳大利亚印度食品伙伴关系（简称“澳印食品伙伴关系”）加强了两国食品行业之间的互动，为澳大利亚农业技术和服务提供了开放的机会，并强调了澳大利亚作为可靠的农业合作伙伴的声誉，使澳大利亚可以继续弥补印度农产品（包括优质产品）市场的供应缺口。同时，澳大利亚和印度与两国国内农产品商户和相关研究人员共同磋商，以规范这种伙伴关系的范围并洽谈共同投资的兴趣。

澳大利亚与印度的农产品贸易具有一定程度的经济互补性，有利于澳印食品伙伴关系的发展。但是，印度的农业部门极具保护主义情绪，印度易于波动的进口需求和急剧的政策变化对澳大利亚的农业贸易环境和澳印食品伙伴关系的发展具有不利的影响。印度的贸易限制性农业政策曾严重打击澳大利亚的商品出口，对澳大利亚的谷物和豆类生产商造成了巨大的损失。例如，印度对鹰嘴豆进口征收 60% 的关税，对小扁豆进口征收 30% 的关税。这样一来，澳大利亚对印度的豆类出口从 2017 年的 14 亿澳元下降至 2018 年的 3100 万澳元，即该类别的贸易减少了近 98%。① 此外，澳大利亚指责印度的食糖补贴不符合世界贸易组织（World Trade Organization，WTO）的规则，因为印度政府的补贴额远远超出了 WTO 规定的限额，导致全球食糖价格下跌，损害了澳大利亚生产商和其他地方生产商的利益。在澳大利亚与

① “Australia India Business Council Annual Australia India Address”, Minister for Trade, Tourism and Investment, https://www.trademinister.gov.au/minister/simon-birmingham/speech/australia-india-business-council-annual-australia-india-address.

印度业已建立食品伙伴关系的背景下，澳大利亚继续向印度施压，要求印度在 WTO 关于食糖争端的结果公布之前取消补贴。尽管印度小农户面临生产困难，但是印度农业改革对于印度现代化和工业化的发展来说不可或缺。印度未来农业改革的必要性以及农产品领域现有的贸易关系表明，澳大利亚可以向印度提供出口服务，并与印度合作提高印度国内生产率，成为印度重要的贸易合作伙伴。

（三）澳大利亚养老金基金扩大对印度投资

2018 年 4 月 20 日，时任澳大利亚总理特恩布尔与印度总理莫迪在英联邦政府首脑会议上进行会谈。根据特恩布尔和莫迪宣布的计划，澳大利亚民众的储蓄资金未来将涌入印度的重要项目，这是两国领导人为促进双边关系采取的措施。莫迪和特恩布尔还探讨了鼓励澳大利亚养老基金投资印度基础设施的想法，进而向印度国家银行和麦格里集团 2009 年设立的基金增加约 20 亿美元的资金。[①]

《印度经济战略 2035》通过后，澳大利亚与印度积极改善投资环境。印度将银行业改革放在首位，并改善了信贷成本和可获得性。莫迪提出了一个令人印象深刻的私有化议程，他放宽了外国直接投资环境，包括通过“自动路线”（Automatic Route）开放商业煤矿开采和合同制造以达到 100% 外商直接投资（Foreign Direct Investment），并放宽了对单一品牌零售的本地采购要求。至关重要的是，莫迪将现有公司的公司税率降低到 22%，甚至将从事制造业活动的公司的公司税率降低到 15%。同时，印度进一步完善了监管环境，如支持合同的及时履行、利润返还以及履行自由贸易协定或投资条约中的其他条款，这增强了澳方的交易信心，使投资者相信他们的资金是安全的，印方可以承诺并向投资者提供他们所期望的回报。

2019 年 8 月，澳大利亚超级年金基金（Australian Super，AS）与印度

① 《澳称将投资印度重要项目　两国欲进一步加强联系》，环球网，https：//world.huanqiu.com/article/9CaKrnK7TYk。

国家投资和基础设施基金（National Investment and Infrastructure Fund，NIIF）签署了一项协议，AS 将向 NIIF 主基金投资 2.5 亿美元，并将共同投资建设投资金额高达 7.5 亿美元的交通、能源和城市基础设施。作为本轮投资的一部分，AS 将会加入 NIIF 公司董事会。[①] 此外，麦格理基础设施和房地产公司（Macquarie Infrastructure and Real Assets）赢得了一项 20 多亿美元的投资竞标，将在未来 30 年内管理印度近 700 公里的国道。投资公司大太平洋资本（Greater Pacific Capital）首席执行官凯坦·帕特尔（Ketan Patel）表示："投资者有一种真正的热情去看国际，去看印度。他们想看，也想了解它。他们过去对印度的看法与现在的看法形成了鲜明对比。过去，他们担心官僚主义、腐败、经商的便利性及税务事务。他们可以看到，莫迪政府正在处理这些问题。"[②]

贸易和投资对澳大利亚和印度的经济发展和现代化进程而言极为有利。《印度经济战略 2035》的出台与施行有效地推动了澳大利亚与印度的贸易投资合作，澳大利亚养老金基金扩大对印度投资不仅可以使澳大利亚企业获得相应的利益，而且有利于增强澳大利亚与印度的贸易联系。随着澳大利亚企业希望将风险和不确定性降至最低，致力于拓展印度市场的步伐加快，澳大利亚对印度贸易投资环境的要求将不断提高。

（四）澳印签署《航空服务协议》

2018 年，入境印度的前十大客源地为孟加拉国、美国、英国、斯里兰卡、加拿大、澳大利亚、马来西亚、中国、德国以及俄罗斯。澳大利亚位列印度入境客源市场第六，入境人数为 346486 人次，占 2018 年入境印度总人数的 3.28%，澳大利亚是印度重要的客源市场（见表 1、图 1）。2019 年，

① 《印度国家投资和基础设施基金获 10 亿美元投资承诺》，网易网，http：//dy.163.com/v2/article/detail/EMDH3V890511AFKC.html。

② "Australian Superannuation Delegation to Visit India for Investments", *The Economic Times*, https：//economictimes.indiatimes.com/news/economy/foreign－trade/australian－superannuation－delegation－to－visit－india－for－investments/articleshow/51089046.cms.

澳大利亚人前往印度的人数为41.86万人次，较2018年增长20.8%，澳大利亚入境印度人数稳步增长。①

表1　2018年入境印度客源地情况

单位：人次，%

序号	国家	入境人数	百分比
1	孟加拉国	2256675	21.37
2	美国	1456678	13.80
3	英国	1029758	9.75
4	斯里兰卡	353684	3.35
5	加拿大	351040	3.32
6	澳大利亚	346486	3.28
7	马来西亚	319172	3.02
8	中国	281768	2.67
9	德国	274087	2.60
10	俄罗斯	262309	2.48
前十大客源地		6931657	65.65
其他客源地		3626272	34.35
总计		10557929	100.0

资料来源：印度旅游局，http://tourism.gov.in/market-research-and-statistics。

在澳大利亚，2016年至2019年，印度游客人数增长了53%，印度游客在澳大利亚的消费增长了68%，达到18亿澳元。② 截至2020年3月，印度是澳大利亚入境游客增长最快的国家，成为澳大利亚的第八大国际旅游市场，吸引了约15亿澳元的消费。③ 根据澳大利亚统计局的数据，2019年，前往澳大利亚的印度人有38.64万人次，这对澳大利亚的经济增长有巨大的

① Australian Bureau of Statistics，https://www.abs.gov.au/.

② "Australia India Business Council Annual Australia India Address"，Minister for Trade，Tourism and Investment，https://www.trademinister.gov.au/minister/simon-birmingham/speech/australia-india-business-council-annual-australia-india-address.

③ 印度旅游局，http://tourism.gov.in/market-research-and-statistics。

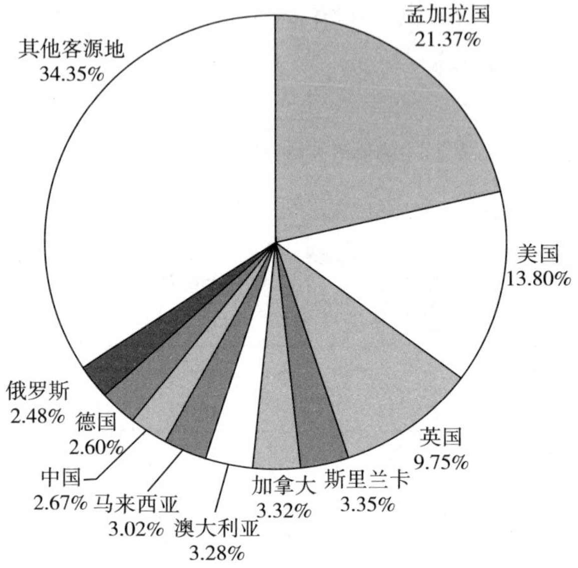

图 1　2018 年入境印度客源地占比

资料来源：印度旅游局，http：//tourism. gov. in/market－research－and－statistics。

好处。① 对澳大利亚而言，增加澳大利亚与印度的人员交流对澳大利亚与印度贸易关系的发展至关重要，印度家庭收入的增加和“印太”地区连通性的提高为更多的印度人打开了国际旅行的大门。印度人口超过 13 亿，中产阶级不断壮大，澳大利亚与印度的贸易联系显然不止于此，双边经济文化交流将继续增长。

澳大利亚与印度之间主要的交通方式是飞机，然而，澳大利亚每周仅有 8 班直接飞往印度新德里的航班，主要由印度国家航空公司提供服务。在印度经济持续增长以及澳印合作关系日益紧密的背景下，澳大利亚与印度互访的人数持续增加，现有的航空服务不足以满足澳大利亚与印度之间贸易联系与人员交流的需求。在澳大利亚与印度客流量增加的背景下，澳大利亚政府公布了与印度的合作计划，通过了双边《航空服务协议》，鼓励航空公司增加两国之间的直飞航班班次，为两国的旅游业以及航空公司带来了巨大的

① Australian Bureau of Statistics，https：//www. abs. gov. au/.

机会。

根据澳大利亚与印度签订的《航空服务协议》所做出的新自由化安排，澳大利亚和印度允许航空公司分别向6个机场提供无限服务，这意味着航空公司有能力增加往来于澳大利亚与印度之间的直飞航班。尤其是在阿德莱德和珀斯等一些较小的中转城市，增加直飞印度的航班可以为当地旅游业的发展注入活力，创造更多的就业机会。

（五）设立澳大利亚总领事馆

在《印度经济战略2035》的指导下，2019年3月26日，澳大利亚驻印度加尔各答总领事馆成立，安德鲁·福特（Andrew Ford）被任命为首任总领事。澳大利亚驻印度加尔各答总领事馆的运作代表了澳大利亚的一项战略投资，目的是获得在资源丰富的印度东部邦和处于上升期的东北地区的贸易投资机会。在澳大利亚驻印度加尔各答总领事馆的支持下，印度矿业学院扩大了澳大利亚－印度矿业合作伙伴关系，将澳大利亚公司与印度矿产资源丰富的东北州连接起来。澳大利亚－印度矿业合作伙伴关系是澳大利亚与印度矿业学院达成的一项合作安排，旨在提供联合培训、研究和开发服务。该伙伴关系建立于2014年，旨在增强澳大利亚与印度在采矿设备、技术和服务方面的合作。澳大利亚驻印度加尔各答总领事馆的设立加强了澳大利亚与印度之间的矿业合作和技术交流，推动了澳大利亚与印度贸易关系的发展。此外，澳大利亚－印度战略研究基金提供了高达50万澳元的赠款，旨在帮助研究人员解决两国共同面临的挑战，包括储能、海洋科学和植物基因组学等。

在澳大利亚驻印度加尔各答总领事馆的带领下，澳大利亚与印度贸易合作的积极趋势向好。澳大利亚农矿产品获得更多的贸易投资机会，澳大利亚企业在印度提供了更多的工作岗位，为印度降低居高不下的失业率做出了贡献。印度市场基数大、增长快，澳大利亚市场和行业对印度抱有巨大期望。作为印度的主要贸易伙伴国之一，相对于其他洲际市场，澳大利亚具有地理位置和自然资源等优势。澳大利亚驻印度加尔各答总领事馆的建立发挥了维护澳大利亚与印度贸易关系的积极作用，为双边贸易关系的持续发展提供了保障。

结 语

过去 10 年，印度成为外国投资者的主要目的地之一，正朝着有利于投资、确保高投资回报的道路前进。随着印度经济的成熟和市场的蓬勃发展，澳大利亚将印度作为新的战略重心。在亚太地区概念扩大为“印太”地区新概念的情势下，澳大利亚力图发展与印度的经济关系。2018 年 7 月，澳大利亚政府批准了澳大利亚前外交贸易部秘书兼印度特使彼得·瓦尔盖塞提交的《印度经济战略 2035》，使澳大利亚企业获得了新的具有活力的市场。

在《印度经济战略 2035》的指导下，澳大利亚与印度缔结了《澳大利亚－印度贸易投资谅解备忘录》，以促进双边经济关系的健康发展。同时，澳大利亚与印度建立了澳印食品伙伴关系，旨在改善澳大利亚与印度贸易互信缺失的局面。2019 年 8 月，AS 与 NIIF 签署了一项协议，AS 将向 NIIF 主基金投资 2.5 亿美元，并将共同投资建设投资金额高达 7.5 亿美元的交通、能源和城市基础设施，此举不仅有利于澳大利亚与印度贸易关系的发展，而且对澳大利亚与印度双边关系的深化具有一定的积极作用。此外，澳大利亚与印度签署了《航空服务协议》，为双边投资贸易搭建桥梁。最后，澳大利亚在印度加尔各答建立了新的总领事馆，负责《印度经济战略 2035》的具体落实。

从澳大利亚政府的举措看，《印度经济战略 2035》正在阶段性地向最终目标进发，澳大利亚与印度相互确保双方市场开放并促进双边贸易、资本和思想的自由流通。正如莫里森所言，“今天的步骤只是漫长旅程中的第一步，这将使澳大利亚和印度共同成长”①。

① “Boosting Our Economic Ties with India”, Prime Minister of Australia, https://www.pm.gov.au/media/boosting－our－economic－ties－india.

B.5

2019年新西兰内政外交评析*

黄 捷 王伟光**

摘 要： 2019 年，在新西兰内政中，资本利得税、移民与难民、零碳、基督城恐袭与控枪等议题占据关键位置；在外交上，处理与中、美、澳等大国的关系，重视气候变化，力推“太平洋重置”计划，发展自由贸易等则是其关注的优先事项。在全球民粹主义浪潮兴起与影响增强的背景下，新西兰的内政外交在一定程度上呈现左派进步特征。2020 年的大选，及其所属地区战略环境的新变化，将进一步影响新西兰未来的政治发展。

关键词： 新西兰政治 新西兰外交 国际关系 南太地区

2019 年是最能体现新西兰本届政府施政特点的时间点。一方面，步入执政第三年的工党 - 优先党联合政府在施政方向上更为明朗，各项内外政策得以全面铺开。另一方面，面临 2020 年大选的压力，执政联盟必须在 2019 年拿出良好表现，才能确保选票。因此，2019 年，联合政府在内外政策方面均采取了一些新举措，新西兰社会也整体出现了一些新趋势。

---

* 本文感谢如下项目资助：教育部国别和区域研究专项资金资助（项目号：19GBQY099）；福建省高校哲学社会科学学科基础理论研究创新团队项目“一带一路区域治理的范式转型与策略研究”（项目号：20720181100）。

** 黄捷，新西兰惠灵顿维多利亚大学博士候选人，主要研究方向为选举制度、选举行为、海外华人华侨研究；王伟光，厦门大学公共事务学院副教授，新西兰研究中心主任，主要研究方向为新西兰行政管理。

一　2019年新西兰内政评述

2019 年是新西兰工党－优先党联合政府全面执政，兑现其所谓“竞选承诺”的一年。但两党在意识形态、选民基础等方面存在差异，施政过程中受到一定掣肘，典型例子即“资本利得税”（Capital Gains Tax，CGT）的开征失败。不过，新西兰整体“左转”的态势在本届政府任内已经很明显，表现为新西兰提出的全球首份“幸福预算案”（well-being budget）、年度难民配额的上升、“安乐死法案”在议会的通过（2020 年公投）以及随后通过的“零碳排放法案”［Climate Change Response（Zero Carbon） Amendment Bill］等。2019 年还是新西兰的“地方选举年”，10 月的选举更新了各级地方行政组织，但出席投票率的低迷引发各方的担忧。同时，毛利土地问题再度进入公众视野，占领 Ihumatao 运动引发全国范围内的游行示威。

以下是对新西兰 2019 年内政中重要或热点议题及其呈现的特征的概述与分析。

（一）联合政府时受掣肘，税务、移民改革惹争议

2019 年 3 月的基督城恐袭事件后，出色的危机应对为总理阿德恩（Jacinda Ardern）赢得了极高的国际声誉。但在新西兰国内，联合政府中间偏“右”的新西兰优先党在社会再分配、移民、安全与外交等关键问题上都与工党有不少分歧，这给阿德恩领导的联合政府施政带来一定的障碍，且新西兰国内对工党与阿德恩领导能力的质疑从来没有停止过。但是换一个角度，“政策掣肘”的存在表明温斯顿·彼得斯（Winston Peters）及其领导的新西兰优先党在联合政府内部发挥着制衡作用，这在某种程度上对新西兰保持政策连续性有一定好处。

联合政府的“政策掣肘”从执政伊始就存在。2017 年大选过后，温斯顿·彼得斯带领的新西兰优先党与工党组成联合政府。该联合政府从一开始

便引起极大争议，争议的焦点在于工党在大选中的得票率远不及国家党(36.89% VS 44.45%)，而较低得票率的新西兰优先党却因“造王者”(King Maker) 的身份在内阁中获得了较大的、不成比例的话语权。① 联合政府成立后，两党在政策理念上的差异造成此届政府执政时受掣肘。比如，工党执政伊始就放弃对农牧业加征水税动议的一个主要原因，即农牧业中有大量支持优先党的选民。

两党之间的分歧及其影响最显著地体现在资本利得税的开征失败上。开征资本利得税是工党坚持了近十年的政策理念。该税主要是对各类资本性投资的“净所得”(资产增值) 进行征税；原拟定的资本利得税的主要征税项目包括股票、土地交易、物业投资、商业投资和知识产权等。联合政府于2017 年底便成立了一个“税务工作组”来评估征收资本得利税的可行性。历经一年半的评估之后，税务工作组于 2019 年 2 月建议政府启动资本利得税立法，认为征收资本利得税将使新西兰的税务体系更为公平，同时可以引导人们将资本投入生产性活动中，而非进行土地、房产炒作等。② (新西兰是经济合作与发展组织中唯一没有资本得利税的国家。) 但是该建议随即遭到新西兰优先党的坚决反对。作为一个中间偏“右”的政党，新西兰优先党的基本盘为农牧业主与老年人，开征资本利得税势必侵犯这些人的核心利益。加之一些民意调查也显示资本得利税不受欢迎，③ 2019 年 4 月，阿德恩宣布联合政府放弃推动征收该税种。资本得利税开征失败对工党的执政信用打击很大。原估计资本利得税每年能提供接近 34 亿新元的财政收入。工党原本指望这笔资金能在消除儿童贫困、缓解住房危机等方面发挥作用。没有

① Tracy Watkins, “Jacinda Ardern and Winston Peters on Making Their Relationship Work”, Stuff, 25 October 2018, https://www.stuff.co.nz/national/politics/108114509/jacinda-ardern-and-winston-peters-on-making-their-relationship-work, 访问时间为 2020 年 2 月 17 日 (后文注释中链接的最后检索访问时间皆同，因此不再注出)。

② New Zealand Tax Working Group, “Future of Tax, Final Report Volume I: Recommendations”, 21 February 2019, https://taxworkinggroup.govt.nz/resources/future-tax-final-report-vol-i.

③ Lucy Bennett, “Business NZ-commissioned Poll Shows Voters Against CGT”, NZ Herald, 9 April 2019, https://www.nzherald.co.nz/nz/news/article.cfm?c_id=1&objectid=12220469.

了这笔收入，政府将难以有效兑现这些议题上的竞选承诺。工党与新西兰优先党的这一次“不合拍”也再次引发公众对联合政府执政能力的质疑：作为小党的新西兰优先党是否拥有过大发言权？

联合政府引发的争议还表现在移民政策领域。作为一个奉行国家主义理念的政党，新西兰优先党在创党之初就鲜明地把“反亚洲移民”作为其主要政治纲领。工党虽然在竞选期间也提出削减移民的目标，但远不如新西兰优先党激进。2019 年新西兰移民政策的两次改革都可以看到新西兰优先党的影子。其一，虽重开父母团聚类签证，但同时将签证申请与担保人年收入挂钩，并上调至多数移民家庭难以承担的水平。① 华人是父母团聚签证的主体，该政策对华人影响巨大。② 有评论指出该政策具有一定的歧视性，还带有明显的优先党烙印。对此，彼得斯否认歧视性的说法，但大方承认新西兰优先党在这项政策制定过程中发挥了关键作用。③ 其二，严格审查配偶签证，要求申请人必须提供同居证明，而不再给未同居的伴侣发放短期访问签证。④ 配偶签证改革引发了新西兰印度社区的强烈反对，鉴于印度传统包办婚

① 按照新西兰移民局公布的方案，新的父母团聚签证将在 2020 年 2 月起接受申请。但这一签证类别对担保人（多为子女）的年收入提出了很高的要求。若想担保父母移民新西兰，担保人的年收入起码要达到新西兰国民收入中位数的两倍以上。具体标准参见新西兰移民局公告，https：//www. immigration. govt. nz/new – zealand – visas/apply – for – a – visa/tools – and – information/support – family/changes – parent – resident – visa – applications – reopen – 2020。父母签证重开后，新西兰优先党党魁彼得斯向外界确认早在 2017 年与工党商讨组阁时，就提出将收紧移民（包括父母团聚类移民）作为同意工党执政的条件。参见 Jo Moir，“NZ First Pushed for Tightening of Parental Visa Scheme”，NZ Herald，11 October 2019，https：//www. nzherald. co. nz/nz/news/article. cfm？c_ id = 1&objectid = 12275483。

② 2011 ~2016 年，新西兰移民局共向 50 岁以上的华人发放了约 11000 个居民签证（Resident Visa），这一数字占同期同年龄段签证批准人数的一半以上。参见 Lincoln Tan，“Concern as More Older Migrants Left Alone”，NZ Herald，9 May 2016，https：//www. nzherald. co. nz/nz/news/article. cfm？c_ id = 1&objectid = 11635692。

③ Mandeep Singh Bela，“Only Rich People will Be Able to Bring Parents to New Zealand，How Is That Fair？” Stuff，11 October 2019，https：//www. stuff. co. nz/business/116502289/only – rich – people – will – be – able – to – bring – parents – to – new – zealand – how – is – that – fair.

④ Laura Walters，“Immigration NZ Partnership Visa Policy Labelled ‘Racist’”，Newsroom，22 October 2019，https：//www. newsroom. co. nz/2019/10/22/871682/immigration – nz – partnership – visa – policy – labelled – racist – unsympathetic.

姻的影响，新人相识同居的时间通常很短，往往难以满足新的签证要求。印度社区的抗议立即遭到新西兰优先党议员肖恩·琼斯（Shane Jones）的反击。他宣称印度裔的抗议是“宝莱坞式的过度反应”（Bollywood overreaction），① 此番言论导致联合政府与印度社区的矛盾快速加剧。迫于舆情压力，工党不得不出来“灭火”。移民部长伊恩·里斯－加洛韦（Iain Lees-Galloway）随后宣布将开放时长三个月的“包办婚姻访问签证”（Arranged Marriage Visitor Visa）给相应申请人，待配偶同居一定时间后再申请配偶签证。但即便这样，此政策给联合政府与印度社区、华人社区等带来的矛盾与罅隙已难弥合。

（二）左翼发力，新西兰“左转”趋势增强

虽然新西兰优先党拥有较大影响力，但联合政府的主体依然是工党；工党的政治理念所带来的影响进一步显现。2019 年以来，新西兰社会整体“左转”的趋势变得更加明显。这至少表现在以下四个方面。

第一，“零碳排放法案”获议会通过，新西兰为应对气候变化设定具体目标。

气候变化问题在 2019 年引发前所未有的全球性关注，新西兰对此做出了快速响应。2019 年 3 月和 9 月，新西兰爆发了两次席卷全国的气候变化大游行，总理阿德恩也公开为瑞典气候活动家格雷塔·桑伯格（Greta Thunberg）站台，同时呼吁新西兰为应对气候变化展示“更大的团结”。② 2019 年 11 月 7 日，新西兰议会第三读通过“零碳排放法案”，该法案从 5

① Collette Devlin, “Shane Jones Making No Apology to Indian Community for ‘Racist’ Comments – says Anxious Kiwis Want National Population Policy”, Stuff, 05 November 2019, https://www.stuff.co.nz/national/117175642/shane–jones–making–no–apology–to–indian–community–for–racist–comments––says–anxious–kiwis–want–national–population–policy.

② Zane Small, “‘We Need Climate Activists’: Jacinda Ardern Backs Greta Thunberg, Calls for ‘Greater Unity’”, Newshub, 01 October 2019, https://www.newshub.co.nz/home/politics/2019/10/we–need–climate–activists–jacinda–ardern–backs–greta–thunberg–calls–for–greater–unity.html.

月由绿党党魁詹姆斯·肖（James Shaw）提出到11月成为法律，历时不到半年。议会最大党派——偏“右”的国家党也给该法案投了赞成票。自该法案提出至2050年，新西兰将实现除农牧业产生的生物源甲烷外，所有温室气体净排放量减少到零的目标。至于生物源甲烷的排放量，2050年将减少至2017年水平的24%～47%；到2030年，生物源甲烷的总排放量要实现在2017年的水平上减少10%的目标。[①] 实现2050“零碳排放”是绿党在2017年为联合政府“提供信心支持”时提出的目标，“零碳排放法案”获得包括国家党在内的绝大多数党派的支持，表明积极应对气候变化已经成为超越“左右”之争的“新西兰共识”。

第二，“安乐死法案”即《生命终结选择法案》（End of Life Choice Bill）在议会通过三读，将与2020年大选同期进行公投；同时，和“安乐死法案”一起进行公投的还有《大麻合法化法案》。

“安乐死法案”将允许那些患有绝症，生命将在六个月内结束且正经历着难以忍受痛苦的病人，在完全知情且有医师协助的条件下终结生命。[②] 在议会中，“安乐死法案”是否通过，被列为良心投票，即议员对此议案的投票，无须与其所属政党意见保持一致，而是凭自身的态度与良知选择投赞同票还是反对票。该法案于2015年10月由行动党党魁大卫·西摩尔（David Seymour）以“私人提案”的方式提交议会；2017年12月通过一读，2019年6月通过二读，11月通过三读。对该法案，多数工党议员投了赞成票，绿党全员赞成，新西兰优先党全员赞成但要求必须交付公投，而国家党的多数议员则投了反对票。新西兰“安乐死法案”的出台，历经新西兰历史上最长的听证期——16个月，共收到超过39000份公众意见书。尽管该法案遭到医师团体的强烈反对，但最新民意调查显示，有超过70%的民众赞成

---

① Hon James Shaw, “Climate Change Response（Zero Carbon）Amendment Bill 2019（136－1）（How James Shaw）”, New Zealand Parliament, 15 May 2019, https://www.parliament.nz/en/pb/bills－and－laws/bills－digests/document/52PLLaw25931/climate－change－response－zero－carbon－amendment－bill－2019.

② “End of Life Choice Bill”, New Zealand Government, 23 October 2019, http://www.legislation.govt.nz/bill/member/2017/0269/latest/DLM7285905.html.

该法案。[1] 如果“安乐死法案”在公投中顺利通过，则意味着新西兰社会将发生又一次重大变化。

第三，联合政府颁布全球首个“幸福预算案”，强调民众福祉优先于GDP 增长。

工党将2019 年定义为“政策兑现年”，其关键举措之一即推出了全球首个“幸福预算案”，将财政支出重心从经济发展转移至增进社会福祉方面。“幸福预算案”重点关照社会中“最为脆弱的人群”，包括被心理疾病、儿童贫困、家庭暴力等问题影响的群体。根据该预算案，政府将在未来4～5 年中拨款19 亿新元用于心理诊疗，10 亿新元用于缓解儿童贫困，3.2 亿新元用于应对家庭暴力问题。[2] “幸福预算案”被评论为一份典型的“左派预算”，国家党批评该预算“虚有其表”“空洞无物”，无法满足主流人群对更好物质生活的需求。[3] 但因其对长期存在的社会问题的强调和回应，“幸福预算案”依然收获左派社会团体的大量好评。

第四，新西兰联合政府增加难民配额，在基督城恐袭案之后加强枪支管控，同时为中东和非洲难民“开绿灯”等一系列做法也备受关注。这一系列调整均呈现一定的“左转”特征。

增加难民配额是新西兰左派政党，如工党、绿党以及新西兰联合未来党（United Future NZ Party）自2014 年开始就致力于实现的目标。2017 年，工党与新西兰优先党组建联合政府，外界担心新西兰优先党的反移民立场可能会使难民配额计划“流产”。2018 年9 月，工党克服保守派阻力，宣布自2020 年7 月起，新西兰每年难民配额从目前的1000 人上升至1500 人。预计

① Boris Jancic，“Euthanasia Bill Passes Final Vote，Goes to Referendum”，NZ Herald，13 November 2019，https：//www. nzherald. co. nz/nz/news/article. cfm? c_ id = 1&objectid = 12284982.

② “Budget at A Glance：The Well-being Budget”，New Zealand Government，30 May 2019，https：//www. traasury. govt. nz/publications/budgets/budget 2019.

③ Eleanor Ainge Roy，“New Zealand ‘well-being’ Budget Promises Billions to Care for Most Vulnerable”，The Guardian，30 May 2019，https：//www. theguardian. com/world/2019/may/30/new – zealand – wellbeing – budget – jacinda – ardern – unveils – billions – to – care – for – most – vulnerable.

未来几年中，若左派全面执政，则难民配额可能会进一步增加。① 另外，联合政府还特别针对中东与非洲难民入境新西兰采取了一系列宽松措施。先是在2019年3月基督城恐怖袭击案后，移民局推出“基督城响应签证”[the Christchurch Response（2019）Visa]，给予受到2019年3月15基督城恐怖袭击直接影响的人士及其近亲属申请新西兰永久居民签证的机会。② 10月，移民局又对国家党时期的难民政策进行了调整，取消了中东和非洲人士需要有家人在新西兰才能申请难民身份的规定，同时将大规模难民危机的难民配额从每年100个增加到200个，增强政府在处理大规模人道主义危机时的政策弹性。③

而在枪支管理方面，新西兰在基督城恐袭案发生后，迅速通过“禁枪令”[Arms（Prohibited Firearms，Magazines，and Parts）Amendment Bill]。该法案禁止民众拥有军用半自动步枪和突击步枪，规定由政府拨款回购民众所持有的违禁枪支。2019年9月，总理阿德恩和警察部长斯图尔特·纳什（Stuart Nash）向议会提交了意在进一步收紧枪支管理的《枪支改革法案》（Arms Legislation Bill）。该法案虽然遭到了右翼国家党和行动党的强烈反对，但还是凭借联合政府控制的议席优势顺利通过一读。

---

① 绿党的最终目标是将难民配额增加至每年6000人，若2020年大选后绿党能进入内阁，预计将推动难民政策的进一步变革。参见 The Guardian，“New Zealand to raise refugee quota in 2020”，The Guardian，19 September 2018，https：//www.theguardian.com/world/2018/sep/19/new-zealand-to-raise-refugee-quota-in-2020。

② 该签证不适用于短期签证持有者，如旅游、探亲者，或商务访问人员。签证条例中的“受直接影响者”是指案发时出现在两座清真寺的人员及其直系亲属、枪击受害者（包括遇难者）及其直系亲属。“近亲属”包括受恐袭直接影响者的伴侣、未成年子女、父母以及伴侣的父母等。如受直接影响者为未成年人，则“近亲属”的定义为其父母、祖父母以及尚未独立的兄弟姐妹。参见 https：//www.immigration.govt.nz/new-zealand-visas/already-have-a-visa/becoming-a-permanent-resident/christchurch-response-2019-permanent-resident-visa。

③ Zane Small，“Immigration Minister Iain Lees-Galloway dumps National Party's Refugee Quota Policy”，Newshub，04 October 2019，https：//www.newshub.co.nz/home/politics/2019/10/immigration-minister-iain-lees-galloway-dumps-national-party-s-refugee-quota-policy.html.

（三）地方选举、毛利土地问题等成为焦点

2019 年是“地方选举年”，地方行政系统经过选举得到全面更新。新西兰地方选举包括由民众直选产生地区议会（Regional Councils，一级地方行政区）、市区议会（City/District Councils，二级地方行政区）以及地区医管局（District Health Boards，全国共 21 个地区医管局）成员。常住居民超过 5 万人的二级地方行政区还将直选市长，但奥克兰除外，奥克兰是由民众直接选举产生代表整个奥克兰地区的市长。地方选举一般采用“邮寄选票”（Postal Voting）的方式进行。2018 年的选举于 10 月 12 日开票，选民在开票日 3 ~4 周前就陆续收到选举委员会（Electoral Commission）寄发的选票。选举办法因地而异，主要有简单多数当选制（First Past the Post，FPP，如奥克兰市长选举）和单记可让渡制（Single Transferable Vote，STV，如惠灵顿市长选举）两种投票和计票方式。

新西兰地方选举意识形态色彩淡、技术型强、政党的涉入不明显，因其是行政单一制国家，地方政府仅在地区规划、地方性公共服务等方面享有中央赋予的自主权。只有在人口集中的主要城市，如奥克兰、惠灵顿、基督城以及但尼丁等，候选人才拥有主要政党的背书。如新当选的奥克兰市长菲尔·高夫（Phil Goff）和基督城市长利安娜·达尔兹尔（Lianne Dalziel），两人皆出身工党，曾在国会中长期代表两地选区，对地方事务较熟悉。地方选举中更为常见的是，候选人依据对地区事务的相同理念而组成（非政党性的）竞选团体，如 2018 年在奥克兰参选的“带领北岸前进”（Taking the Shore Forward）团队。对参选者而言，组建竞选团体，有利于降低个人竞选成本，增强政治理念影响力。

2019 年地方选举暴露出的一个备受关注的问题是出席投票率的持续低迷（41.7%），出席投票率在近四届地方选举中呈现连续下滑趋势。[①] 少数

① 2010 年、2013 年和 2016 年地方选举的出席投票率分别为 49.0%、41.3% 和 42.0%。参见 https：//www.lgnz.co.nz/vote2019/voters/final – voter – turnout – 2019/。

族裔、新移民以及年轻人的投票率低是老问题。另外，邮寄选举与人口流动的矛盾也不容忽视，选民住址变更导致选票无法送达的情况经常发生。为此，新西兰有可能在未来引入针对地方选举的网上投票系统。

值得一提的是，有政治分析家认为，毛利人投票率低的一个重要原因是其因殖民地历史而对新西兰政府形成的“不信任”。[①] 的确，就在地方选举进行之时，毛利人占领 Ihumatao 的运动也到达高潮，欧裔－毛利人关系在 2019 年也再度成为热点话题。与奥克兰国际机场相隔仅 3 公里的 Ihumatao 原是毛利领地，该地是毛利人祖先抵达新西兰后最早的定居点之一，具有一定的历史文化价值。因为当地毛利人在 1863 年内战期间支持毛利王运动（Māori King Movement），Ihumatao 被当时的殖民政府没收并最终为华莱士家族（the Wallace family）所拥有，主要用于农牧作业。2017 年，华莱士家族将 Ihumatao 卖给弗莱彻房产公司（Fletcher Building）用于商业住宅开发。开发 Ihumatao 的决定随即遭到毛利团体“保护我们的独特景观”（Save Our Unique Landscape，SOUL）的坚决反对，该团体 2016 年就开始占领 Ihumatao。

2019 年 7 月，SOUL 的占领活动遭到警方阻止，部分成员被捕。此事件随后引发占领运动的更激烈反弹，并触发了席卷全国的一系列游行示威活动。政府从 9 月开始不得不出面干预。总理阿德恩叫停了地产开发项目，财政部长格兰特·罗布森（Grant Robertson）随即与弗莱彻房产公司展开谈判；11 月，新西兰遗产局（Heritage New Zealand）正式将 Ihumatao 列为一级文化遗产，开发项目暂缓。2020 年 2 月，有传闻说毛利团体有望今年在政府干预下收回该土地，而 SOUL 的抗争活动也逐渐弱化。[②] 若 Ihumatao 的问题能妥善解决，联合政府将能争取到不少毛利选票。但基于毛利人特殊的

① “Paying Voters? Idea Floated to Boost Local Body Elections Turnout”, Radio New Zealand, 16 August 2019, https://www.rnz.co.nz/news/national/396811/paying-voters-idea-floated-to-boost-local-body-elections-turnout.

② Michael Neilson, “‘We Are Really Relieved’: Deal on Ihumātao ‘Hours Away’ Pania Newton says”, NZ Herald, 21 January 2020, https://www.nzherald.co.nz/nz/news/article.cfm?c_id=1&objectid=12302181.

文化传统和新西兰的殖民历史，围绕毛利人土地问题的争议将来还有可能继续发生。

二 2019年新西兰外交评述

2019 年，新西兰在延续其一贯奉行的独立外交政策的同时，在处理大国关系、区域安全以及全球治理等诸多问题上都有一些新表态、新动作。

在大国关系方面，新西兰进一步强化与传统西方盟友或伙伴的关系，尤其是与澳大利亚和美国的军事安全联系。例如，澳新两国领导人实现一年两访，以及阿德恩与美国总统特朗普进行首次会晤。同时，新西兰也在努力平衡与中国的关系，尤其是经贸方面的联系。虽然阿德恩对华访问一再被延迟，但在基督城恐袭案后，危机与善后工作需要紧迫处理的情况下，阿德恩仍坚持了其任内对中国的首次访问，重申了发展中新关系的重要性与愿望；中新两国在 2019 年 11 月还共同宣布完成了历时 3 年的自由贸易协定升级谈判。在南太平洋区域事务方面，新西兰进一步推进其“太平洋重置”（Pacific Reset）计划，加强对南太诸岛国的援助与地区事务的关注和参与。外交部长温斯顿·彼得斯 2019 年连续出访南太诸岛国，并签署了一系列新的合作备忘录。2019 年也是新西兰进一步融入和推动经济全球化的一年。《全面与进步跨太平洋伙伴关系协定》（Comprehensive Progressive Trans-Pacific Partnership，CPTPP）已于 2018 年底正式生效。2019 年底，《区域全面经济伙伴关系协定》（Regional Comprehensive Economic Partnership，RCEP）的谈判也取得了关键性进展。[①] 新西兰还正在（或计划）与欧盟、美国以及脱欧后的英国积极展开自由贸易谈判。在气候变迁等全球议题上，新西兰也采取更积极的态度与措施，以期在国际社会发挥更大的影响力。以下是具体分析。

① RCEP 的 15 个成员国包括东盟十国（文莱、柬埔寨、印度尼西亚、老挝、马来西亚、缅甸、菲律宾、新加坡、泰国和越南）以及澳大利亚、新西兰、中国、日本和韩国。印度原本也在 RCEP 的谈判进程中，但于 2019 年 11 月宣布退出谈判。

（一）国际战略格局和新西兰与大国关系调整

2019 年，全球战略形势继续发生深刻变化，特别是中美之间的分歧与战略竞争呈明显加剧的趋势，并影响着整个国际形势以及大洋洲地区国家的对外关系的发展。处理与国际舞台上的大国或地区大国的关系，是新西兰外交的重要内容。

在军事与安全层面，新西兰继续与其本地区最重要的盟友——澳大利亚保持紧密联系与合作。基于相近的历史传统、价值观、政治制度以及密切的经济联系，澳新关系在 2019 年依然稳固。① 澳新两国领导人实现了互访，其分别在 2019 年 2 月（奥克兰）与 7 月（墨尔本）进行了两次会晤。在 2 月举行的跨塔斯曼双边领导人会晤中，阿德恩指出："对新西兰而言，没有比澳大利亚更好的朋友。"② 有报道认为"国家安全"是澳新元首会晤的重要议题，而彼时所谓"国家安全"焦点恰在于华为——澳大利亚政府于 2018 年禁止华为参与 5G 建设，新西兰随后也否决了运营商 Spark 使用华为设备进行 5G 建设的提案。③ 此外，南太平洋区域的事务与安全问题也是双方讨论的重点。新西兰于 2018 年推出了"太平洋重置"计划，澳大利亚也有对应的"太平洋奋进"（Pacific Step-Up）计划。早在 2018 年 3 月，新西兰外交部长温斯顿·彼得斯在澳大利亚演讲时就呼吁澳新在南太平洋地区事务中进行更密切的合作。④ 而澳

① 新西兰与澳大利亚都是英联邦成员、"太平洋岛国论坛"（Pacific Islands Forum）成员以及"五眼联盟"（The Five Eyes）成员。截至 2019 年 6 月，澳大利亚是新西兰第二大贸易伙伴、第一大游客来源国。参见 https://www.stats.govt.nz/information-releases/goods-and-services-trade-by-country-year-ended-june-2019。

② Stacey Kirk, "'New Zealand Has No Better Friend than Australia'—NZ-Aus PMs Meet", Stuff, 22 February 2020, https://www.stuff.co.nz/national/politics/110755400/australian-prime-minister-scott-morrison-jets-in-for-first-official-visit.

③ Stacey Kirk, "New Zealand and Australia Play up Importance of China Trade", Stuff, 22 February 2019, https://www.stuff.co.nz/national/politics/110795849/new-zealand-and-australia-play-up-importance-of-china-trade.

④ Rt. Hon Winston Peters, "'Shifting The Dlal', Eyes Wide Open, Pacific Reset", Lowy Institute, 02 March 2018, https://www.lowyinstitute.org/publications/winston-peters-new-zealand-pacific.

新近年来在南太平洋问题上的集中表态，也多被认为是针对中国在该区域日益扩大的影响力。澳新两国领导人在2019年2月会晤后发表的联合声明中，明确提出要在南太平洋事务上结成“强大的联盟”（strong alignment）。①

不过，澳新之间也存在一些争端。例如，在两次领导人会晤中，阿德恩都表达了对澳大利亚“罪犯遣返条例”的不满。该条例授权政府可将那些被认为对澳大利亚“有害”（通常是犯有一年以上刑期罪行）的非澳大利亚公民遣送回其原国籍所在地。根据该条例，2015～2018年，已有超过1000名旅澳的新西兰人被遣返，其中60%以上是毛利或太平洋岛裔人。② 这些人中，许多虽国籍为新西兰，但在澳大利亚长大，其在新西兰没有什么社会关系，很容易再次犯罪。但尽管阿德恩一再提及此议题，澳大利亚方面并没有太多让步，澳方并没有修改该条例或针对新西兰做出一些特别的安排。不过，该争端并不会上升到撼动两国根本盟友关系的程度。

美新关系在2019年也出现了一些新动向、新进展。美新2010年发布《惠灵顿宣言》后，在20世纪因反核问题而受损和冷淡的美新关系，特别是安全与军事方面的联系，开始逐渐得到恢复。③ 2015年，新西兰与澳大利亚联合参与了美国领导的旨在打击伊斯兰国的“坚定决心行动”（The Operation Inherent Resolve），澳新向伊拉克派驻了军事人员以训练伊政府军。

美新高层互访也值得关注。新西兰外交部长彼得斯继2018年底访美之后，于2019年7月再度访美，其间会见了美国国务卿麦克·蓬佩奥（Mike

① New Zealand Government, “Joint Statement by Jacinda Ardern and Scott Morrison”, Scoop, 22 February 2019, https://www.scoop.co.nz/stories/PA1902/S00193/joint-statement-by-jacinda-ardern-and-scott-morrison.htm.

② Patrick Keyzer, Dave Martin, “Why New Zealanders Are Feeling the Hard Edge of Australia's Deportation Policy”, The Conversation, 12 July 2018, https://theconversation.com/why-new-zealanders-are-feeling-the-hard-edge-of-australias-deportation-policy-99447.

③ 美新关系在20世纪80年代的新西兰“反核运动”中降至历史最低点。1984年，新西兰戴维·朗伊（David Lange）领导的工党政府全面禁止核舰艇以及运载有核武器的舰艇停靠新西兰港口。1987年，新西兰进一步通过《新西兰无核区、裁军与武器管控法》（The New Zealand Nuclear Free Zone, Disarmament, and Arms Control Act），规定新西兰所有陆域、领海和领空都是无核区。该法案导致新西兰被剔除出《澳新美安全条约》（The Australia, New Zealand, United States Security Treaty, ANZUS）。

Pompeo）以及其国家安全顾问约翰·博尔顿（John Bolton）。在 2018 年的访问中，彼得斯高调呼吁美国给予南太平洋更多关注、更多资源。彼得斯此举被认为是为了加强与美国在安全事务领域的联系，并为新西兰的“太平洋重置”计划寻求外部支持。彼得斯访美时，还积极寻求与美方开启自由贸易协定谈判，进一步增强与美国的经济关系。新西兰原希望借《跨太平洋伙伴关系协定》（Trans-Pacific Partnership Agreement，TPP）打开美国市场，但特朗普政府退出 TPP 的决定让这个计划落空。另外，美新两国领导人在 2019 年的联合国大会期间进行了首次会晤。阿德恩曾高调地把应对气候变化问题定义为“我们这代人的反核时刻”，新西兰公众期待她在与特朗普会面时能呼吁美国对气候变化问题采取行动。但事前媒体所预测的“左派进步”阿德恩与“民粹保守”特朗普在全球气候变化等问题上的尖锐交锋并没有出现。阿德恩只谈及自由贸易谈判以及 3 月基督城恐袭之后新西兰采取的控枪措施。其刻意避开争议性话题被外界认为是新西兰希望进一步加强美新关系的一个重要信号。

新西兰参与美国等领导的军事行动而在伊拉克等地区驻军的问题，也是媒体关注的重要议题。其中，在伊拉克，新西兰驻军最多的时候有将近 150 人。新西兰的军事任务原本应在 2017 年结束，不过彼时的国家党政府以及随后的工党 - 优先党联合政府都以鉴于“伊拉克的安全形势”为由，又前后两次将任务延续到 2019 年。2019 年 6 月，鉴于“伊斯兰国”武装力量已经很大程度上被肃清，阿德恩总理宣布伊拉克军事训练任务也将于 2020 年 6 月正式结束。不过在从伊拉克撤军的同时，新西兰增加了对伊拉克的重建金援，从 2018 年的 240 万新元增加到 2019 年的 300 万新元。[①] 而新西兰派驻阿富汗为阿方提供军方文职人员培训的人员数量也将从 13 人减至 11 人，阿富汗驻军任务将于 2019 年底进行重估。[②]

① New Zealand Government，“New Zealand to Withdraw from Iraq in June 2020”，Beehive，10 June 2019，https：//www. beehive. govt. nz/release/new - zealand - withdraw - iraq - june - 2020.

② Praveen Menon，“New Zealand to Withdraw Troops from Iraq Next Year，Trim Afghan Contingent”，Reuters，10 June 2019，https：//www. reuters. com/article/uk - newzealand - military - iraq/new - zealand - to - withdraw - troops - from - iraq - next - year - trim - afghan - contingent - idUKKCN1TB0HR.

新西兰与中国的关系对于新西兰来说也是非常重要的，并且新西兰政坛与媒体等对中新关系也持续高度关注。除与美澳合作之外，新西兰也在努力稳定对华关系尤其是经贸联系，但中新关系依然面对诸多挑战。因另有专题文章讨论，本文不再论及。

2018 年以来，中新关系面临一定下行压力，迫使联合政府做出一系列回应。2019 年 4 月初，阿德恩总理在基督城恐袭案之后“旋风”出访中国，并向习近平主席重申中方是“宝贵的合作伙伴”。[①] 也是这一年 4 月，贸易部长大卫·帕克（David Parker）率新西兰代表团参加第二届“一带一路”国际合作高峰论坛，并表示希望与中方探讨双赢合作，该表态还“意外地”获得了外交部长彼得斯的认同。[②] 2019 年 11 月，中新结束为期三年的自贸升级谈判。这一进展表明双边关系趋向平稳，并在经贸这一维系双边关系的最关键领域上有所突破。不过，平稳可能是暂时的，中新关系在 2020 年依然面对诸多挑战：华为 5G 问题悬而未决；美澳压力依然存在并有可能继续增大；新西兰正加紧推进的“太平洋重置”计划（下文将详述）被指意在制衡中国在太平洋地区的影响力。另外，2019 年 11 月修订的《海外投资法》允许政府对不符合“国家利益”的投资项目进行否决。[③] 该修正案将于 2020 年交由议会审议，是否对中国在新投资造成影响还有待观察。应该指出，一个长期稳定、互信的中新关系必然是中新两国共同乐见的局面。新的国际战略格局下，新西兰对华策略出现一些变化和调整不可避免，但在已有

① NZ-China Trade Association, “New Zealand China Relations Advanced”, NZ CTA, 12 April 2019, http://www.nzcta.co.nz/chinanow-profile/2031/new-zealand-china-relations-advanced/.

② 此前，彼得斯一直对“一带一路”持批评态度，并认为国家党政府与中方签署合作备忘录的决定“过于草率”。参见“Fully Endorse Govt Position on BRI: FM Peters”, Belt and Road News, 1 May 2019, https://www.beltandroad.news/2019/05/01/fully-endorse-govt-position-on-bri-fm-peters/。

③ Jenée Tibshraeny, “Government to Get Greater Powers to Decline Foreign Investment Bids that Don't Meet a New 'National Interest' Test, and Bids Involving Strategic Assets that wouldn't Otherwise Need Overseas Investment Office Consent”, Interest, 19 November 2019, https://www.interest.co.nz/news/102641/associate-finance-minister-david-parker-says-government-applying-new-national-interest.

的共识性领域（如经贸关系发展、经济全球化等），中新双方可加紧务实合作。

（二）强化本地区参与，推动“太平洋重置”计划

面对地区战略环境的新变化，新西兰继续加强对太平洋地区事务的参与和影响，继续推行“太平洋重置”政策。

自工党-优先党联合执政以来，新西兰对外政策的一个重心明显转向南太平洋。“太平洋重置”被认为在很大程度上是应南太平地区“战略竞争环境”的变化而提出的战略。新西兰在国际社会中是小国，但在南太平洋地区却是名副其实的区域性大国。联合政府在其执政后的首份国防政策声明中明确指出“对太平洋区域影响力的竞争”日益激烈，一些“非传统国家”与太平洋岛国的关系持续发展，因此新西兰与澳大利亚等区域的“传统大国”应该保持“与澳新价值一致”的“积极影响力”，增强与南太岛国的“防务合作关系”。[①]

2018年新西兰启动“太平洋重置”计划，并在同年的政府预算案中为该计划注资超过7亿新元（约人民币32亿元）。[②] 资金主要用于2018~2022年向太平洋岛国提供发展援助，以保持新西兰对该区域的“积极影响力”。此外，新西兰还在移民、就业等方面给予太平洋岛国居民更多机会。例如，2019年，新西兰将“经认证季节性劳工”（Recognized Seasonal Employment，RSE）名额从2017年的11100个增加至14400个。该项目允许太平洋岛国居民一年中在新西兰短期工作7~9个月。[③] 2019年，新西兰外交部长彼得

① “Strategic Defense Policy Statement 2018”, New Zealand Ministry of Defense, July 2018, https://defence.govt.nz/assets/Uploads/8958486b29/Strategic-Defence-Policy-Statement-2018.pdf.

② Craig McCulloch, “$714m to Be Pumped into Govt's ‘Pacific Reset’ Plan”, Radio New Zealand, 8 May 2018, https://www.rnz.co.nz/news/political/356903/714m-to-be-pumped-into-govts-pacific-reset-plan.

③ “Recognised Seasonal Employer (RSE) Scheme Research”, Immigration New Zealand, https://www.immigration.govt.nz/about-us/research-and-statistics/research-reports/recognised-seasonal-employer-rse-scheme.

斯还展开了一系列针对南太平岛国的出访活动，先是在2月接连访问了斐济、图瓦卢以及基里巴斯，6月又到访所罗门群岛和瓦努阿图。在所罗门，彼得斯与所罗门签署了一份新的合作声明，宣布双方将共建“所罗门群岛机场有限公司”。在瓦努阿图，彼得斯许诺在未来5年内为瓦方提供5360万新元的援助资金。总理阿德恩也于2019年8月出席了在图瓦卢举行的太平洋岛国论坛，并宣布注资1.5亿新元以应对太平洋岛国地区的气候变化问题以及其导致的环境与社会问题等。而根据《2019年国防能力计划》，新西兰要在未来5年中为“太平洋重置”计划，特别是南太防务协作提供更多的空中与海上军事支持；同时还要在2035年前将常规部队的规模增加至6000人（当前为4500人左右）。另外，新西兰未来4年的防务部署同时包括一系列武器装备购置与更新计划。[①] 而这些举动在军费投入有限的新西兰被认为并不寻常。

在阐释“太平洋重置”计划的初衷时，彼得斯提到三点：一是共同的太平洋国家认同（a shared pacific identity），二是国家安全（national security），三是共同繁荣的愿景（shared prosperity）。[②] 国防部长罗恩·马克（Ron Mark）在2018年新西兰《战略性国防政策声明》中进一步指出“要优先将新西兰的国防行动能力延伸到南太地区，使之达到与新西兰在本土、海洋专属经济区、南冰洋和南极领地同等的行动能力水平”。[③] 其所指的“行动能力”包括在应对自然灾害时的人道主义救援能力、协助相关国家进行军事能力建设以及海洋安全维护的能力等。可以预见，伴随着“太平洋重置”计划的开展，新西兰很可能会和南太平岛国达成一系列新的安全事务方面的

① New Zealand Ministry of Defence, “Defence Capability Plan 2019”, New Zealand Ministry of Defence, June 2019, https://www.defence.govt.nz/assets/Uploads/03acb8c6aa/Defence-Capability-Plan-2019.pdf.

② Rt. Hon Winston Peters, “‘Shifting the Dlal’, Eyes Wide Open, Pacific Reset”, Lowy Institute, 02 March 2018, https://www.lowyinstitute.org/publications/winston-peters-new-zealand-pacific.

③ New Zealand Ministry of Defence, “Strategic Defense Policy Statement 2018”, New Zealand Ministry of Defense, July 2018, https://defence.govt.nz/assets/Uploads/8958486b29/Strategic-Defence-Policy-Statement-2018.pdf.

协议。但“太平洋重置”计划在导致区域环境进一步复杂化的同时，并不意味着中新在该地区转向对立。新西兰是南太平洋的区域性大国，保持对该地区的影响力是其重要关切，在这一点上，“太平洋重置”计划的推出有其必然性。在应对气候变化以及基础设施建设等南太地区发展核心领域，中新依然存在广泛的沟通与合作空间。新方将该区域各方态势定义为“竞争”，那么这种竞争应该成为一种良性竞争。有新西兰学者希望“一带一路”能够更多地引入多边体制，① 贸易部长大卫·帕克也提出绿色“一带一路”是新方感兴趣的领域。在南太区域发展方面，中新可以依托全面战略合作伙伴关系与积极应对全球气候变化的共同愿景，在加强南太基础设施建设、构建绿色环保“一带一路”等领域上增进沟通、互信与合作。

（三）助推经济全球化，为国际议题贡献“新西兰方案”

进一步开拓并且实现海外市场多元化是新西兰发展对外关系的最关键目标。对于经济发展依仗商品出口的新西兰而言，积极发展对外贸易关系，并实现出口市场多元化对国家经济发展与安全有着重要意义。在全球贸易保护主义浪潮兴起、大国贸易竞争加剧的情势下，新西兰试图通过维护和助推多边贸易机制、发展深化新西兰和重要贸易伙伴间的双边贸易关系并重的方式，确保新西兰的贸易与经济发展。在贸易保护主义日趋严重的2019年，新西兰是经济全球化、自由贸易体系的一个主要倡导者。

另外，近年来，新西兰对外贸易关系发展呈现“立足亚太，拓展欧美”的新动向。新西兰在积极加入或推动CPTPP以及RCEP等重要地区自由贸易机制的同时，还寻求与中国、欧盟、英国以及美国等建立或深化双边自由贸易关系。在某种程度上，新西兰也在试图通过推进贸易多元化，避免对中国或亚洲等单一地区或国家市场的过分依赖。

新西兰已于2018年加入《全面与进步跨太平洋伙伴关系协定》（CPTPP），

---

① Jason Young，Jake Lin，“The Belt and Road Initiative：A New Zealand Appraisal”，Victoria University of Wellington，August 2018，https：//www. victoria. ac. nz/_ _ data/assets/pdf_ file/0006/1675707/The – Belt – and – Road – A – New – Zealand – Appraisal – publish – version. pdf.

该协议成为新西兰产品进入此前未缔结自贸协议市场（包括日本、墨西哥、加拿大以及秘鲁）的“加速器”。贸易与出口部长大卫·帕克在评价 CPTPP 时认为，该协议全面生效后将给新西兰商品带来超过 2.22 亿新元的关税减免。① 2019 年 11 月，新西兰重视的另一个重要地区多边经济贸易安排的谈判也取得了重要进展，即《区域全面经济伙伴关系协定》（RCEP）完成了（除印度外的 15 个成员国的）全部文本谈判以及实质上的所有市场准入谈判，有望于 2020 年签署协定。无论印度最终能否加入 RCEP，这份涵盖全球 1/2 人口、1/3 GDP 的自贸协定安排对新西兰而言都意义重大。若印度加入，RCEP 预计能为成员国带来总量达 1710 亿美元的经济增长；若印度退出，这一数值则是 1370 亿美元。② 此外，新西兰还将承办 2021 年亚太经合组织（APEC）峰会。届时作为东道主，新西兰预计会采取更积极的态度与行动，推动区域贸易自由化与多边经济合作。2019 年，新西兰也正式向美国提出进行自由贸易谈判的意愿，以期进入这一全球最大消费市场，这也是新西兰最初积极入局《跨太平洋伙伴关系协定》（Trans-Pacific Partnership Agreement，TPP）的重要目的。此外，新西兰列举的 2020 ~ 2024 年对外贸易发展目标还包括：推动澳新经济一体化，加速澳新 - 东盟自贸升级［ASEAN-Australia-New Zealand FTA（AANZFTA）Upgrade］谈判，以期与欧盟、脱欧后的英国以及“太平洋联盟”（Pacific Alliance，成员国包括智利、哥伦比亚、墨西哥以及秘鲁）等尽快达成自由贸易协定等。③

而全球气候变化问题则是 2019 年新西兰在国际政治舞台上的重要发力点，新西兰在此议题上积极“发声建言”。气候变化及其可能带来的危险使其成为重要的全球议题；而新西兰及其周边太平洋大国特殊的地理位置与条

① “CPTPP Takes Effect：Exporters First to Benefit，Govt Says”，Radio New Zealand，30 December 2018，https：//www. rnz. co. nz/news/national/379212/cptpp – takes – effect – exporters – first – to – benefit – govt – says.

② Blake Berger，“What RCEP Means for the Indo-Pacific”，The Diplomat. 01 January 2020，https：//thediplomat. com/2019/12/what – rcep – means – for – the – indo – pacific/.

③ “Strategic Intentions”，Ministry of Foreign Affairs and Trade，https：//www. mfat. govt. nz/en/about – us/our – stratagic – directions/.

件又可能使面对这种威胁，气候更脆弱。因此，全球气温上升等也是新西兰国内和周边诸多太平洋岛国的紧要关切问题。2019 年 9 月，阿德恩受邀出席 2019 年联合国气候行动峰会（UN Climate Action Summit 2019）。在大会发言中，阿德恩认为新西兰可以在农业可持续发展合作等领域中发挥领导作用，并承诺新西兰将成为全球“最可持续的食品生产方”。[①] 会议期间，新西兰还与中国共同领导了六大行动方案之“基于自然的解决方案”的起草和讨论。该方案聚焦于“通过生物多样性养护以及充分利用供应链和技术等方式，在林业、农业、渔业和粮食系统内外实现减少排放、提高碳汇能力，并提高抗灾能力”。[②] 2019 年 12 月，新西兰又参加了马德里气候变化会议［全称《联合国气候变化框架公约》第 25 次缔约方会议（COP 25）］。会议期间，新西兰再次强调全球气候变暖给本国、太平洋地区以及全人类带来的巨大威胁，同时分享了新西兰在气候政策制定等方面的有益经验。新西兰还与斐济联合设立了“莫阿那蓝色太平洋展馆”（Moana Blue Pacific Pavilion）来展示南太平洋地区所遭遇的气候变化问题，同时呼吁各国加强关注并及时采取行动。而新西兰已在国内采取多种行动来应对气候变化问题，包括前文所说的“零碳排放法案”的通过。新西兰为应对气候变化做出的这些努力，也得到了国际社会的广泛赞许。联合国秘书长安东尼奥·古铁雷斯（António Guterres）在 2019 年 5 月访问新西兰的行程中就特别提到新西兰的气候政策对全世界而言是一个优秀示范。[③]

---

① Craig McCulloch, “PM Jacinda Ardern Opens UN Climate Summit with Pledge to Lead Way on Food Production”, Radio New Zealand, 24 September 2019, https: //www. rnz. co. nz/news/political/399455/pm – jacinda – ardern – opens – un – climate – summit – with – pledge – to – lead – way – on – food – production.

② “Secretary-Gencral’s Climate Action Summit, Track#b: Nature. Based Solrtions, Version3 – 31 May 2019”, The United Nations, 31 May 2019, https: //www. un. org/substainabledevelopment/wp – content/uplocds/2019/05/wp – Nature – Based – Solutions. pdf.

③ “UN Chief Praises New Zealand Premier’s ‘Admirable’ Response to Christchurch Attacks”, UN News, 12 May 2019, https: //news. un. org/en/story/2019/05/1038361.

三 总结与展望

在过去的一年中，新西兰内政与外交层面均出现了诸多新议题、新变化。这些议题或变化，有的反映了新西兰国内不同党派或意识形态之间的分歧与竞争，如经济发展与移民政策等方面的议题；有的是社会发展过程中涌现出的“世俗与保守”张力，如“安乐死法案”投票；有的反映了新西兰历史问题的种种遗留，如毛利抗议运动；有的则是国内外等多种条件作用引起，与内政和外交皆有牵连，如碳排放与气候变暖问题。但在全球民粹主义浪潮兴起的背景下，新西兰在财政、气候、难民等关键领域却都表现出一定的左派进步特征。而新西兰在国际舞台上所展现的对气候问题以及经济全球化的关注与努力，在一定程度上也是国内左派思潮外溢的一种结果。

在外交政策层面上，虽然面临大国竞争加剧、国际战略环境变化、贸易保护主义兴起等的压力，新西兰还是尽量保持其相对“独立自主”的外交姿态。新西兰既寻求加强与澳大利亚、美国等的关系，也积极寻求稳定与发展与中国等的关系；新西兰还继续推进“太平洋重置”政策以平衡其所处的南太平洋战略环境；新西兰为自由贸易和国际多边机制疾呼，力争维护和推动多边贸易和双边贸易的发展；在全球变暖等议题上，新西兰也采取积极、示范性的果断行动，力争在环保减碳领域发挥影响力。新西兰外交在不断的调整中，呈现一定的连续性。新西兰坚持以本国利益与安全为核心的相对独立外交，在国际舞台以开放、合作的姿态积极参与全球事务，发挥其独特作用。

决定未来影响新西兰内政外交的最重要因素之一将是2020年下半年举行的大选。而大选中，预计各方争辩的议题可能包括：第一，住房、福利、基础设施等基本民生问题，这些问题可能依然是2020年大选中左右选民选择的重要因素；第二，移民、难民、外国投资等社会与经济结构问题；第三，包括澳新美关系、中新关系以及“太平洋重置”等外交政策问题，其中涉及的子议题很可能包括“外国影响力”、南太平洋金援、伊拉克与阿富汗驻军、5G 建设，乃至“一带一路”等；第四，安乐死、大麻合法化、女性堕胎权利等社会伦理问题；第五，枪支管理、选举法、社会治安等法律与秩序问题。无论哪个阵营获胜，2020 年将是决定新西兰未来三年政治走向的最关键一年，而各党派有关上述议题的表态将成为我们进一步评价与预测新西兰政治发展的重要参考依据。

B.6

2019年中国与新西兰关系：互动、议题与调适*

王伟光　张梦迪**

摘　要： 2019年中新关系中，经贸联系仍呈现强劲增长势头，在政治与外交、经济、安全等领域，双方也保持相对频繁的互动，并取得了包括自贸协定升级谈判的完成等一系列重要成就。在新的国际形势中，新西兰在进行一定的调适，以因应新的环境变化。

关键词： 中国　新西兰　外交　国际关系

一　强劲增长的中新经贸联系

在过去一年多的时间里，中国与新西兰在经济领域的交往与互动中强劲增长的势头在整个中新关系中扮演了主角。

在贸易方面，2019年中新贸易继续保持多年的快速增长势头（见图1）。2019年，中国取代美国成为新西兰最大的牛肉出口国；对华贸易成为

* 本文感谢如下项目资助：国家社会科学基金项目（项目号：17BMZ017）；福建省高校哲学社会科学学科基础理论研究创新团队项目"一带一路区域治理的范式转型与策略研究"（20720181100）。

** 王伟光，厦门大学公共事务学院副教授，新西兰研究中心主任，主要研究方向为新西兰行政管理；张梦迪，新西兰惠灵顿维多利亚大学博士研究生。

新西兰该年度外贸增长的最大贡献力量。① 而如果包括服务贸易，根据新西兰方面统计，2019 年新西兰对中国的出口额为 193.5 亿新元（即纽币，下同），进出口总额为 327 亿新元；贸易顺差约为 60.1 亿新元。新西兰从中国进口的商品主要集中于电子设备、机械、家具塑料等品类；而新西兰对华出口主要集中在乳制品、旅游业、木材、肉类等品类。②

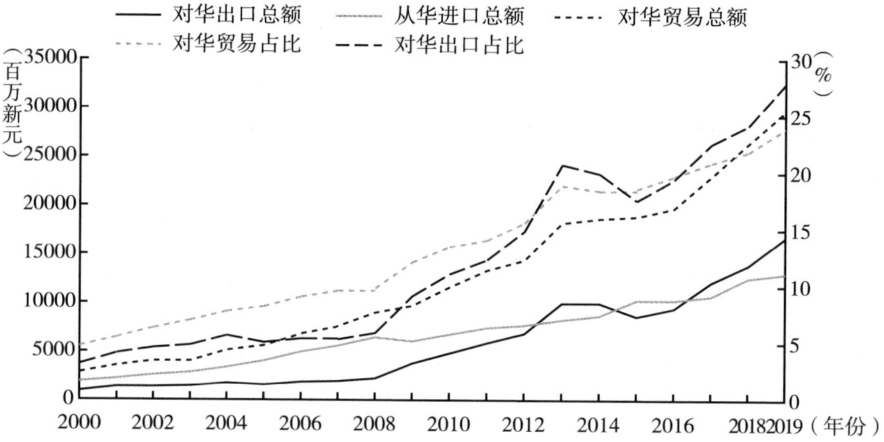

图 1　2000 ~ 2019 年新西兰对中国货物贸易情况

资料来源：新西兰统计局网站，http：//nzdotstat. stats. govt. nz/，最后访问时间：2020 年 2 月 17 日。

在对外直接投资方面，据新西兰方面统计，来自中国（包括香港）的对外直接投资在 2018 年达 106 亿新元。中国成为澳大利亚之后的新西兰第二大直接投资来源地；来自中国的投资约占新西兰收到的对外直接投资总量的 10%。中国的投资首先集中在农业和林业，约占投资总量的 30%；其次是基础设施和商业开发等，占 20%；最后是加工制造业领域，

① "China Overtakes the US as Top Beef Market", NZ Statistics, January 30, 2020, https：//www. stats. govt. nz/news/china - overtakes - the - us - as - top - beef - market，最后访问时间：2020 年 2 月 17 日（后文注释中的网络引用，最后访问时间皆为此时，不再注出）。

② https：//statisticsnz. shinyapps. io/trade_ dashboard/.

占15%。[①] 不过，从趋势上看，近几年中国对新西兰的对外直接投资呈现大幅度下降趋势（见图2）。但这种趋势在很大程度上与中国近年收紧对外投资的整体趋势有关，因为中国年度总的直接对外投资流量也呈大幅度下降趋势。此外，新西兰方面收紧对国外实体在不动产等方面的投资限制，以及一些中资可能取道新加坡、中国香港等而投资新西兰等情况，也可能是下降的重要原因。

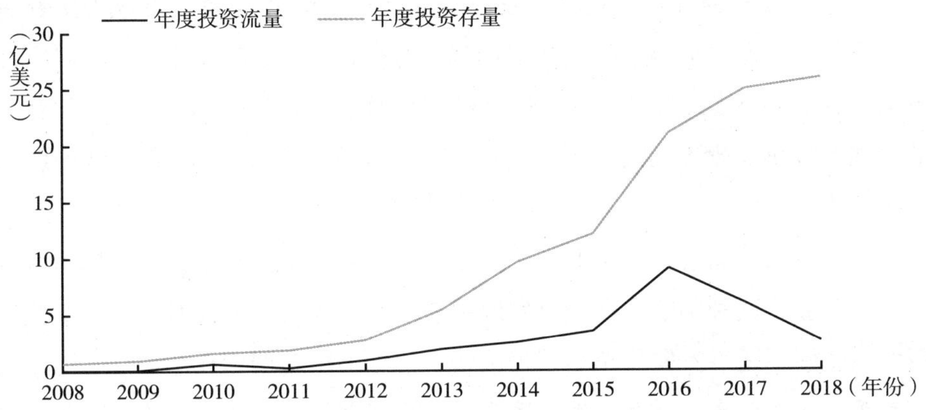

图2　2008～2018年中国对新西兰直接投资情况

关于新西兰对中国的直接投资情况，根据中方统计，截至2018年底，新西兰累计在华设立企业2058家，中国实际利用新资14.6亿美元。其中，2018年度，新在华设立企业79家，中实际利用新资3326万美元。[②]

虽然，中国对新西兰的投资引起了新西兰国内的一些顾虑，新西兰方面也在调整政策，试图调整外资投资的领域并管理其影响；但总体而言，新西兰方面对来自中国的投资持相对积极的评价，认为这些投资促进了新西兰的发展并增加了就业机会，而且中国对新西兰的投资，仍然远落后于中新两国

① "China-Investment", NZ Ministry of Foreign Affairs and Trade, https://www.mfat.govt.nz/en/countries-and-regions/north-asia/china/.

② 《中国与新西兰贸易和投资简况》，中华人民共和国商务部美洲大洋洲司，2019年5月29日，http://mds.mofcom.gov.cn/article/Nocategory/200210/20021000042985.shtml。

之间的贸易发展状况。①

2019 年为中新旅游年，据新西兰方面统计，来自中国的游客在 2019 年为 40.7 万人左右。虽然相对于 2017 年的 41.8 万人和 2018 年的 44.9 万人其数量有所下降，但中国仍然是新西兰的第二大游客来源地，仅次于澳大利亚。而 2019 年新西兰的访华旅客数量约为 14.2 万人。②

中国与新西兰间快速发展的经贸联系符合双方的利益，也显示了中新在经贸领域的互补性与互益性。这种快速发展的经贸联系，也成为中新关系全面发展的重要推动力量。伴随中新经贸联系的快速发展，中新双方在政治、社会与人文、教育、科技、旅游等领域的互动全面增加。这些互动的增加与发展，对双方的影响也越来越大；特别对新西兰而言，这种影响尤其巨大。

对于新西兰而言，中国的影响力似乎在新西兰国内和南太平洋周边区域都日益明显。这种影响力在凸显发展中新关系的重要性的同时，也使一些新西兰人感到不适、不安甚至是某种威胁。再加上中新两国在意识形态与政治体制等方面的差异，以及中美关系变化等全球环境的变化，也给中新关系的发展带来了一些潜在的不利影响。

二 中新两国在政治与外交领域的互动与议题

2019 年中新两国在政治与外交领域继续保持比较紧密的互动。2019 年 3 月 15 日，新西兰基督城两清真寺发生枪击案。习近平主席和李克强总理分别向新西兰总督帕齐·雷迪和新西兰总理阿德恩致慰问电，国务委员兼外长王毅也向新西兰副总理兼外长皮特斯表达了慰问。

① *Understanding Chinese Investment in New Zealand*, New Zealand China Council, https://nzchinacouncil.org.nz/wp-content/uploads/2019/08/Understanding-Chinese-Investment-in-NZ.pdf.

② "Visitor Arrivals from China down in 2019", NZ Statistics, https://www.stats.govt.nz/news/visitor-arrivals-from-china-down-in-2019.

新西兰总理阿德恩推迟的访华之行于2019年4月成行。其间，中新双方签署了《关于科学合作备忘录》《金融合作备忘录》《推进农业合作战略计划》《避免双重征税协定》四份合作文件。阿德恩将中国描述为“新西兰珍贵的伙伴”，并提到新西兰“致力于维护与中国的一种有建设性的和综合性的关系”。阿德恩用“温馨”和“有建设性的”两个词形容了与中国领导人的会晤。[①] 但是她并未使用2014年《综合性战略伙伴关系声明》中的“全面战略伙伴关系”（comprehensive strategic partnership）来描述中新关系。

2019年11月4日，中国国务院总理李克强在泰国曼谷会见新西兰总理阿德恩。会后，双方发布联合新闻稿，共同宣布完成中新自贸协定升级谈判。在会谈中，李克强强调双方要相互尊重彼此核心利益和重大关切，扩大各领域交流合作，推动中新关系继续健康发展；阿德恩则表示，新方高度重视新中“全面战略伙伴关系”，新方愿为各国企业在新投资兴业提供一视同仁的环境。双方在应对气候变化问题上保持着密切沟通协调。阿德恩还表示赞赏中国为促进太平洋岛国发展做出的贡献，愿同中方加强在岛国地区的三方合作。

2019年备受关注的中新政治互动，还有新西兰国家党党魁西蒙·布里奇斯（Simon Bridges）等9月的访华和新西兰前总理约翰·基10月的访华。2019年9月4日至8日，布里奇斯与新西兰国家党议员杨健以及国防部前部长现新西兰国家党外交事务发言人格里·布朗利（Gerry Brownlee）一行访华。其间，新西兰代表团访问了上海、北京和厦门，参加了第二十一届中国国际贸易投资洽谈会；中共中央政治局委员、中央政法委书记郭声琨接见了布里奇斯等。不过，布里奇斯等新西兰国家党一行的此次访问，也在新西兰国内引起一些争议。布里奇斯在访问期间曾接受央视中国环球电视网（China Global Television Network，CGTN）的采访，高度赞扬了中国扶贫政

① Jane Patterson, “PM Returns to NZ after ‘Warm’ and ‘Constructive’ China Meetings,” RNZ, 2 April 2019, https://www.rnz.co.nz/news/political/386121/pm-returns-to-nz-after-warm-and-constructive-china-meetings.

策等成就，一些人因此认为布里奇斯对华赞美过度而失去了应有的原则与立场。新西兰财政部部长格兰特·罗伯逊（Grant Robertson）在议会质疑时就讽刺布里奇斯，称这是他见过的“新西兰国家党领导人给出的最令人惊讶的采访”。①

2019 年 10 月 16 日，前总理约翰·基访问中国，并会见了习近平主席与王毅外长。习近平指出，中国在当前的形势下对外合作的意愿更强了，希望约翰·基继续为推动两国关系添砖加瓦。对于基的访华之行，新西兰工党议员霍建强（Raymond Huo）评论此行在华人选民中产生了积极的反响，基时期的新西兰国家党是新西兰唯一一个了解中国和华人选民的政党。② 而基被认为受到了超过预期的礼遇，在一定程度上反映中国对中新关系的重视和期待。

在中新过去一年的政治互动中，中国领导人希望双方扩大各领域的交流合作；新西兰的联合政府也在逐渐调整其对中国“一带一路”倡议的态度。“一带一路”合作备忘录由上一届新西兰国家党政府于 2017 年签订。因为新西兰是第一个与中国签订“一带一路”合作备忘录的西方国家，双方的动态备受关注与期待。在 2019 年前，中新双方在推进“一带一路”方面的具体合作上没有取得什么实质性进展；而在 2019 年 2 月时，有报道称新西兰外交和贸易部官员已在加快细化备忘录的工作。新中关系促进委员会执行理事斯蒂芬·雅各比（Stephen Jacobi）评论认为细化工作加快可能是因为与中国的关系正在发生变化。③ 新西兰媒体评论认为联合政府开始

① “1. Question No. 1—Finance”, NZ Hansard 10 September 2019, https://www.parliament.nz/en/pb/hansard-debates/rhr/document/HansS_20190910_050700000/1-question-no-1-finance.

② Harrison Christian, “Lost in Translation: Differences in Chinese and English Reports on Sir John Key's China Visit”, Stuff, 17 October 2019, https://www.stuff.co.nz/world/asia/116662519/lost-in-translation-differences-in-chinese-and-english-reports-on-sir-john-keys-china-visit.

③ “NZ's Plan for Engaging with China's Belt and Road Initiative Five Months Late”, RNZ, 25 February 2019, https://www.rnz.co.nz/news/business/383290/nz-s-plan-for-engaging-with-china-s-belt-and-road-intiative-five-months-late.

对中国的“一带一路”倡议感兴趣。[①] 特别是，新西兰目前积极探索在中国与拉丁美洲经贸联系中可发挥的作用，试图在中国“一带一路”倡议中扮演南方枢纽（Southern Hub）的角色。帕克在2019年6月由新西兰－中国关系促进委员会等主办的“南方连接会议”（South Link Conference）上表示，新西兰愿意在“一带一路”倡议框架下，在中国和南美国家的合作中发挥更大的作用。[②]

总理阿德恩于2018年有关“一带一路”的发言[③]以及新西兰贸易和出口增长部部长帕克在多个场合的发言，[④] 大多反映了新西兰目前对“一带一路”倡议的兴趣点不是基础设施建设方面，而是通过“一带一路”倡议加深与中国的联系，加深双方商业联系和降低贸易交易成本。另外，在新西兰媒体的采访中，总理阿德恩曾透露联合政府内部对“一带一路”存在意见分歧；她说“副总理皮特斯对签订‘一带一路’倡议备忘录的态度是很消极的”，而“帕克表明此倡议对他来说很重要”。但是，据亚洲新西兰基金会执行董事西蒙·德雷珀（Simon Draper）的说法，阿德恩曾承认“一带一路”倡议对中新关系有重大的意义。[⑤] 贸易和出口增长部部长帕克还曾在5月

---

① Thomas Coughlam, “Government Warns to China's Belt and Road”, Newsroom, 1 May 2019, https://www.newsroom.co.nz/2019/05/01/561930/government－warms－up－to－belt－and－road.

② “China-proposed Belt and Road Initiative Provides New Zealand Momentum to Build Southern Link”, Xinhua, 25 June 2019, http://www.xinhuanet.com/english/2019－06/25/c_138172014.htm. David Parker, “Speech to Building the Southern Link Conference”, NZ China Council, June 28 2019, https://nzchinacouncil.org.nz/2019/06/hon－david－parker－speech－to－building－the－southern－link－conference/.

③ Jacinda Ardern, “China Business Summit”, Beehive, 4 May 2018, https://www.beehive.govt.nz/speech/china－business－summit.

④ David Parker, “The State Of New Zealand Trade Policy”, Beehive, 8 May 2019, https://www.beehive.govt.nz/speech/state－new－zealand－trade－policy－speech－new－zealand－pacific－economic－cooperation－nzpecc－agm.

⑤ “Ambitious Belt and Road Initiative ‘Another Way to Deepen Our Relationship’ with China － Trade Minister”, 1 News, 30 April 2019, https://www.tvnz.co.nz/one－news/new－zealand/ambitious－belt－and－road－initiative－another－way－deepen－our－relationship－china－trade－minister.

的讲话中提到中新双方“围绕‘一带一路’很快就会形成一个合作项目了”。

除了扩大合作领域，在过去一年双方的外交与政治互动中，新西兰国内对华为5G问题、中新关系的讨论，不仅反映了新西兰在接受传统安全伙伴的压力、要求和发展、维护中新关系这两者间的矛盾和权衡，还折射出部分新西兰人对中国在新西兰的影响力的担心。

随着双方联系与互动的增加，双方的一些分歧与摩擦有可能会凸显，特别是新西兰对中国影响力可能表现得更敏感、更具有警惕性。在某种程度上，中新关系的发展变化与其面临的问题，是现实条件下可以理解、预期的。问题的关键可能在于双方如何看待双方的关系和是否想继续发展这种关系以及怎样处理分歧与矛盾。2018 年新西兰总理阿德恩在一次讲话中说，联合政府的立场一致，联合政府会对“新西兰的朋友——中国——更坦诚、更公开地表达看法，不论是关于人权、促进贸易利益，还是地区的安全与稳定”。[①] 在与阿德恩的会晤等场合中，中国国家主席习近平强调中新双方应该相互信任；中国官媒在 2019 年初发布了一篇以“我们应该学会倾听中国”为题对新西兰前总理珍妮·希普利（Jenny Shipley）的采访。[②] 这些在一定程度上反映了中新对双方关系的期待和如何处理相互间分歧的看法。

三　中新两国在经济领域的互动与议题

2019 年中新两国仍在经济领域保持相对频繁的互动。例如，阿德恩于 4 月访问中国时，双方签订了经济方面的协定，其中包括已完成细节的协商并于同年 12 月开始生效的《避免双重征税协定》。[③] 同年 11 月，双方完成了自贸协定升级谈判；中新两国参与和推动的《区域全面经济伙伴关系协定》

① Jacinda Ardern, “Speech to New Zealand Institute of International Affairs”, Beehive, 27 February 2018, https://www.beehive.govt.nz/speech/speech-new-zealand-institute-international-affairs-2.

② “We Need to Learn to Listen to China”, *People's Daily*, 18 February 2019, http://en.people.cn/n3/2019/0218/c90000-9547114.html.

③ Inland Revenue, Tax Policy, https://taxpolicy.ird.govt.nz/tax-treaties/china.

（RCEP）谈判取得重要进展；等等。还有如下一些具体的活动。

2019 年 3 月 30 日，到访新西兰的中国文化和旅游部雒树刚部长和新西兰旅游部戴维斯部长在惠灵顿共同主持了中国－新西兰旅游年开幕式；国务院总理李克强和新西兰总理阿德恩分别向开幕式致贺词。

2019 年 4 月 25 ~27 日，中国在北京举办第二届“一带一路”国际合作高峰论坛，新西兰贸易和出口增长部部长大卫·帕克（David Parker）率领商界代表团参会。

2019 年 6 月 22 ~ 29 日，新西兰旅游部部长凯文·戴维斯（Kelvin Davis）访问中国。6 月 26 日，中国文化和旅游部部长雒树刚在北京会见了戴维斯，双方签署了《中华人民共和国文化和旅游部与新西兰商业、创新和就业部关于旅游事务对话与合作的协议》。

2019 年 8 月 2 ~3 日首次在北京召开《区域全面经济伙伴关系协定》（RCEP）部长级会议，新西兰农业部部长达米安·奥康纳（Damien O’Connor）参加了会议。在华期间，他还分别与中国农业农村部、国家市场监督管理总局等代表举行会谈，并与后者签署了《新西兰初级产业部和中华人民共和国国家市场监督管理总局食品安全合作安排》。

2019 年 11 月 5 ~10 日，第二届中国国际进口博览会（CIIE）于上海国家会展中心举办，新西兰贸易发展局与新西兰中国商会共同携手 46 家新西兰企业再度参展，分别在食品及农产品、医疗器械及医药保健品两个展区展示来自新西兰的优质产品。新西兰贸易和出口增长部部长大卫·帕克代表新西兰政府参加了此次进博会。

新西兰将是 2021 年亚太经合组织（APEC）会议的承办国。2019 年 12 月 2 ~4 日，作为 2021 年 APEC 会议的分论坛，中小企业生产力和绩效论坛（SME Productivity and Performance Forum）在新西兰首都惠灵顿举行。中国负责经济事务的官员与企业代表参加了该论坛。活动期间，新西兰小企业部部长斯图尔特·纳什（Stuart Nash）以及新西兰负责经济事务的官员与中国代表进行了交谈，强调了中新两国的友好经济关系，期盼中国分享在促进中小企业生产力发展方面的经验。

总体来看，2019 年中新两国官方的经济互动表明双边经济关系仍然保持友好的基调。然而这些经济方面事件有时会被新西兰国内的政治家、学者、媒体大众等与中新的政治关系、安全问题等联系起来。新西兰国内的一些人认为这些事件是中国在新西兰的“华为决定”后表达的“不满”和发出的“警告”；一些新西兰的商人也担心“华为决定”之后中国会采取经济方面的报复措施；[①] 新西兰的旅游业从业者也担心来自中国的游客数量会减少。[②] 新西兰反对党认为中新旅游年活动的推迟是中新关系恶化的一个表现。[③]

此后，新西兰一些对华出口商遇到的问题，也被外界将其与中新政治关系可能出现波折联系在一起。比如，据媒体报道新西兰的海鲜出口商桑福德（Sanford）2 月在中国海关清关延迟，[④] 以及新西兰的奶制品出口巨头恒天然（Fonterra）公司截至 2019 年 7 月出口量较 2018 年减少了 1.96 亿新元。[⑤] 中国市场是恒天然的主要出口市场之一，中国大约 11% 的奶制品来源于恒天然农场。[⑥]

当然，许多事件最后可能被证明并非两国政治决定所致。如“返航事件”中，当事方新西兰航空公司的解释是“行政失误”导致的返航，而非

---

① Matthew Theunissen, “Fears New Zealanders Could be Targeted in China's Reaction to Huawei Fallout”, RNZ, 25 February 2019, https://www.rnz.co.nz/news/political/380896/fears-new-zealanders-could-be-targeted-in-china-s-reaction-to-huawei-fallout.

② Grant Bradley, “How to Repair Damage to 2019 China-New Zealand Year of Tourism”, Herald, 15 February 2019, https://www.nzherald.co.nz/business/news/article.cfm?c_id=3&objectid=12204147.

③ “Delayed China and New Zealand Tourism Programme Launched”, RNZ, 30 March 2019, https://www.rnz.co.nz/news/political/385950/delayed-china-and-new-zealand-tourism-programme-launched.

④ Madison Reidy, “Sanford Shipments Delayed at China Ports”, RNZ, 15 February 2019, https://www.rnz.co.nz/news/business/382560/sanford-shipments-delayed-at-china-ports.

⑤ Nick Perry, “New Zealand Dairy Giant Fonterra Retrenches after Big Losses”, AP News, 26 September 2019, https://apnews.com/48366e2744c9454081daac7ede64a553.

⑥ “From Regional New Zealand all the Way to China”, Fonterra, 5 February 2019, https://www.fonterra.com/nz/en/our-stories/articles/from-regional-new-zealand-all-the-way-to-china.html.

政治原因。至于桑德福通关问题，其海关执行官安德烈·加久洛（Andre Gargiulo）也解释说是因为“行政问题”（administration issues）。旅游年活动推迟的官方解释是“行程原因”，而中国领事馆的通知也被解释为正常的旅行贴士。①

在新西兰对华出口快速增长、中新经济联系日益紧密的情况下，这种发展变化产生的更广泛影响也受到新西兰国内的关注。比如，有些人担心中新经济关系发展使新西兰与传统安全伙伴关系间可能出现冲突。新西兰的官方媒体 RNZ 的“安全 VS 经济”一篇分析文章就反映了新西兰国内的有关思考。其中提到新西兰长期以来将经济问题与安全问题脱钩的做法，在中美由合作变为竞争后，尤其是特朗普上任后，变得不太可行了。新西兰商业团体和政治家明确知道自身对中国的经济具有依赖性，但另一方面，与以美国为首的安全合作伙伴的紧密联系使新西兰难以放弃安全承诺。② 新西兰的媒体评论人戴维·查斯顿（David Chaston）则提醒，“如果新西兰不买中国认为对我们有用的产品（如华为的5G），那么没有任何国家会买新西兰必须卖给中国的产品……美国不是可行的选择”。③ 其言下之意是，新西兰的安全伙伴并不能保证新西兰的经济利益。

而梅西大学的学者大卫·贝尔格雷夫（David Belgrave）将新西兰对中国的立场与新西兰之前对美国的反核立场做了对比。④ 他认为，新西兰对美

① “Foreign Ministry Spokesperson Geng Shuang's Regular Press Conference on February 15, 2019”, Ministry of Foreign Affairs of China, 15 February 2019, https://www.fmprc.gov.cn/mfa_eng/xwfw_665399/s2510_665401/t1638314.shtml.

② Paul G. Buchanan, “Trade vs Security: New Zealand's Huawei Dilemma”, RNZ, 14 February 2019, https://www.rnz.co.nz/news/on-the-inside/382517/trade-vs-security-new-zealand-s-huawei-dilemma.

③ David Chaston, “We Look at What We Have at Risk in Trade and Economic Exposure to China as They Ramp up Economic and Political Pressure on Us to Join Its World View on Trade and 'Friendly Relations'”, https://www.interest.co.nz/opinion/98163/we-look-what-we-have-risk-trade-and-economic-exposure-china-they-ramp-economic-and.

④ David Belgrave, “Huawei or the Highway? The Rising Costs of New Zealand's Relationship with China”, The Conversation, 20 February 2019, https://theconversation.com/huawei-or-the-highway-the-rising-costs-of-new-zealands-relationship-with-china-111909.

国的反核政策的权衡经历了十几年，新西兰人也可能会花较长的时间思考中新关系为经济利益可以被牺牲到何种程度。

但有些人认为这些担忧可能被夸大了。一方面，中新双方在贸易等方面的合作取得了实质性进展，如自贸协定升级谈判的完成；另一方面，如本报告开头的经济数据显示，2019 年中新的贸易仍保持强劲增长势头。新西兰统计局的国际统计经理 Tehseen Islam 指出“对中国的出口是几大第一产业部分商品出口增长的主要推动力，如乳制品、牛肉、羊肉和林业产品”。[①] 新西兰的中国研究学者杰森·杨（Jason Young）认为实质上并没有官方声明和证据表明中新的经济关系受到影响。[②]

不过，这些担忧确实表明新西兰国内不再像以往主要从经济视角看待中新关系，而是会更全面地看待中新关系的影响与意义。

四　中新两国在安全领域的互动与议题

2019 年，中新两国在军事与安全领域的交流方面也有一些值得关注的事件。

其中一个相对重大的事件是 2019 年 7 月初新西兰国防部部长罗恩·马克（Ron Mark）对中国为期四天的访问，其先后到访了北京与西安。其间，马克先后与中国中央军委副主席许其亮、国务委员兼国防部部长魏凤和进行了会谈。两位国防部部长还签署了双方防务合作安排备忘录，确认了双方共同感兴趣的具体领域，包括人道主义救援减灾、国际和平合作活动等。对此，新西兰学者罗伯特·艾森（Robert Ayson）评价道：这份备忘录是中新关

① Liam Dann, “New Zealand Export Earnings at All-time High as China Trade Booms”, Herald, 26 April 2019, https://www.nzherald.co.nz/business/news/article.cfm?c_id=3&objectid=12225438.

② Jason Young, “Is New Zealand's Relationship with China on the Rocks?”, East Asia Forum, 2 May 2019, https://www.eastasiaforum.org/2019/05/02/is-new-zealands-relationship-with-china-on-the-rocks/.

系的“重置”，它代表了两国的一种“功能性的”国防关系。① 马克对此次访问评价道，“我可以从（这些天）的讨论和这项安排备忘录的签署清楚看到，我们两国防务机构能够一起取得很多成果”。马克说：“中国与新西兰合作领域广泛。该安排备忘录为我们继续合作提供了强有力的框架，确认了我们想要在防务关系的各个层面保持对话，增进对彼此的理解，促进两国人民之间的积极联系。”马克在中国国防大学进行的演讲中还说：“中新关系牢固，我们今天在此是作为真正的战略伙伴，相互重视，倾听彼此观点。”②

当地时间10月26～30日，执行远航实习访问任务的中国海军戚继光舰对新西兰进行了为期四天的友好访问。据报道，该舰自9月20日出发开始系列训练与访问，此前已经成功访问文莱、东帝汶、巴布亚新几内亚等多个国家，结束新西兰行程后，将前往斐济继续访问。据报道，到访新西兰期间，戚继光舰出访海上指导组组长喻文兵少将一行拜会了新西兰国防军副司令戴维斯少将、皇家海军司令普罗克特少将；出访官兵还赴新西兰惠灵顿维多利亚大学参观交流。10月29日晚，在戚继光舰甲板招待会上，普罗克特少将在致辞中表示：“感谢戚继光舰在上一航段搭载两名新西兰海军军官随舰跟训，相信中新两国年轻军官之间的深厚友谊代表了两国的未来。”不过，新方似乎想低调处理此次访问，新方政府并未广泛公布此次访问信息。③

① Jonathan Mitchell, “NZ ‘Resets Relationship’ with China-defence Expert”, RNZ, 7 July 2019, https://www.rnz.co.nz/news/national/393813/nz-resets-relationship-with-china-defence-expert.

② 新西兰驻华大使馆官方微博，https://weibo.com/5041530878/HC4WNgDXz?type=comment&sudaref=www.baidu.com&display=0&retcode=6102#_rnd1583241737129。

③ 《戚继光舰起航执行远航实习任务》，新华网，2019年9月21日，http://www.xinhuanet.com/mil/2019-09/21/c_1210288025.htm；《戚继光舰结束对新西兰访问　韩国军官登舰跟训》，“解放军新闻传播中心”百家号，https://baijiahao.baidu.com/s?id=1648904587330322611&wfr=spider&for=pc; Sophie Bateman, “Chinese naval vessel heading to New Zealand for under-the-radar visit”, Newshub, 22 October 2019, https://www.newshub.co.nz/home/new-zealand/2019/10/chinese-naval-vessel-to-visit-new-zealand-for-under-the-radar-visit.html。

7月的访问是马克作为新西兰国防部部长首次访问中国，但并非新西兰国防部部长对华的首次访问；同样，戚继光舰也非首艘访问新西兰的中国军舰。事实上，中新军方还是保持了相对经常性的互访。

就近几年而言，中国军方对新西兰的访问有：2010年9月中央军委委员、总政治部主任李继耐一行访问新西兰；2014年7月中央军委副主席范长龙一行访问新西兰。而新西兰军方对华的访问有：2013年11月新西兰国防部部长乔纳森·科尔曼对华访问；2015年9月新西兰国防部部长格里·布朗利对华访问；2016年10月新西兰国防部部长格里·布朗利再次访华，出席第七届香山论坛。此外，中国海军盐城舰于2016年11月在新西兰附近海域参加完东盟防长扩大会"海上安全"演习后，抵达新西兰奥克兰，参加了庆祝新西兰海军成立75周年的国际舰队检阅活动。

在新西兰工党主导的联合政府上台后，新西兰在军事安全方面对华表现出更多的警惕。联合政府近两年的举动，包括有关华为5G建设的决定、2018年发布的《战略性国防政策声明》、新西兰外长于2018年底访美期间大力邀请美国加大对太平洋地区的投入与参与等，都曾引起媒体热议，被许多人认为是针对中国的。

2019年中新安全方面的互动，则显示虽然国际战略环境的变化等给中新在此领域的关系造成了一定的影响，但中新安全关系是有一定的独立性的，并不会完全受制于大国竞争的变化。而且，这种关系也并非要么重要同盟要么敌人这种非黑即白，中新安全领域关系有更多选择与发展的可能性，至少双方可有更多事务性的互动与合作。

不过，如何看待和处理中国实力与影响力的不断增强，以及如何在与中国关系和与澳大利亚、美国等传统盟友或伙伴国家关系之间进行平衡，如何兼顾对华经贸所带来的经济收益和现实变化所带来的不确定性或安全顾虑，对于新西兰来说，未来一段时期这仍将是需要不断思考、辩论和选择的问题。新西兰国防部部长在2015～2016年谈及中新的安全关系和美国与新西兰的安全关系是相容的看法。2019年新西兰记者戈登·坎贝尔（Gordon Campbell）甚至认为新西兰对中新经济关系的追求现在发展到（至少对中国来说）降低其在传统安全伙伴中的价值。[①]

此外，有一些议题仍然持续存在于中新安全领域中，如华为5G问题——2019年媒体仍非常关注此事，但新西兰政府仍没有做出最终的明确决定。但在很大程度上，实质上通过搁置的处理方式，极大减少了华为参与新西兰5G建设的可能性。在否决Spark的申请后，又传出新西兰通信安全局（GCSB）将中国与网络侵犯知识产权活动相联系的报道。[②]

此外，新西兰对南中国海问题的态度与立场也广受关注。近年来，新西兰在越来越多的场合提及南中国海问题，比如新西兰与澳大利亚2016年2月的《联合声明》就提及了南海争端以及国际仲裁；2018年的《国防战略政策声明》也再次对南海问题与中国的军事行动表示关注。2019年2月阿德恩与澳大利亚总理会晤后的联合声明，表明双方对《南海行为准则》问题意见一致。[③]

此外，2019年新西兰还发布了数个国防安全文件，其中有直接或间接关涉中国之处，在一定程度上也反映了新西兰面对新的外部环境和安全议题的因应和调整。继《2018年战略性国防政策声明》后，新西兰国防部在2019年相继发布了《2019新西兰国防能力计划》（Defence Capability Plan 2019）、[④]《促进太平洋伙伴关系》（Advancing Pacific Partnerships 2019）、[⑤]《气候危机：国防准备和责任》（The Climate Crisis: Defence Readiness and

① Gordon Campbell, "Gordon Campbell on National's Extremely Cosy Relationship with China", Werewolf, 26 February 2019, http://werewolf.co.nz/2019/02/gordon-campbell-on-nationals-extremely-cosy-relationship-with-china/.

② "Cyber Campaign Attributed to China", Government Communications Security Bureau, 21 December 2018, https://www.gcsb.govt.nz/news/cyber-campaign-attributed-to-china/.

③ Jacinda Ardern, "Joint Statement by Prime Ministers the Rt. Hon Jacinda Ardern and the Hon Scott Morrison MP Auckland", Beehive, 22 February 2019, https://www.beehive.govt.nz/release/joint-statement-prime-ministers-rt-hon-jacinda-ardern-and-hon-scott-morrison-mp-auckland-22.

④ https://www.defence.govt.nz/assets/Uploads/03acb8c6aa/Defence-Capability-Plan-2019.pdf.

⑤ https://www.defence.govt.nz/assets/publication/file/5f6dd307e7/Advancing-Pacific-Partnerships-2019.pdf.

Responsibilities)[①] 等国防战略性文件。在《2019 新西兰国防能力计划》中，新西兰预计2030年将增加200亿新元的军事投资，提高自身在太平洋地区的军事影响力。在《促进太平洋伙伴关系》中提到太平洋地区“新的主体”（new actors）以及志趣相投的伙伴（like-minded partners）。而在2019年10月29日《促进太平洋伙伴关系》发布会上，国防部部长马克对“志趣相投的伙伴”的解释中并未包括中国，[②] 中国似乎是被包括在“新的主体”一类。在《气候危机：国防准备和责任》中，新西兰表现出其将安全的概念扩大到环境问题中。在访问中国时，国防部部长马克提到新西兰人“是本能和积极的多边主义者，不畏惧捍卫我们坚信的信念”。他解释说这包括在贸易、环境、裁军、安全以及遵守以规则为基础的国际体系等方面。[③] 这在一定程度上也反映了新西兰这种将环境问题与安全相联系的观念。

五 总结与展望

总结来看，2019年中新两国的经济交往依然是主要的积极因素，华为5G等多个事件似乎导致了中新关系一定程度的紧张与波动。但总的来说，中新关系在2019年维持了稳定、友好与合作的基调，并取得了如自贸协定升级谈判完成等标志性的成果。

但是随着中新关系的发展，双方互动的领域不断拓宽、互动议题不断深入，双边关系对社会各个群体与层面的影响也越来越大，对于新西兰而言更是如此。而新西兰方面对于中新关系的观点也逐渐多元化，大众与学者间存在分歧、不同政党间存在分歧，甚至联合政府内部也有不同声音。如此前新

---

① https://www.icccc.mfe.govt.nz/assets/PDF_Library/66cfc96a20/newzealanddefenceassessmentonclimatechangeandsecurity2018.pdf.

② Ron Mark, “Speech in Q&A Section of the Launch of Advanced Pacific Partnership” (unpublic), 29 November 2019.

③ Ron Mark, “Responsibilities, Challenges, and Values: The New Zealand Defence Perspective”, Beehive, 2 July 2019, https://www.beehive.govt.nz/speech/responsibilities-challenges-and-values-new-zealand-defence-perspective-speech-pla-national.

西兰新闻媒体就有评论总理阿德恩与外长皮特斯在对华政策上存在的不同，新西兰国家党议员托德·麦克莱在议会发言时就提出政府内部的措辞偏重不同时有发生。①

总体而言，新西兰工党主导的联合政府，在继承之前新西兰国家党与中国积极发展经贸关系的同时——相比较而言——在一些议题上表达与中国的不同声音乃至批评时，也相对更少克制、谨慎一些。例如，对于新西兰以前经常避免公开评论的南海问题，如罗伯特·艾森就曾提及，2014 年新西兰外长默里·麦卡利（Murray McCully）呼吁“南海各方克制军演和避免会激化矛盾行为”的言论就只编录在议会的外交国防和贸易特别委员会文件中；② 而近几年，新西兰似乎更倾向于“公开”“坦诚”地表达其有关南海或人权等的不同看法与立场等。对于新西兰而言，中国的迅速发展与其影响力的增加和战略环境变化所带来的不确定性和不安全感有所增强。前文论及的新西兰在有关议题上的做法与争论，反映了这些变化。

在某种程度上，这些变化是中国实力增强和国际战略竞争加剧等中新关系内外客观条件变化的结果，也与中新在意识形态、价值观等方面的差异有关。中新特别是新西兰，将进行一定的调整，以因应这些新的变化。而在这个过程中，双方可能会变得比较敏感，双方的关系可能会出现一点波折，这对中新关系未来发展构成一定的潜在挑战。

而双方政治领导人重视和努力推动双边关系发展，拓展双方的共同利益之处，谨慎、耐心地处理分歧与矛盾，对于中新双方在这种环境变化和相互政策调适中克服潜在险阻、推动双边关系进一步稳定发展仍然是极其重要的。

对于新西兰来说，在中新关系中如何处理经济利益与安全顾虑之间的关系、如何处理与中国关系和与美、澳等的关系，可能仍是外交方面的难点。

① “Annual Review Debate — External Sector”, NZ Parliament, 7 May 2019, https://www.parliament.nz/en/pb/hansard-debates/rhr/document/HansS_20190507_063000000/mcclay-todd.

② R. Ayson, “The South China Sea and New Zealand’s Foreign Policy Balancing Act”, in Enrico Fels and Truong-Minh Vu, *Power Politics in Asia’s Contested Waters* (Springer, 2016), pp. 493-505.

在两难情境下，其可能会采取相对模糊的立场，力图避免“选边站”而损害与另一边的关系。罗伯特·艾森曾就华为事件评论，新西兰在中美信息科技之争中充分利用这种模糊性非常重要。① 而对于中国来说，认识到这一点，也是有益的。

① Robert Ayson, "NZ's Useful Huawei Ambiguity", Newsroom, 16 January, https://www.newsroom.co.nz/@ideasroom/2020/01/16/988103/the-ban-that-isnt-new-zealand-and-huawei.

太平洋岛国篇

Pacific Islands Countries Reports

B.7

美拉尼西亚国家面临的发展机遇与挑战

沈予加*

摘　要： 相比波利尼西亚区域和密克罗尼西亚区域，巴布亚新几内亚、所罗门群岛、斐济等美拉尼西亚区域的国家经济基础较好，与中国的交往更为密切，是大洋洲研究中不可忽视的重要部分。本文着重分析了美拉尼西亚国家的自然禀赋和文化特征，美拉尼西亚先锋集团对该地区发展的影响，该地区的国家在谋求自身发展过程中与中国交往的趋势与特点。

关键词： 美拉尼西亚国家　“一带一路”　南太平洋区域

* 沈予加，博士，四川大学国际关系学院副研究员，兼任中山大学大洋洲研究中心副研究员，主要研究方向为中澳关系、太平洋岛国。

太平洋岛国是对分布在太平洋区域的14个独立国家的统称,[①] 其海域之广袤基本覆盖了西南太平洋至拉丁美洲的区域。19世纪20年代，法国探险家迪蒙·迪尔维尔（Dumont d'Urville）曾将太平洋的“文化疆域”（cultural region）大致分为波利尼西亚、美拉尼西亚和密克罗尼西亚三块。[②] 2019年，随着中国与所罗门群岛建交，与基里巴斯复交，这些曾经遥远而神秘的国度逐渐进入国人视野，也逐渐成为中国共建“一带一路”的重要伙伴。其中，美拉尼西亚区域是太平洋岛国三大区域中国家最富有、离中国最近的版块，是中国移民最早进入的太平洋岛国区域，也是中国在太平洋岛国中投资量和贸易额最大的区域。此外，中国与美拉尼西亚国家的高层互动也十分频繁，2018年6月，巴布亚新几内亚总理奥尼尔访华；2019年10月8日，所罗门群岛总理索加瓦雷访华，并与中方签署了“一带一路”谅解备忘录。一系列密集互动，显示了中国与美拉尼西亚国家的关系进入逐步升温的良性发展轨道。

一　美拉尼西亚国家的独特性

美拉尼西亚区域包含巴布亚新几内亚（以下简称“巴新”）、所罗门群岛、瓦努阿图、斐济、法属新喀里多尼亚以及部分印度尼西亚的西巴布亚区域。[③] 其中，巴新的国土面积最大，陆地面积达45.28万平方公里，人口为800万左右；最小的是法属新喀里多尼亚，陆地面积仅21平方公里，人口约1.08万；所罗门群岛已算域内大国，其国土面积和新加坡差不多。相比波利尼西亚区域和密克罗尼西亚区域，巴新、所罗门群岛、斐济等美拉尼西亚区

① 参见 Voigt-Graf C.，“Pacific Island Countries and Migration”, in F. Bean and S. Brown, eds., *Encyclopedia of Migration*（New York：Springer，Dordrecht，2005）。14个独立国家分别是密克罗尼西亚联邦、斐济、基里巴斯、瑙鲁、纽埃、库克群岛、帕劳、巴布亚新几内亚、马绍尔群岛、萨摩亚、所罗门群岛、汤加、图瓦卢和瓦努阿图。

② 〔美〕唐纳德·B. 弗里曼：《太平洋史》，王成至译，东方出版社中心，2011。

③ The International Institute for Strategic, *Asia – Pacific Regional Security Assessment 2015*,（Arundel：Arundel House，2015）.

域国家的经济基础较好，经济增长的绝对量和相对量较高。巴新、所罗门群岛、斐济等国由于国土面积相对较大，资源丰裕，拥有铜矿和森林资源，开发能力强，经济发展状况较好。属于美拉尼西亚区域的所罗门群岛，全境有大小岛屿900多个，境内多火山、河流，属热带雨林气候，被视为世界上最好的潜水区，同时是世界上渔业资源最丰富的国家之一，金枪鱼产业产值占该国GDP的18%。所罗门群岛还有丰富且尚未开发的矿产资源，如铅、锌、镍、金等。自1978年独立以来，所罗门群岛经济由过去的单一农业结构逐步转变为包括农业、渔业、矿业、林业、旅游业在内的多元化经济。

多元化是美拉尼西亚区域的一大特色，总人口虽然不超过1000万，语言却多种多样，仅美拉尼西亚区域就有1200种语言，而全世界语言才有6000多种。[①] 丰富的语种意味着不同人群之间的交流十分有限，有的语言可能仅几百人使用。语言不通、交流不便，导致了文化的多元性，以及部落之间的张力，这是美拉尼西亚区域的一大特征。沟通的障碍导致美拉尼西亚国家内部部落冲突时有发生，例如，巴新境内有800多个部落、800多种语言，部落与部落之间常因土地、世仇而产生冲突。[②] 受美拉尼西亚文化的影响，不论是巴新人还是瓦努阿图人，其生活和工作方式都呈现典型的“慢条斯理”特征，因此“渐进主义”成为美拉尼西亚国家社会演进的特色。当地人认识和观念的转变要落实到行动，往往需要时间和空间，在对外交往中较其他区域更为保守。

美拉尼西亚国家的文化也独具魅力。相比波利尼西亚和密克罗尼西亚，美拉尼西亚文化更遵循平等原则，等级观念淡漠，因此，其部落首领的权威并非绝对或一成不变的。在美拉尼西亚国家，“大哥文化”（Big Man Culture）独具特色。部落的“大哥”或领导，其权力和权威并非来自选举；成为一个部落的领导，就需要为其部落谋福利。在巴新的议会中，议员往往来自部落首领，也即部落族人心目中的“大哥”，他须为当地人带来财富和

① 贾德·戴蒙：《枪炮、细菌与钢铁》，上海译文出版社，2006。

② M. G. Allen, “Melanesia’s Violent Environments: Towards a Political Ecology of Conflict in the Western Pacific”, *Geoforum* 44 (2013): 152–161.

发展，所以经济基础是成为“大哥”的必要条件。当然，在高地地区，强壮的体魄、能争善斗也十分重要。

二 地区主义与美拉尼西亚先锋集团

美拉尼西亚区域因为其相似的文化，在太平洋岛国区域内具有较强的地区主义色彩。美拉尼西亚先锋集团（Melnanesian Spearhead Group，MSG）由斐济、巴布亚新几内亚、所罗门群岛和瓦努阿图于 1983 年组建，[①] 该集团每年举行一次峰会，主要目的是推动地区经济发展，以便通过自由贸易的联系来推动地区发展。1993 年 7 月 22 日，该集团内部签署的局部自由贸易协定于 1994 年 1 月 1 日生效，同时建立政治框架处理地区事务等，协调各国在地区事务上的立场。

该集团成立的初衷，是帮助新独立的美拉尼西亚国家维护文化和民族的团结，并且致力于培养区域内的“兄弟情”，尽量为该区域内国家争取发展机会和话语权。美拉尼西亚国家签署了《太平洋岛国贸易协定》《南太平洋地区贸易与经济合作协定》等，贸易自由化程度比较高，享有较多的经贸优惠政策，如瓦努阿图在澳大利亚、新西兰享受免税政策。

发展区域内自由贸易是该集团最重要的目的之一。2017 年美拉尼西亚先锋集团次区域自由贸易区建立，希望通过内部磋商达成区域内贸易自由。2005 年斐济和瓦努阿图的贸易摩擦，就是通过该集团内部磋商解决的。[②] 随着自由贸易区的建立，区域内的贸易争端已经很少发生。

目前，虽然美拉尼西亚先锋集团对区域内的重大议题颇有影响，但这种影响也给这个集团带来了挑战。2013 年，印度尼西亚西巴布亚省的独立议

---

① 虽然法属新喀里多尼亚从文化上属于美拉尼西亚区域，但是由于该国并未完全从法国独立，因此法属新喀里多尼亚是以民族解放阵线（FLINK）的身份成为美拉尼西亚先锋集团的成员。2011 年印度尼西亚以观察员的身份加入了该组织。

② Luke Dawes，“The Pointy End of Melanesian Group”，https：//www. lowyinstitute. org/the – interpreter/pointy – end – melanesian – spearhead – group.

会向美拉尼西亚先锋集团提出成员申请，至今，该集团未就是否同意其加入达成一致。成员国担心，同意西巴布亚独立议会成为其成员会影响组织的团结。巴新的学者认为，如果不能妥善解决此一问题，MSG 的影响力将受到削弱。①

三　中国与美拉尼西亚国家的合作

相比其他太平洋岛国，美拉尼西亚国家与中国的合作基础更好。虽然美拉尼西亚国家处在世界经济贸易体系的边缘，思想较为保守，但对增加就业、提高基础设施水平、改善生活的向往，是其民众最迫切的需求，任何政府、政治家都不可能忽视、阻挡民众的这种基本需求。这种民意形成一股潮流，推动美拉尼西亚国家逐渐与中国交好。

美拉尼西亚国家的大部分政治精英认为，同中国建立良好的双边关系可为其带来前所未有的发展机遇。“一带一路”倡议为此意愿提供了良好的合作框架。2019 年 10 月，中所两国根据“一带一路”倡议框架签署了谅解备忘录。所罗门群岛总理索加瓦雷明确表示，同中国建交能帮助所罗门群岛更好地达成其发展目标。他认为，所罗门群岛将极大地受益于中国的“一带一路”倡议，由此带来的大量基础设施的开发，将直接促进其城市和农村地区的经济发展。2019 年 9 月 22 日，所罗门群岛外长马内莱在接受新华社记者专访时即表示：“‘一带一路’倡议是一个非常重要的倡议，我们相信它将带来发展机遇，特别是在基础设施、交通和通信等领域。”

2017 年 11 月，巴布亚新几内亚政府与中国签署了“一带一路”倡议有关项目的合作备忘录，中国铁建将承建部分项目。巴新时任总理奥尼尔表示，“一带一路”倡议将帮助巴新与整个亚太地区相连接，巴新政府和人民将铭记中国政府以及中国铁建此前对巴新的帮助。巴新政府官员也普

① 参见巴布亚新几内亚大学教授 Patrick Kaiku 于 2019 年 6 月 16 日在莫尔斯比港接受采访时的发言。

遍对中国在巴新的投资十分欢迎，希望能搭上“一带一路”倡议的顺风车。此外，巴新也颇受益于“一带一路”倡议平台为其提供的优惠贷款与投资项目。目前，最引人注目的应该是中国与巴新合作建设的海底电缆项目（Kumul Project），这也是“一带一路”互联互通的重要项目。该海底电缆项目连接了巴新的14个省，总长为5475公里，为巴新的互联网基础设施建设建立了“龙骨架”。该项目是巴新加入“一带一路”倡议以后“互联互通”的重要起点，该项目的资金来源为中国政府提供的优惠买方信贷项目。

除了积极加入“一带一路”倡议，美拉尼西亚国家与中国的商贸往来也十分密切。根据所罗门群岛中央银行（CBSI）的报告，2018年，中所贸易总额为20亿所币，中国是所国最大的单一贸易伙伴，贸易额超过所国其他伙伴的总和。目前中国是所罗门群岛的第一大出口市场。所罗门群岛资源枯竭、现金流稀少等问题的解决不仅受益于中国投资，也受益于与中国的良好关系为其经济带来的活力。

巴新十分注重同中国经贸关系的发展，两国经贸合作也成了中国同美拉尼西亚国家合作的典范。中国是巴新的第二大贸易伙伴。2017年太平洋14个岛国对中国的出口总额达35亿美元，其中巴新占57%，约20亿美元。2019年巴新对中国的出口额已达30.65亿美元（见表1）。同其他太平洋岛国相比，美拉尼西亚国家与中国的双边贸易额最高。

表1　2019年美拉尼西亚国家与中国的双边贸易数据

单位：亿美元

国家	对华进口额	对华出口额
所罗门群岛	0.98	4.62
巴新	8.02	30.65
瓦努阿图	0.76	0.14
斐济	3.50	0.14

资料来源：太平洋岛国贸易与投资专员署，http：//www.pacifictradeinvest.org.cn/media/1462/2019-china-trade-statistics-with-individual-forum-island-countries-2017-2019.pdf。

中国一直致力于帮助美拉尼西亚国家和其他太平洋岛国提高国际知名度、参与全球供应链。例如，中国邀请巴新参加2019年举办的中国－太平洋岛国经济发展合作论坛，其间，两国更新了渔业合作备忘录，简化了烦琐的检验检疫程序。此后，两国渔业产品可以直接进行交易，极大地促进了巴新渔业产品的对华出口。

四　中国与美拉尼西亚国家深化合作面临的挑战

美拉尼西亚国家并非地缘政治的真空地带，它是曾被西方直接、间接治理多年的传统势力范围。不难想象，美拉尼西亚国家与中国的交往不可能一帆风顺，其前宗主国对此大多持有戒备和防范心态。

澳大利亚作为南太平洋地区最大的发达国家，长期奉行南太平洋地区主义，而美拉尼西亚国家更是其重要的传统外交伙伴，其对别国在美拉尼西亚国家影响力的扩大，始终保持谨慎和防备态度。2018年11月，澳大利亚总理莫里森宣布在太平洋岛国新增外交岗位以凸显该地区的重要性，并计划与巴新共建位于马努斯岛的海军基地，加强两国的军事合作和海军部署。随着中国与所罗门群岛的建交，中国与美拉尼西亚国家的交往更进一步，也势必会让澳大利亚更加警惕。

另外，中国在美拉尼西亚国家的投资仍然需要关注来自国外的行为给当地政府带来的风险。国外的行为如非暴力的外部压力，包括外交压力、中止援助、贸易限制、领土纠纷、制裁等。

随着“印太战略”的推进，美国日益扩大其在美拉尼西亚国家中的影响力，并对美拉尼西亚国家施加压力，阻止其与中国来往。所罗门群岛于2019年9月16日宣布与台湾当局“断交”，据外媒报道，此前白宫几乎每周都致电所国政要，欲阻止其与台湾当局“断交”。随后，索加瓦雷公开披露了美国的小动作，称美方曾在联合国大会期间要求所罗门群岛推迟就“一个中国”原则作出决定。

由上可见，美澳一直致力于遏制美拉尼西亚国家与中国交往，但美拉尼西亚国家的官员和学者大都不认同美澳做法。有学者表示，美澳等西方国家就是刻意制造“恐中症”（sinophobia）。[①] 由于美澳等国在该地区耕耘多年，触角和影响都很深入，必然对中国与美拉尼西亚国家的关系发展构成重大掣肘。

虽然美拉尼西亚国家经济基础较其他太平洋岛国更好，但是其营商环境给中国投资带来的挑战也是巨大的。世界银行 2020 年《全球营商环境报告》（Doing Business 2020）显示，在对全球 190 个经济体的营商环境进行综合评估后，斐济、瓦努阿图、巴新、所罗门群岛的排名分别为第 102 位、第 107 位、第 120 位和第 136 位，它们的总体投资环境水平依然偏低。[②]

美拉尼西亚国家面临复杂的土地权利问题，它们的政府并不拥有土地，土地归当地部落所有。例如，巴新的土地大多属于私人拥有（私人拥有土地占巴新土地总量的 90%），而在私人拥有的基础上，有其更为复杂的土地制度。欧洲殖民者的入侵改变了美拉尼西亚国家原始的土地制度，使其变成了亲族、集团或区域集团共同所有土地的单一性体系。

基础设施建设也涉及复杂的土地权利问题。因此，往往需要当地政府、中资企业和当地土地主（land owner）三方协调，但巴新政府执政能力较弱，能为中方企业提供的帮助有限。例如，巴新的土地都是私人所有，而中资企业所承建的大部分公路、港口和机场等基础设施需要经过私人土地，中资企业经常会遇到涉及土地问题的纠纷，在矛盾激化时土地主甚至会设置路障，动用武力解决问题，而当地政府能够提供的帮助非常有限。因此，施工人员的安全时常受到威胁，施工进度受到影响。

中国企业在进行海外投资时，除了采矿和水利等项目位于郊野，一般的商贸公司主要在相关国家的城镇地区进行投资，但人员密集的城镇地区更容易受到极端天气的影响。极热或极寒的气温、城市内涝、土地液化漂移、空气污染和水资源短缺等现象对于城镇地区人员的安危和工商业的正常开展影

---

① 参见萨摩亚学者在澳大利亚国立大学发表的演讲。

② World Bank, “Doing Business 2020”, https: //www. doingbusiness. org/content/dam/doingBusiness/media/Profiles/Regional/DB2020/EAP. pdf.

响更大。由于这些国家的社会经济发展水平总体较低，城市基础设施建设亟待加强，民众的居住环境亟待改善，灾害应急体系亟待完善，自然灾害造成的人员和财产损失可能对该地区的影响更为严重。斐济经常受龙卷风等极端天气的影响。2016 年 4 月，斐济遭遇龙卷风，4 人死亡，电力系统受到损坏，70 多条道路全部关闭。而遭遇龙卷风后，斐济也面临洪水导致的水污染及流行病传播等问题。2011 年斐济疟疾暴发，2012 年钩端螺旋体病在一次洪水以后大暴发，2013 年登革热疫情严重。① 2019 年巴新暴发麻疹疫情，2019 年报告病例达 94 例，2020 年 1 月又出现 4 例确诊病例。②

部分美拉尼西亚国家地质结构复杂，中国等国家投资、兴建的水利、矿产等设施容易受到地震等地质灾害的影响。2019 年 8 月 24 日，巴新中冶瑞木镍钴矿项目冶炼厂设备故障，导致少量矿浆流入海中。事故发生后，马当省省长及部分当地人士不认同巴新中央政府的调查结果，自行聘请人员进行调查，并攻击事故为“严重环境灾难”，表示项目严重危害环境，应予关停。

部分美拉尼西亚国家治安局势面临挑战。由于华人在太平洋岛国区域主要从事商贸活动，时常成为当地治安骚乱的首要攻击目标。例如，2006 年 4 月 18 日，所罗门群岛发生骚乱，首都霍尼亚拉唐人街的华人华侨商店和住宅遭到劫掠和焚烧，大量流民袭击唐人街，造成当地华人流离失所，生命财产安全受到威胁。此外，巴新的治安局势也非常严峻，多数企业需要支付高额的安保费用，据巴新安全业管理局（PNG Security Industries Authority）统计，2019 年，有 544 家有牌照的安保公司在巴新运营，共雇用 30023 名驻地保安。在南部地区，国家首都区（莫尔斯比港）的安保公司数量最多，达 238 家，雇有 13821 名安保人员。③

① UN Climate Change Conference，“How Fiji is Affected by Climate Change”，https：//cop23. com. fj/fiji – and – the – pacific/how – fiji – is – affected – by – climate – change/.

② 《巴布亚新几内亚麻疹疫情通报及温馨提示》，中华人民共和国商务部网站，2020 年 1 月 17 日，http：//www. mofcom. gov. cn/article/i/jyjl/l/202001/20200102931121. shtml。

③ 《2019 年巴新共有 544 家安保公司运营》，中华人民共和国商务部网站，2020 年 1 月 20 日，http：//www. mofcom. gov. cn/article/i/jyjl/l/202001/20200102931956. shtml。

结　语

中国与美拉尼西亚国家之间确实存在发展需求上的契合，现阶段双方关系正呈现良好发展势头，展露了喜人前景。但这种前景并未形成一种必然趋势，而是将面对许多困难和阻挠；中国必须作出正确应对，付出艰辛努力，克服困难和阻挠，美好的前景才能逐渐成为现实。

首先，应该继续坚持中国与太平洋岛国的交往模式。事实证明，中国真正从当地实际需要出发，并且高度尊重当地政府和民众的自由选择。不干涉当地内部事务的交往方式，才是最能够为太平洋岛国所接受的，这也是最能经得起时间考验的国与国相处之道。这种模式才能帮助中国在太平洋岛国中站稳脚跟、拓展空间、赢得尊重和朋友。

其次，应夯实中国与美拉尼西亚国家关系的根基。这些国家大多实行西式民主制度，但民主程度各不相同，政治模式也大相径庭。而相似的是，政府治理都不够完善，公务员素质参差不齐。美拉尼西亚国家选举多通过直选方式进行，因此，政治的不稳定性较大，都面临选举换届导致政局不稳的问题。如果中国在当地只重视与政府层面的高层建立关系，一旦政府换届，新任政府的对华政策就有可能出现逆转。所以，中国与美拉尼西亚国家的合作项目应该尽量弱化政治性，侧重于“与民心相通”。不能只把目光放在岛国的上层，而应将视线下移，更多关注岛国民众的想法和需要。“民心相通”的两国关系是深厚而又具有韧性的，国家之间的交往依赖各国民众彼此之间怎么看待对方，经济合作尤其如此。随着“一带一路”倡议进入下一个阶段，中国就更不能忽视对“中国形象”的塑造与培育。

B.8

中国与太平洋岛国产能合作：机遇、挑战与对策

贾中正　徐秀军*

摘　要： 近年来，中国同太平洋岛国的经贸和投资合作总体呈现良好发展势头，为双方产能合作奠定了坚实基础。中国－太平洋岛国经济发展合作论坛等合作机制的建立与发展，为双方产能合作提供了重要支撑。当前，在基础设施建设、可再生能源或清洁能源开发利用、绿色农业等产业领域，中国与太平洋岛国产能合作面临新的机遇，但一些产能合作项目面临东道国债务不可持续、建设和运营成本较高以及政治环境不稳定等方面的挑战。为此，双方要挖掘重点领域合作潜力、合理控制合作项目成本和夯实产能合作的政治基础，努力确保产能合作项目有序推进。

关键词： “一带一路”　太平洋岛国　产能合作

一　中国与太平洋岛国经贸合作现状

太平洋岛国是“一带一路”建设不可或缺的合作伙伴。很多太平洋岛国尽管经济规模相对较小，但近年来同中国的经贸联系日益密切，双方贸易与投资合作总体呈现良好发展势头，合作机制日益成熟。

* 贾中正，中国社会科学院世界经济与政治研究所助理研究员；徐秀军，中国社会科学院世界经济与政治研究所研究员，中国社会科学院澳大利亚、新西兰与南太平洋研究中心特约研究员。

（一）贸易往来日益密切

近些年，中国与太平洋岛国在贸易领域的合作不断拓展，利益融合不断加深。根据2019年10月中国商务部发布的统计数据，2018年中国与除所罗门群岛和基里巴斯以外的8个建交太平洋岛国的贸易总额约为43.2亿美元，同比增长25.5%。其中，中国对太平洋岛国的出口额为14.2亿美元，自太平洋岛国的进口额为29亿美元。① 目前，中国已成为所罗门群岛的第一大贸易伙伴和最大的出口市场，是巴布亚新几内亚和斐济的第二大贸易伙伴，是萨摩亚的第三大贸易伙伴。另据国际货币基金组织（IMF）的统计数据，2019年前11个月，中国与8个太平洋岛国②的货物贸易总额达到46.4亿美元，同比增长1.4%。其中，中国自太平洋岛国的进口额为33.0亿美元，同比增长4.6%；向太平洋岛国的出口额为13.4亿美元，同比下降5.9%（见图1）。总体而言，中国与太平洋岛国的贸易规模不断扩大，经贸联系日益紧密。

（二）直接投资增长较快

投资合作是中国与太平洋岛国发展最迅速的合作领域之一。近年来，中国对太平洋岛国的直接投资增长迅猛。根据中国商务部在2019年10月发布的统计数据，2013年至2018年，中国对太平洋岛国的直接投资额从9亿美元猛增至45.3亿美元，增长了约4倍。直接投资范围广泛，涵盖了农渔业、批发零售业以及采矿业等诸多领域。中国与太平洋岛国累计签订的工程承包合同总额约为150.1亿美元，涉及道路、建筑、机场、水利和电信等领域，为当地创造就业岗位约1.5万个。③ 以中国对萨摩亚的投资

---

① 《商务部召开例行新闻发布会》，中国商务部网站，2019年10月17日，http：//www.mofcom.gov.cn/article/ae/ah/diaocd/201910/20191002905387.shtml。

② 8个太平洋岛国分别为斐济、萨摩亚、巴布亚新几内亚、瓦努阿图、密克罗尼西亚联邦、汤加、所罗门群岛和基里巴斯。

③ 《商务部召开例行新闻发布会》，中国商务部网站，2019年10月17日，http：//www.mofcom.gov.cn/article/ae/ah/diaocd/201910/20191002905387.shtml。

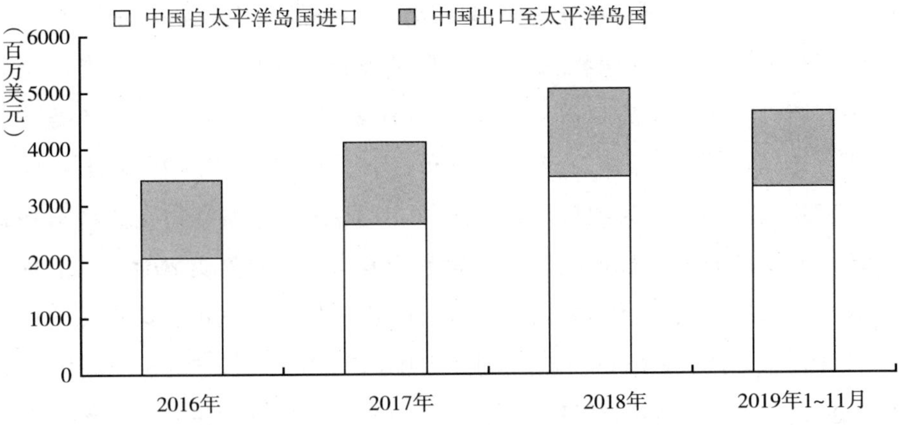

图1　2016～2019 年中国与太平洋岛国的贸易情况

注：库克群岛和纽埃数据不详，2015 年密克罗尼西亚联邦数据不详。
资料来源：IMF，DOTS database。

为例，从直接投资流量来看，2017 年中国对萨摩亚的直接投资占对大洋洲直接投资的 2.5%；从直接投资存量来看，2017 年中国对萨摩亚的直接投资约为 6.3 亿美元，在中国对大洋洲直接投资存量国别和地区中居第 4 位。①

（三）合作机制作用凸显

自 2006 年中国同建交太平洋岛国举行首届中国 - 太平洋岛国经济发展合作论坛以来，这一合作机制在推动双方加强产能合作方面发挥了日益重要的作用。2006 年 4 月，在斐济举行的首届论坛上，中方宣布了为加强中国和太平洋岛国双方企业之间的合资合作采取的重要举措。② 为推动双方企业在资源开发、农林渔业、旅游、轻纺制造业、电信和航空交通等领域的深入合作，中方提供了 30 亿元人民币优惠贷款，并设立专项资金。这一合作机

① IMF，DOTS database.

② 温家宝：《加强互利合作　实现共同发展——在“中国 - 太平洋岛国经济发展合作论坛”首届部长级会议开幕式上的讲话》，《人民日报》2006 年 4 月 6 日，第 3 版。

制的成立以及论坛期间《中国－太平洋岛国经济发展合作行动纲领》的签署为中国与太平洋岛国产能合作奠定了坚实基础。2013 年 11 月，在广州举行的第二届论坛上，中方同其他与会各方代表签署《中国－太平洋岛国经济发展合作行动纲领》，中方进一步宣布向太平洋岛国提供 10 亿美元优惠性质的贷款支持岛国重大项目建设，设立 10 亿美元专项贷款支持岛国基础设施建设，支持双方农林产品加工与贸易合作等。① 为落实 2018 年 11 月中国国家主席习近平与太平洋岛国领导人会晤达成的重要共识，第三届论坛于 2019 年 10 月在萨摩亚举行。论坛期间，中国与 10 个建交太平洋岛国签署新的《中国－太平洋岛国经济发展合作行动纲领》，中方提出与太平洋岛国扩大贸易投资往来以及拓展农林渔业、能源资源、海洋、旅游等领域合作的新举措。② 此外，中方还同萨摩亚、汤加、瓦努阿图、密克罗尼西亚和斐济等 5 个太平洋岛国签署加强基础设施、投资和产能合作等 10 份谅解备忘录，将双方产能合作推向更高水平，实现互利共赢，共同发展。③

二　产能合作面临的机遇与挑战

太平洋国家的基础设施及配套设施总体较为落后，农业和渔业资源丰富，相关产业存在较大的提升空间。这为中国同太平洋岛国开展有关基础设施建设、可再生能源或清洁能源开发利用、绿色农业等产业的产能合作提供了机遇。但与此同时，一些合作项目受到东道国债务不可持续、项目后续维护和保养成本较高以及太平洋岛国政权更迭等不利影响。

① 《汪洋出席中国－太平洋岛国经济发展合作论坛并发表主旨演讲》，中央政府门户网站，2013 年 11 月 8 日，http：//www. gov. cn/ldhd/2013－11/08/content_ 2524479. htm。

② 《第三届中国－太平洋岛国经济发展合作论坛开幕胡春华宣读习近平主席贺信并致辞》，新华网，2019 年 10 月 21 日，http：//www. xinhuanet. com//2019－10/21/c_ 1125131829. htm。

③ 《中国与萨摩亚等 5 个太平洋岛国签署加强基础设施、投资和产能合作等 10 份谅解备忘录》，中国商务部网站，2019 年 10 月 25 日，http：//www. mofcom. gov. cn/article/ae/ai/201910/20191002907675. shtml。

（一）产能合作的机遇

在基础设施建设相关领域，中国与太平洋岛国的产能合作空间较大。太平洋岛国萨摩亚和汤加以农业和渔业为主，国内基础设施及配套设施普遍比较落后，资金需求缺口较大，虽然其完善基础设施的意愿较强，但面临技术或能力不足、资金借贷成本和债务偿付能力的双重约束等难题，显得心有余而力不足。例如，从萨摩亚或汤加的国际机场至市区的道路较为简易，很多路段属于双向两车道，且颠簸感明显，说明道路建设质量不高，存在改造升级空间。萨摩亚国立大学急需一座现代化的图书馆，以完善校内基础设施，改善科研和学习环境等。再如，汤加首都在 2006 年的大规模骚乱中惨遭破坏，为了重建中心商业区和政府办公大楼等基础设施，汤加曾通过中国进出口银行获得约 1. 17 亿美元的优惠贷款进行重建，但至今仍难以清偿债务等。两国基础设施建设能力的不足，为中资企业扩大与两国的产能合作提供了机遇。这不仅会带动中国基建产业链（建筑材料、机械、水泥、钢铁、玻璃等产业）的相关企业走出去，还可能助推中国建筑标准逐步成为太平洋地区的新标准。与此同时，与产能合作项目相关的信贷融资需求，也能为中国金融机构在境外开展相关业务提供宝贵的实践机会。

从实地调研①来看，萨摩亚和汤加的主干道或标志性建筑物等，基本靠他国无偿援建或优惠贷款援助。中国在推进与基础设施建设相关的产能合作方面业已取得不错的成绩，包括为萨摩亚援建或合作建设了政府办公大楼（Government Building）、阿皮亚公园综合体育设施（Apia Park Sports Complex）、国际机场航站楼、萨摩亚游泳馆（Samoa Aquatic Center）等。以萨摩亚游泳馆为例，它由中国援建，② 用于萨摩亚申办和承办第 13 届南太平洋运动会。该馆总建筑面积 8910 平方米，总造价 0. 68 亿元人民币，馆内

---

① 本文部分内容来自笔者于 2019 年 9 ~ 10 月执行中国社会科学院“智库丝路万里行”专题调研项目赴萨摩亚、汤加等太平洋岛国调研收集的资料。

② 中国安徽省外经建设集团公司于 2004 年 12 月开工建设该项目，并于 2006 年 1 月将其正式移交给萨摩亚。

配套设施齐全，拥有较为先进的显示、照明、扩声和计时计分等设备，是南太平洋地区达到国际比赛标准的三座游泳馆之一，现已成为萨摩亚新兴体育设施群内的标志性建筑。此外，中国企业还对萨摩亚议会办公楼进行修缮，多次升级改造阿皮亚公园竞赛跑道场馆等。在与汤加的基建产能合作方面，中国企业为其援建或合作建设了综合办公大楼项目（包括汤加首相府、外交部和财政部办公楼及设备用房等）、社保办公大楼、汤加中学以及对市区内主干道路进行扩展维护等。

（二）产能合作面临的挑战

目前，中国与太平洋岛国产能合作仍面临多方面的挑战。具体来说，主要包括以下三个方面。

一是面临东道国债务不可持续以及项目后续维护和保养成本较高等问题。尽管中资企业与太平洋岛国在基础设施建设方面的产能合作取得较好成绩，但也出现一些亟待解决的现实问题。以萨摩亚游泳馆为例，在场馆的日常运营过程中，馆内的空调系统、排污系统等配套设施常会出现问题（类似情况在中国对汤加的承建项目中也出现过），但由于萨方员工培训不到位而缺乏排除故障的能力以及预算约束导致后勤保障不足等原因，承建的中资企业需要为其提供源源不断的后勤维修服务，这不仅增加了中资企业的运营成本，而且极易被不明真相的人所误解，甚至成为西方媒体诋毁中国基建项目质量的标靶，进而抹黑中国的国际产能合作项目。此外，中国进出口银行为帮助汤加重建首都而提供的优惠贷款，也曾因汤加政府偿债压力较大而一度面临毁约的风险，虽然后经双方协商，中国进出口银行同意汤加延期 5 年偿债，但至今仍存在很大的不确定性。

二是政党轮换或政府换届可能影响产能合作的进程。汤加是太平洋岛国中唯一实行君主立宪制的国家，采取行政、立法和司法三权分立的政治体制。2019 年 9 月，汤加前首相阿奇里西·波西瓦（Achillesi Bohiva）因病去世，汤加议会推选财政和国家计划部部长图伊奥内托阿为汤加新首相。汤加国内各方对新任首相的施政纲领和政策走向的预测均较为谨慎。鉴于汤加存在新政府意欲否认上届政府贷款从而推卸偿债义务的不良记录，中国在与其开展产能合作或提供优惠贷款时，要特别提防合作项目被暂停或债务违约再次出现。

三是较高的环保要求提高了市场进入成本。太平洋岛国的自然环境维持较好，很多岛屿处于未被深度开发甚至未开发的状态。同时，由于自然环境脆弱，多数太平洋岛国尽管属于并不富裕并有强烈发展诉求的发展中国家，但在环保方面对企业生产和运营的标准仍然较高。一方面，太平洋岛国地区人口稀少，工业基础薄弱，污染源较少；另一方面，当地政府和民众的环保意识较强。这意味着高耗能和高污染的外资企业将难以进入当地市场，而已进入市场的中资企业，无论是从事渔业养殖还是土木建筑、岛屿开发等，都可能因较高的环保标准而付出较高的运营成本。

三　推进双方产能合作的建议

基于以上分析，中国企业在太平洋岛国开展产能合作或工程援建时，应从以下几个方面提前做好应对准备，以努力确保双方产能合作项目平稳有序推进。

（一）挖掘重点领域合作潜力

中国与太平洋岛国开展产能合作要充分利用太平洋岛国自然禀赋优势，重点挖掘光伏产业和绿色农业等领域的合作潜力。

首先，得天独厚的自然条件和地理位置为中国与太平洋岛国合作开发利用太阳能等清洁能源提供了坚实的基础。由于国土面积和人口规模均较小，工业基础薄弱，萨摩亚和汤加普遍面临电力能源短缺问题，尤其是在遭遇严重自然灾害时，全国电力供应可能陷入瘫痪。2012 年的飓风灾害曾导致萨摩亚供电系统彻底崩溃，全国停电十多天。而与此同时，太平洋岛国多属于热带雨林气候或热带海洋性气候，常年光照充足，温度宜人，在开发利用太阳能等可再生能源方面具有独特的自然禀赋优势。例如，2014 年曾由阿联酋援建、Masdar 公司承建并交付的萨摩亚首个 550 千瓦风力发电项目，每年为萨摩亚提供 1500 兆瓦时电力，为萨摩亚节省 47.5 万美元能源开支，减少超过 1000 吨碳排放，不仅满足了萨摩亚对可再生能源的需求，而且给当地带来切实的经济利益和社会效益。中国企业与太平洋岛国在清洁能源合作开发与利用方面也迈出了实质性的一步。2017 年 10 月，由中国珠海兴业绿色建筑科技有限公司在汤加投资 440 万美元建设的 2 兆瓦光伏电站项目投入运营，这是汤加第一座由中国企业投资兴建的新能源发电项目，平均每天可为汤加提供约 1 万千瓦时清洁稳定的电力，将对汤加实现 2020 年可再生能源使用比例达到 50% 的目标发挥重要作用。基于此，考虑到过去数年中国光伏产能在补贴政策刺激下的快速扩张，多晶硅、硅片、电池、组件等领域均已出现产能过剩的现象，光伏产业链的相关企业可通过在太平洋岛国投资设厂，扩展海外业务，分享成功的技术、经验、知识和配套政策，这不仅有利于中国国内光伏产能企业走出去，而且容易受到太平洋岛国的欢迎和支持，在对可再生能源的合作开发利用方面实现互利共赢。

其次，在现代农业和绿色农业方面与太平洋岛国加强合作，是中资企业开展产能合作的另一重点领域。萨摩亚和汤加以第一产业为主，农业、林业和渔业是其支柱产业。但由于从业人员职业素质不高、技术水平相对落后、自动化程度较低等原因，生产效率较低，主要表现为粗放式的生产和发展模式。中国在先进农用机械、专业人员培训、废物循环再利用等方面拥有丰富的经验和显著的优势，这为双方开展基于现代农业的产能合作提供了良好机遇。自 2008 年至今，中国已经向汤加提供了五期农业技术援助，很好地支持了当地农业新技术的发展。2019 年 11 月中国援助汤加第五期农业技术援助项目埃瓦岛首个沼气系统正式启动，以帮助汤加发展“猪—沼—菜”的小规模家庭经济模式，提升其养殖、种植和清洁能源技术水平。这不仅很好地带动了中国国内相关产业的产能和技术走出去，而且便利了当地民众的生活，提高了其福利水平，巩固、深化了中国与太平洋岛国的友谊，彰显了构建人类命运共同体的崇高理念。

最后，抓住共建“一带一路”的机遇，构建高层交流机制，引领农业领域的产能合作走深走实。中国－太平洋岛国农业部长会议于2019年4月在斐济楠迪举行，这种高层交流的做法值得鼓励和支持，可考虑通过机制化建设，将该做法延续下来。应加强高层交流与协调，优化顶层设计，推动中国与太平洋岛国的农业发展战略与规划对接；开展农业领域人员交流和能力建设合作，选派中国农业专家和技术人员赴太平洋岛国开展农业技术示范和培训；促进农业投资贸易合作，助力太平洋岛国延伸农业产业链和价值链；加强农业科技合作特别是菌草技术培训与推广；推进渔业可持续发展领域合作，发展海水养殖加工及贸易，提升渔业的品质和附加值等。①

（二）合理控制合作项目成本

中国与太平洋岛国开展产能合作，既要考虑太平洋岛国债务的可持续性，也要关注项目的运维成本。一方面，对于偿债压力较大的岛国，可以通过友好协商原则，采用市场化方式（如延期还债或以资源抵债等）化解，但不应随意取消其偿债义务。汤加政府从中国进出口银行获得的优惠贷款约占其2018年国内生产总值的28.0%，因而其面临较大的偿债压力，但这并不能成为其获得债务减免的借口。债务减免只适用于那些最不发达国家的无息贷款，这一原则不应被轻易打破。如若开此先例，将可能引发多米诺骨牌效应，越来越多的类似国家会向中国申请贷款豁免。另一方面，不仅要“授之以鱼”，还要“授之以渔”。中资企业在推进基础设施领域的产能合作或援建过程中，会将先进技术、管理经验和高端装备等带到当地，为此，除了保质保量按约完成工程项目，还要注重日常保养与专业维护工作。这包括对太平洋岛国员工进行职业培训，获得合格资质者方能上岗履职；定期对相关设备设施进行维护保养，确保设备或器械的正常运转；传授其相关知识，提高其维修技能，培养其解决实际问题的能力等。

① 《中国－太平洋岛国农业部长会议在斐成功召开》，中国商务部网站，2019年4月2日，http：//www.mofcom.gov.cn/article/i/jyjl/l/201904/20190402848832.shtml。

（三）夯实产能合作的政治基础

在开展产能合作时，中方要加强与各方的交流与合作，增进高层政治互信，努力确保产能合作的稳定性和延续性。良好的政治互信能够对扩大双方产能合作发挥引领作用。鉴于太平洋岛国政党较多且政党轮换主政时有发生，为避免新政府上台后的政策走向对中资企业开展的产能合作带来不利影响，中国应与岛国议会及各政党保持密切交往，建立常态化的党际交流机制，努力为中国企业开展国际产能合作提供政治保障。此外，还应继续强化中国与太平洋岛国经济发展合作论坛的机制化建设。虽然该论坛的形式比较松散，相关倡议不具有强制性，但它作为中国与太平洋岛国在经贸领域的最高级别对话机制，对推进中国与太平洋岛国在关键领域的产能合作、促进共同发展具有重要的指导作用。2019 年 10 月，第三届中国 – 太平洋岛国经济发展合作论坛在萨摩亚首都阿皮亚成功举办，当前双方应尽快将《中国 – 太平洋岛国经济发展合作行动纲领》中的相关倡议落到实处。

专 题 篇

Special Topics

B.9

2010年以来的南太平洋地区秩序之变

陈晓晨 *

摘 要： 21世纪第二个十年，南太平洋地区秩序发生了显著变化。尽管澳大利亚和新西兰仍在很大程度上主导着南太平洋地区事务，但中国影响力日益上升、更多域外国家介入南太平洋地区政治、太平洋地区主义兴起以及这三个因素相互结合，影响了地区主要行为体（地区组织与机制）、互动模式和地区身份认同，进而重塑了21世纪第二个十年的南太平洋地区秩序。南太平洋地区内部驱动力也有了新的变化。在该地区发展需求特别是在应对气候变化议程的推动下，南太平洋地区正在形成以“太平洋领导”和“太平洋所有”为特点的新时期的“太平洋地区主义”。

* 陈晓晨，华东师范大学亚洲和太平洋地区研究中心执行副主任，法学博士，主要研究方向为全球治理、亚太研究、太平洋岛国研究等。

关键词： 地区秩序　南太平洋　太平洋地区主义　地缘政治　气候变化

一　引言

2010 年以来，南太平洋地区秩序发生了显著变化。虽然澳大利亚和新西兰（统称“澳新”，ANZ）仍在很大程度上主导着地区事务，但影响地区秩序的其他要素已经发生改变：中国成为南太平洋地区事务中的“新兴力量”，更多域外国家介入南太平洋地区政治。与此同时，南太平洋地区政治事务特别是南太平洋地区组织、机构和议程也发生了显著变化，而这种变化尚未被充分研究。总之，2010 年以来，这些因素相互作用，共同塑造了新的南太平洋地区秩序。

理查德·赫尔（Richard Herr）、安东尼·伯金（Anthony Bergin）和彼得·布朗（Peter Brown）等学者在21 世纪第二个十年初期就已经意识到南太平洋地区秩序的变化，并对造成这些变化的各种因素进行了研究，[①] 这些因素包括中国高速发展在硬实力和软实力上的表现以及“拥挤和复杂”的地缘政治。[②] 一些已有研究文献还强调了太平洋地区主义的抬头和太平洋岛国自主发声的因素。[③] 不

① Richard Herr, Anthony Bergin, *Our Near Abroad: Australia and Pacific Islands Regionalism* (Barton: Australian Strategic Policy Institute, 2011); Peter Brown, *Australian Influence in the South Pacific* (Canberra: Centre for Defence and Strategic Studies at the Australian Defence College, 2012).

② Hugh White, “In Denial: Defending Australia as China Looks South”, *Australian Foreign Affairs* 6 (2019): 5－28; Terence Wesley-Smith, “China's Rise in Oceania: Issues and Perspectives”, *Pacific Affairs* 86 (2013): 351－372; Richard Herr, *Chinese Influence in the Pacific Islands: The Yin and Yang of Soft Power* (Barton: Australian Strategic Policy Institute, 2019); Terrence Wesley-Smith, “Pacific Uncertainties: Changing Geopolitics and Regional Cooperation in Oceania”, in Yu Changsen, eds., *Regionalism in South Pacific* (Beijing: Social Science Academic Press, 2018), pp. 19－35.

③ Greg Fry, Sandra Tarte, *The New Pacific Diplomacy* (Canberra: Australian National University Press, 2015); Sandra Tarte, “The Changing Paradigm of Pacific Regional Politics”, *The Round Table* 106 (2017): 135－142.

过，这些研究都未能以准确定义地区秩序为出发点。因此，本文将从地区秩序这个关键概念入手。

在政治领域，“秩序”是指“维持社会生活并为无政府主义社会带来稳定、可预见和有组织的人类活动的模式或倾向”。① 亨利·基辛格认为，世界秩序是一个放之四海皆准的公正安排与实力分布的概念。将此原则适用于某一地理区域，称为地区秩序。② 他还指出，单元、路径和目标是理解世界政治的三个关键要素。③ 从这个角度看，地区秩序也可以分解为主要行为体、模式化的互动和认同。知觉（perception）在地区秩序中起着关键作用，因为共同的观念、共同的特征和模式化的互动共同建构了地区。④

正如约瑟夫·奈指出的，“地区”是一个模棱两可的术语，并没有“绝对的”或“自然确定的”地区。⑤ 南太平洋地区也是如此。它是在摆脱西方列强统治的非殖民化过程中建立起来的，进入威斯特伐利亚体系比其他任何地区都要晚。⑥ 本文认为，南太平洋地区由14个拥有主权的太平洋岛国（PICs）⑦ 和8个尚未独立的岛屿领地组成。澳大利亚和新西兰两国是否应该包括在此概念内仍存有争议。⑧ 近年来，学界越来越多地使用“太平洋”、

---

① Hedley Bull, *The Anarchical Society: A Study of Order in World Politics* (New York: Columbia University Press, 1977), pp. 15 – 19.

② Henry Kissinger, *World Order* (New York: Penguin Books, 2014), p. 9.

③ Henry Kissinger, *Diplomacy* (New York: Simon & Schuster Inc, 1994), pp. 804 – 836.

④ Barry Buzan, "The Asia-Pacific: What Sort of Region in What Sort of World?" in Anthony Mcgrew, Christopher Brook, eds., *Asia-Pacific in the New World Order* (Bath: The Bath Press, 1998), pp. 68 – 87.

⑤ "Introduction", in Joseph S. Nye, eds., *International Regionalism: Readings* (Boston: Little, Brown and Company, 1968).

⑥ Gregory E. Fry, "Regionalism and International Politics of the South Pacific", *Pacific Affairs* 54 (1981); Richard Herr, "Microstate Sovereignty in the South Pacific: Is Small Practical?" *Contemporary Southeast Asia* 10 (1988): 15.

⑦ 它们是库克群岛、密克罗尼西亚联邦（FSM）、斐济、基里巴斯、瑙鲁、纽埃、帕劳、巴布亚新几内亚（PNG）、马绍尔群岛（RMI）、萨摩亚、所罗门群岛、汤加、图瓦卢和瓦努阿图。

⑧ Kennedy Graham, "Models of Regional Governance: Is There a Choice for the Pacific?" in Kennedy Graham, eds., *Models of Regional Governance for the Pacific: Sovereignty and the Future Architecture of Regionalism* (Christchurch: Canterbury University Press, 2008).

“太平洋地区”和“太平洋岛屿地区”来指代这一地区，但这有可能引起混淆——这些术语实际上只指代南太平洋地区，而不是整个太平洋或泛太平洋地区。

长期以来，澳大利亚和新西兰在南太平洋地区占据着政治、经济和社会中心地位。① 至今该地区仍在澳、新、美三国于 1951 年建立的三边政治军事同盟《美澳新安全保障条约》（ANZUS）的管辖之内。② 尽管在 20 世纪 70 年代末和 80 年代，美苏两国在南太平洋地区的对峙态势曾一度对这个秩序构成挑战，③ 但是在冷战结束以后，南太平洋地区在国际社会中被“边缘化”，以澳新为中心的权力结构和秩序得到了加强。在盟友的支持（至少是默许）下，澳新在此地区起到了领导作用。④ 这种以澳新为中心的秩序持续了将近 20 年，直至 2009 年前后，本文讨论的新因素开始重塑南太平洋地区新秩序。

本文基于既有研究文献与历史背景，旨在探讨影响南太平洋地区秩序的新因素，并更好地解释这些组成部分如何相互作用和影响这一秩序。在 21 世纪的第二个十年结束和第三个十年开启之际，这是对南太平洋地区秩序新变化的一篇适时的研究报告。

二 中国因素兴起

中国的高速发展和与太平洋岛国合作的加强是 2010 年以来南太平洋地

---

① Jason Young, “Multilayered Regioanlism in Oceania and the Pacific: Seeking Converging Points of Cooperation”, in Yu Changsen, eds., *Regionalism in South Pacific* (Beijing: Social Science Academic Press, 2017), pp. 1 – 8.

② Pragya Pandey, “China’s Push in the South Pacific Regional Geopolitical Implications”, *ICWA Issue Brief* (New Delhi: Indian Council of World Affairs, 2019), p. 1.

③ Richard Herr, “Regionalism, Strategic Denial and South Pacific Security”, *The Journal of Pacific History* 21 (1986): 170 – 182.

④ Richard Herr, “Concluding Observations”, in Ramesh Thakur, eds., *The South Pacific: Problems, Issues and Prospects* (New York: St. Martin’s Press, 1991), p. 205; Richard Herr, “South Pacific Microstate Sovereignty in the Post-Cold War Order: The Day after Waterloo?” in Donald Rubinstein, eds., *Pacific History: Papers from the 8th Pacific History Association Conference* (Mangilao, Guam: University of Guam Press & Micronesian Area Research Center, 1992), p. 205; Richard Herr, “The Pacific Islands Region in the Post-Cold War Order: Some Thoughts from a Decade Later”, *Revue Juridique Polynesienne* (*RJP*) 2 (Special Series) (2002): 47 – 57.

区秩序变革最显著的特征之一。这不仅直接作用于地区权力格局的分配，而且改变了地区议题和议程设置，还影响了其他行为体的看法，在有形和无形两方面都产生了深远的影响。中国在南太平洋地区的影响力常常被高估，但不可否认的是，中国实力的增强仍将是推动该地区秩序变革的重要驱动力之一。

2014 年 11 月，中国国家主席习近平访问斐济，并同 8 个太平洋建交岛国领导人举行会晤。这是中国国家元首历史上首次对太平洋岛国进行国事访问，在访问期间双方同意建立相互尊重、共同发展的战略伙伴关系。第二次访问是 2018 年 11 月，习近平出席在巴布亚新几内亚莫尔斯比港（PNG）举行的亚太经济合作组织（APEC）领导人峰会。这是亚太经合组织峰会第一次在南太平洋地区举行。

这两次高访指导了中太关系的发展。习近平在斐济访问期间，欢迎太平洋岛国参与“21 世纪海上丝绸之路”建设。2015 年 3 月，中国国家发展改革委、商务部、外交部发布了《推动共建丝绸之路经济带和 21 世纪海上丝绸之路的愿景与行动》，将南太平洋地区作为 21 世纪海上丝绸之路的主要方向之一。自此，“一带一路”的“五通”——政策沟通、设施联通、贸易畅通、资金融通、民心相通得到了大力推动。

作为最能显著提升中国在南太平洋地区影响力的方式，基础设施的互联互通成为“一带一路”南太平洋方向建设的优先领域。例如，由中资兴建的萨摩亚法莱奥洛国际机场的新航站楼，结合萨摩亚传统建筑风格与中国现代建筑工艺，取代了原来狭小闷湿的旧航站楼。自 2017 年 11 月建成以来，这已成为萨摩亚的“国门”和给外国游客的第一印象。但“一带一路”倡议的合作远不止于此。联合国开发计划署的报告显示，基础设施、应对气候变化和可再生能源、卫生领域等都是中国与太平洋岛国发展合作的重点，目标是实现联合国可持续发展目标。①

① 参见 UNDP in China，*China's South-South Cooperation with Pacific Island Countries in the Context of the 2030 Agenda for Sustainable Development*（Beijing：United Nations Development Programme in China，2017），笔者作为评审专家组的成员参加了这份报告的撰写。

中国与太平洋岛国发展合作的资金融通情况反映了中国日益增强的影响力，以及由此对地区秩序的影响。[①] 澳大利亚智库洛伊研究所（Lowy Institute）的“太平洋援助地图”（Pacific Aid Map）显示，2011 年至 2018 年，中国向太平洋地区提供了近 12.6 亿美元的援助，[②] 超过了传统援助国新西兰和美国，成为仅次于澳大利亚的第二大援助国。[③] 当然，上述数据的可信度还有待商榷，因为中国作为一个发展中国家，在南南合作框架下与南太平洋地区互利共赢，在资金援助方面未必能与经济合作与发展组织（OECD）成员国进行直接比较，然而这些数据可以作为中国在南太平洋地区影响力增强、影响地区权力格局的指标。

贸易和投资是与中国在南太平洋地区影响力相关的另一个指标。中国已经是太平洋岛国论坛（PIF）成员最大的贸易伙伴。[④] 旅游业是太平洋岛国对贸易伙伴的出口产业，对国家财政收入和就业增长独具重要意义。2018 年 11 月，库克群岛总理亨利·普纳（Henry Puna）出席了在上海举行的首届中国国际进口博览会（CIIE），旨在进一步吸引中国游客。中国是南太平洋旅游组织（SPTO）唯一的域外成员。2010 年以来，中国到太平洋岛国旅游的人数迅速增加，虽然这一数字仅占中国海外游客总数的 0.1%。例如，到斐济的中国游客从 2009 年的约 4000 人增长到 2017 年的约 4.8 万人，增幅超过了 10 倍；2017 年，帕劳接待了超过 5.7 万名中国游客，比 2013 年增长了 300%，超过了这个小岛国的总人口数。[⑤] 这些中国游客连同中国企业、投资者、工程承包者、个体商人作为非国家行为体，在该地区寻找商机，加大了中国在该地区的影响力。

---

① 张颖：《试论“一带一路”倡议在南太平洋岛国的实施路径》，《太平洋学报》2019 年第 1 期，第 93～104 页。

② Lowy Institute, Pacific Aid Map, https://pacificaidmap.lowyinstitute.org/.

③ Pragya Pandey, “China's Push in the South Pacific Regional Geopolitical Implications”, *ICWA Issue Brief* (New Delhi: Indian Council of World Affairs, 2019), p. 2.

④ Kate Hannan, Stewart Firth, “Trading with the Dragon: Chinese Trade, Investment and Development Assistance in the Pacific Islands”, *Journal of Contemporary China* 24 (2015): 865 - 882.

⑤ Chloe K. H. Lau, et al., “Chinese Venturers to Pacific Small Island Developing States: Travel and Lifestyle”, *International Journal of Tourism Research* 21 (2019): 665 - 674.

然而，与改善基础设施、增加入境游客和外来投资给太平洋岛国带来的明显好处相比，中国在南太平洋地区秩序中的影响力扩大，为太平洋岛国提供了另一个选择（an alternative）：旅澳中国学者张登华和澳大利亚学者斯蒂芬妮·劳森（Stephanie Lawson）在2017年写道，“中国高速发展对这个地区最显著的影响是给地区国家提供了在国家发展和外交政策上新的选择”。[①] 正如观察人士承认的那样，中国在太平洋岛国中之所以享有盛誉，是因为它为岛国提供了在现有的权力和影响力结构下无法获得的经济和政治机会。[②] 对此，太平洋岛国论坛秘书处（PIFS）赞扬了中国“一带一路”倡议为太平洋地区带来的发展机遇，[③]“近期中资基础设施项目的透明度让人感觉到中国了解太平洋国家的需要，而且很快就能实现目标”，而“对中国‘债务陷阱’的担忧尚未成为现实”。[④]

总体而言，中国对太平洋岛国提供了更多的资金援助，分享了发展经验。[⑤] 更重要的是，这有助于增强太平洋岛国自主发展的信心和能力，从而有利于提升太平洋岛国在地区治理上的主导权。[⑥] 此外，尽管现在讨论“中国方案”对太平洋岛国发展的全面影响还为时尚早，[⑦] 但不可否认的是，中国确

① Zhang Denghua, Stephanie Lawson, “China in Pacific Regional Politics”, *The Round Table* 106 (2017): 197 - 206; Jenny Hayward - Jones, “Cross Purposes: Why is Australia's Pacific Influence Waning?” *Australian Foreign Affairs* 6 (2019): 29 - 50.

② Terence Wesley-Smith, “China's Rise in Oceania: Issues and Perspectives”, *Pacific Affairs* 86 (2013): 351 - 372.

③ Pacific Islands Forum Secretariat, *State of Pacific Regionalism: Report 2017* (Suva: Pacific Islands Forum Secretariat, 2017), p. 14.

④ Jenny Hayward-Jones, “Cross Purposes: Why is Australia's Pacific Influence Waning?” *Australian Foreign Affairs* 6 (2019): 29 - 50.

⑤ Zhang Denghua, Stephanie Lawson, “China in Pacific Regional Politics”, *The Round Table* 106 (2017): 197 - 206.

⑥ Terrence Wesley-Smith, “Pacific Uncertainties: Changing Geopolitics and Regional Cooperation in Oceania”, in Yu Changsen, eds, *Regionalism in South Pacific* (Beijing: Social Science Academic Press, 2018), pp. 19 - 35.

⑦ Jason Young, “Multilayered Regioanlism in Oceania and the Pacific: Seeking Converging Points of Cooperation”, in Yu Changsen, eds., *Regionalism in South Pacific* (Beijing: Social Science Academic Press, 2017), p. 12.

实直接或间接地推动了地区议程的新发展，例如促进地缘分散的岛国间基础设施互联互通，推动地区治理新议题如气候变化、海洋治理和可持续发展目标等。本文第四部分将对新的地区机制和规则进行讨论。

中国高速发展的另一个影响是，“中国正在崛起”的观念引起了地区内其他重要国家的关注。[①] 相比太平洋岛国倾向于将中国当作新选择和机遇，[②] 西方国家则更倾向于将中国视作新的挑战与威胁。[③] 尤其是 2015 年以来，尽管中国一直在谨慎地按照既定规则，努力寻求与澳新等西方国家在南太平洋地区的合作，并避免对地区内现有的领导模式产生任何直接挑战，[④] 但中国仍然被许多西方国家视作对澳新主导体系的威胁，尤其是对澳大利亚的领导地位的威胁。[⑤] 在休·怀特（Hugh White）等学者看来，随着中国“向南看”，南太平洋地区已不再被视为“美国之湖”或澳大利亚的势力范围。一些人甚至认为中国是澳新美在南太平洋地区主导权的主要挑战者，是对 1951 年《美澳新安全保障条约》框架下的南太平洋地区安全秩序的威胁。[⑥]

---

① Peter J. Connolly, “Engaging China's New Foreign Policy in the South Pacific”, *Australian Journal of International Affairs* 70 (2016): 484 – 505.

② Zhang Denghua, Stephanie Lawson, “China in Pacific Regional Politics”, *The Round Table* 106 (2017): 197 – 206.

③ Jenny Hayward-Jones, “Cross Purposes: Why is Australia's Pacific Influence Waning?” *Australian Foreign Affairs* 6 (2019): 29 – 50.

④ Yang Jian, *The Pacific Islands in China's Grand Strategy: Small States, Big Games* (New York: Palgrave Macmillan, 2011), pp. 89 – 104; Terence Wesley-Smith, “China's Rise in Oceania: Issues and Perspectives”, *Pacific Affairs* 86 (2013): 351 – 372; Wang Shiming, “Open Regionalism and China-Australia Cooperation in the South Pacific Islands Region”, *China International Studies* 2 (2019): 84 – 108.

⑤ Karl Claxton, “No exit: Next Steps for Promoting South Pacific Peace and Prosperity”, *Strategic Insights* (Barton: Australian Strategic Policy Institute, 2018); Geoff Wade, “Are We Fully Aware of China's ChAFTA Aspirations?” ABC News, 6 October 2019, http://www.abc.net.au/news/2015 – 12 – 01/wade – are – we – fully – aware – of – chinas – chafta – aspirations/6985770; Malcolm Davis, “China's Rise to Great Power Status in Asia: Worth Going to War to Protect?” https://nationalinterest.org/blog/the – buzz/china% E2% 80% 99s – rise – great – power – status – asia – worth – going – war – protect – 14126.

⑥ Nic Maclellan, “The Region in Review: International Issues and Events, 2017”, *The Contemporary Pacific* 30 (2018): 462 – 481.

尽管这些观点被夸大了，但它们已经提醒了西方的政策制定者，尤其是以澳新美为代表的传统域内大国，要采取相应措施改变地区内互动模式，从而应对“拥挤而复杂”的南太平洋地区地缘政治环境新变化。① 这些措施往往包含着更多的援助和投资方案，反过来增强了太平洋岛国政府的综合实力和谈判能力，从而进一步使南太平洋地区有更加稳固的身份认同。

三　域外国家介入

“拥挤而复杂”可以被用来描述近年的南太平洋地区地缘政治形势，强调参与地区事务的域外大国（拥挤）和互动方式（复杂）。② 包括美国、法国、英国、德国和日本在内的域外西方大国“重返南太”；同时，许多“新兴力量”如俄罗斯、印度尼西亚（简称“印尼”）、印度、韩国、土耳其、以色列、智利与海湾国家等，都更加关注这个“被遗忘的角落”。

在众多行为体之中，美国对南太平洋地区“拥挤”的新形势起重要作用。“重返南太”是美国“重返亚太”战略的重要组成部分。③ 2010 年 11 月，美国国际开发署（USAID）决定在撤离该地区 16 年并关闭办公室 4 年后，重新开放其南太平洋地区办事处。2011 年，美国对美国驻斐济大使馆进行了改建，将防务、环境、公共外交、劳工等议题整合在一个外交体系中（特别是将国务院系统和国际开发署整合起来），使得美国外交使团重新上升为该地区规模最大的域外国家使团。④ 2012 年 6 月，美国国务卿希拉里·

① Joanne Wallis, *Crowded and Complex: The Changing Geopolitics of the South Pacific* (Barton: Australian Strategic Policy Institute, 2017).

② Joanne Wallis, *Crowded and Complex: The Changing Geopolitics of the South Pacific* (Barton: Australian Strategic Policy Institute, 2017).

③ Steven McGann, Richard K. Pruett, "A New Strategic Architecture for the Pacific", *Pacific Islands Brief* (Honolulu: Pacific Islands Development Program, 2012), p. 1.

④ Steven McGann, Richard K. Pruett, "A New Strategic Architecture for the Pacific", *Pacific Islands Brief* (Honolulu: Pacific Islands Development Program, 2012), p. 1.

克林顿率团参加太平洋岛国论坛，成为迄今为止参加论坛的级别最高的美国代表团团长，并在会上表示美国寻求在该地区建立“美国模式的伙伴关系”，在太平洋岛国关心的经济、社会、环境与资源管理等方面加大对岛国的援助力度。这意味着美国改变了此前尤其是冷战结束后以澳新为中心的南太平洋地区结构。此后一直到 2016 年，“亚太再平衡”是奥巴马政府南太平洋地区政策的基本背景因素。2017 年，特朗普成为美国总统后高调宣称实施“印太战略”，并将南太平洋地区纳入其中，南太平洋地区的地缘政治格局更加复杂。①

近年来，欧洲国家及欧盟在不同程度上、以不同形式恢复了对南太平洋地区的战略介入，气候变化成了这一时期维系欧太关系的最突出的纽带之一。近年来，欧盟越来越以一个整体介入南太平洋地区事务。2012 年，随着南太平洋地区形势的急剧变化，欧盟委员会出台了《迈向一个更新的欧盟 - 太平洋发展伙伴关系》报告，视太平洋岛国为国际舞台上的一支重要的集体力量，明确以发展欧太战略伙伴关系为目标，标志着欧盟作为一个整体全方位介入南太平洋地区。②

日本在冷战结束后也一度逐步减少了对南太平洋地区的援助。不过，2015 财年起，日本对南太援助额迅速上升。日本 - 太平洋岛国论坛峰会（Pacific Island Leaders Meeting，PALM）是日本与太平洋岛国跨地区多边合作的政治机制。日本近年来还加强了日本地方政府、大学和非政府组织在对太平洋岛国援助中的作用，强调“全体国民参加型援助外交体制”，注重提高援助质量，将日本的援助从“看不见脸的援助”转变为“看得见的援助”。日本作为亚洲的西方国家对太平洋岛国重新加大投入力度，使得太平洋岛国地区的地缘政治形势更加复杂，给太平洋岛国实施“北望”

① Terrence Wesley-Smith，“Pacific Uncertainties：Changing Geopolitics and Regional Cooperation in Oceania”， in Yu Changsen， eds.， *Regionalism in South Pacific* （Beijing：Social Science Academic Press，2018），pp. 19 – 35.

② 参见叶圣萱《欧盟对南太平洋岛国的外交战略论析》，《德国研究》2020 年第 1 期，第 98 ~ 114 页。

（Look North）政策提供了更大空间。日本对“环境外交”和“海洋外交”的重视契合了太平洋岛国的优先事项。日本还直接支持了太平洋岛国地区在环境、应对气候变化与海洋治理方面的合作，增强了后者的地区主义能力建设。①

与传统西方国家“重返南太”相比，“新兴力量”进入南太平洋地区产生的实际和心理影响更大。其中最突出的是亚洲国家与太平洋岛国联系逐渐密切。

印度尼西亚是唯一与南太平洋地区有陆地接壤的亚洲国家，与南太平洋地区事务联系紧密。印度尼西亚近年来强化了“中等强国”的形象与信心，开展“全方位外交”，尤其是“边境外交”——重点发展同周边国家的外交关系，其中包括印度尼西亚的东部近邻太平洋岛国。②

印度与太平洋岛国存在传统联系，其中最具代表性的太平洋岛国是斐济。2014年纳伦德拉·莫迪（Narendra Modi）的上台更是加强了印度在太平洋岛国地区的存在，对太平洋岛国的政策由“向东看”（Look East）演进为“东进”（Act East）。③

东帝汶作为地理上的亚洲国家，近年来加强了对南太平洋地区政治的参与。2013年8月，东帝汶开国总统、时任总理沙纳纳·古斯芒（Xanana Gusmão）出席太平洋岛国发展论坛开幕式。其他亚洲国家，如韩国、朝鲜、阿联酋、土耳其、沙特阿拉伯、以色列、菲律宾等，都以不同方式不同程度地加强了与太平洋岛国的联系。其中，太平洋岛国是联合国（例如涉及中东问题的讨论与投票）以及其他国际组织（例如对中东国家非常重要的国际能源署）的成员是理解亚洲国家尤其是中东国家加强在这一地区存在的背景因素。

---

① 参见宋秀琚、叶圣萱《日本－南太岛国关系发展及中国的应对》，《国际观察》2016年第3期，第144～157页。

② 参见宋秀琚、王鹏程《“中等强国”务实外交：佐科对印尼“全方位外交”的新发展》，《南洋问题研究》2018年第3期，第97～108页。

③ 参见梁甲瑞、张金金《印度在南太平洋地区的战略评析》，《南亚研究季刊》2016年第1期，第9～17页。

总之，“随着‘印太’地区成为全球关注的中心，南太平洋地区作为次地区也越来越具有经济、政治和战略上的重要意义”。[①] 更多域外国家参与南太平洋地区政治在一定程度上改变了曾由澳新独享主导权的地区秩序。从20世纪90年代至2010年前后一直占据南太平洋地区的权力中心的澳新，其影响力在21世纪第二个十年正在减弱。[②] 以上变化体现了2010年以来南太平洋地区权力分布的动态格局。然而，十年间该地区秩序不断变化的根本因素还是源于地区内部。

四　“太平洋机制”涌现

前文讨论的是域外行为体对南太平洋地区地缘政治形势的影响。不过，一些研究者认为，太平洋岛国对自身地区事务日益增强的控制力或“制定自己的路线”[③]，能更好地解释南太平洋地区政治的新变化或“新太平洋外交”的本质。[④] 从理论上讲，这种观点是合理的，因为在地区秩序的形成过程中，比权力分配更为根本的是模式化的互动和身份认同。从这个角度出发，太平洋岛国推动建立了新的地区组织和机制，并改变了既有的地区格局和进程以促进地区认同发展，从而改变了南太平洋地区秩序。

正如前文所述，澳新特别是澳大利亚认为南太平洋地区属于自己的势力范围。例如，澳大利亚前总理约翰·霍华德（John Howard）称南太平洋地区为“我们的领地”（our patch），现任总理斯科特·莫里森（Scott

---

① Pragya Pandey, “China's Push in the South Pacific Regional Geopolitical Implications”, *ICWA Issue Brief* (New Delhi: Indian Council of World Affairs, 2019).

② Jenny Hayward-Jones, “Cross Purposes: Why is Australia's Pacific Influence Waning?” *Australian Foreign Affairs* 6 (2019): 29-50.

③ Anote Tong, “Charting Its Own Course: A Paradigm Shift in Pacific Diplomacy”, in Greg Fry, Sandra Tarte, eds., *The New Pacific Diplomacy* (Canberra: Australian National University Press, 2015), pp. 21-24.

④ Greg Fry, Sandra Tarte, *The New Pacific Diplomacy* (Canberra: Australian National University Press, 2015).

Morrison）称其为“我们的世界”（our part of the world）。[①] 然而，太平洋岛国的领导人并不完全赞同。他们有强烈的内在动力，希望澳新减少其在地区组织中的主导权，由自己对域内事务承担更大的责任。[②]

在太平洋岛国看来，不断升温的南太平洋地区地缘政治并不一定带来完全负面的影响。太平洋岛国可能以此为契机，利用大国博弈的杠杆更多地掌控自己国家、地区和国际事务的参与和主导权，为自己争取利益。[③] 这促使了太平洋岛国重塑新的地区秩序。[④]

因此，2010 年以来，太平洋岛国在既有的地区组织和新兴机构中都有了更大的影响力。其中，太平洋岛国论坛作为南太平洋地区最主要的地区组织已经持续运行了 40 多年，但自冷战结束以来，它一直处于澳新特别是澳大利亚的控制下。自 2014 年以来，太平洋岛国论坛通过复杂的过程进行了一系列实质性改革，强调“太平洋所有权”、“开放、包容的对话”与政治协商议事权。[⑤] 与此同时，南太平洋地区历史最悠久的地区组织太平洋共同体（PC，自 1998 年起由南太平洋委员会更名，2015 年完成更名程序）继续改革，重点关注太平洋岛国最关心的气候变化等

① “Solomons Intervention”, ABC News, 20 September 2019, http://www.abc.net.au/worldtoday/content/2003/s888764.htm; “Australia and the Pacific: A New Chapter. Speech by Prime Minister Scott Morrison”, 3 October 2019, https://www.pm.gov.au/media/address – australia – and – pacific – new – chapter.

② Joanne Wallis, Anna Powles, “Australia and New Zealand in the Pacific Islands: Ambiguous Allies?” in Andrew Carr, eds., *The Centre of Gravity Series* (Canberra: ANU Strategic and Defence Studies Centre, 2018), p. 10.

③ 参见 Joanne Wallis, *Crowded and Complex: The Changing Geopolitics of the South Pacific* (Barton: Australian Strategic Policy Institute, 2017).

④ Darryn Webb, “China’s South Pacific Expansion and the Changing Regional Order: A Cause for Concern to the Regional Status Quo?” *Indo-Pacific Styrategic Papers* (Canberra: Centre for Defence and Strategic Studies, Australian Defence College, 2015), pp. 16 – 17.

⑤ Dame Meg Taylor, “The Future of the Pacific Islands Forum and the Framework for Pacific Regionalism”, in Greg Fry, Sandra Tarte, eds., *The New Pacific Diplomacy* (Canberra: Australian National University Press, 2015), pp. 39 – 48; Helen Leslie, Kirsty Wild, “Post-Hegemonic Regionalism in Oceania: Examining the Development Potential of the New Framework for Pacific Regionalism”, *The Pacific Review* 31 (2017): 20 – 37.

议题。[①]

在太平洋岛国自行创建并管理的新兴地区机构中，崛起的太平洋新机制体现得更为明显。其中，太平洋小岛屿发展中国家（PSIDS）作为联合国机制组成部分，代表太平洋岛国自身的利益，取代了澳新主导的太平洋岛国论坛，成为太平洋岛国在联合国开展集体外交的“关键外交工具”（key diplomatic vehicle）。太平洋岛国发展论坛（PIDF）作为最重要和最具争议性的、由太平洋岛国主导的新兴地区机构，其正式成员由于只包括太平洋岛国，排除了澳大利亚、新西兰等其他大国，被视为对以澳新为主导、以太平洋岛国论坛为核心的原有地区制度网络的潜在挑战。《瑙鲁协定》缔约国（PNA）通过完善金枪鱼资源管理、建立常设组织机构提升其机制化水平，通过创立并执行“作业天数计划”（VDS），设定捕鱼配额与交易规则，从而促进太平洋岛国最重要的收入来源和生产生活方式——渔业的新发展。次地区合作机制出现，特别是美拉尼西亚先锋集团（MSG）成为正式的国际组织，标志着在原属澳大利亚的势力范围内建立了一个由太平洋岛国主导的活跃的次地区机制。新机构与改革后的旧机制间的互动共同构建了太平洋岛国主体特征更强的地区制度网络，促进南太平洋地区主义的新发展。[②]

南太平洋地区主义的新发展以多种方式推动了地区秩序变革。首先，它不仅推动了由南太平洋地区岛国广泛参与建立的地区新机制发展，更为重要的是，它将非传统安全议题纳入地区议程。尽管这并没有挑战《美澳新安全保障条约》框架下的传统安全秩序，但是由于后者未在基础设施互联互通、气候变化、渔业、可持续发展议程等诸多对岛国至关重要的议题上满足

---

① Colin Tukuitonga, “The Future of Pacific Regionalism: Challenges and Prospects”, *Pacific Dynamics* 1 (2017): 340 – 347; Marc Williams, Duncan McDuie-Ra, “Organizing a Regional Response to Climate Change in the Pacific”, *Combatting Climate Change in the Pacific* (Cham, Switzerland: Palgrave Macmillan, Springer International Publishing, 2018), pp. 13 – 38.

② Sandra Tarte, “Regionalism and Changing Regional Order in the Pacific Islands”, *Asia & the Pacific Policy Studies* 1 (2014): 312 – 324; Sandra Tarte, “The Changing Paradigm of Pacific Regional Politics”, *The Round Table* 106 (2017): 135 – 142; Cain Tess Newton, “Rebuild or Reform: Regional and Subregional Architecture in the Pacific Island Region”, *Le Journal de la Société des Océanistes* [*En Ligne*] 140 (2015): 49 – 85.

要求，因此在某种程度上被架空。

其次，崛起的太平洋地区新机制改变了地区内外的互动模式。正如格雷格·弗莱（Greg Fry）和桑德拉·塔特（Sandra Tarte）所指出的，南太平洋地区经历了基里巴斯前总统汤安诺（Anote Tong）所称的“范式转变”，即在如何发展“太平洋新外交”的组织模式与原则基础方面的观念转变。太平洋岛国虽然规模小、实力有限、缺乏组织能力，但也开始通过自行提供地区公共产品（RPGs）完善地区机制网络。[①] 太平洋岛国因此能更好地促进自身的政治经济发展，并且形成“蓝色太平洋”（Blue Pacific）共识。[②]

强化地区认同是新的太平洋地区机制发展对南太平洋地区秩序最根本的影响：在地区合作、一体化与增强地区认同的“地区化”（regionalization）过程中创造了具有“地区性”（regionness）的地区空间。在这个过程中，太平洋岛国更加强调其地区身份认同，即“我者”，而澳新则逐渐倾向成为地区身份认同构建中的“他者”。甚至有太平洋岛国论坛前官员撰文称应免去澳大利亚和新西兰的太平洋岛国论坛成员资格，将其降为“域外伙伴”。[③] 尽管这在现实中可能性不大，但确实反映了一些太平洋岛国精英的观点。此外，尽管仍在地区中具有举足轻重的地位，但越来越多的澳新学者认识到澳新已逐渐成为“域外国家”。[④] 因此，太平洋岛国在地区主义中的主导性增强从根本上引起了南太平洋地区秩序的变化。

---

① Greg Fry, Sandra Tarte, *The New Pacific Diplomacy* (Canberra: Australian National University Press, 2015), pp. 21 – 24.

② 陈晓晨：《南太平洋地区主义的新发展：地区机制与影响评估》，《国际关系研究》2019 年第 3 期，第 79 ~ 106 页。

③ Kaliopate Tavola, “Towards a New Regional Diplomacy Architecture”, in Greg Fry, Sandra Tarte, eds., *The New Pacific Diplomacy* (Canberra: Australian National University Press, 2015), pp. 27 – 38.

④ 参见 Joanne Wallis, *Crowded and Complex: The Changing Geopolitics of the South Pacific* (Barton: Australian Strategic Policy Institute, 2017)。

五 结语

总之，除传统的域内大国澳新外，中国作为“新兴力量”的高速发展、众多域外国家或集团对南太平洋地区的介入和太平洋岛国地区主义是本文重点强调的2010年以来影响南太平洋地区秩序的三大因素。很多既有文献高估了中国的影响力，但却低估了太平洋岛国主导的新地区机制在地区秩序中的作用。在全球治理时代，太平洋岛国在国际舞台上的重要性提高了，引发了域外大国对太平洋岛国价值的重新认识。这是太平洋岛国扩大其地区机制主导权的根本原因，也是2010年以来南太平洋地区秩序变化的根本原因。

2010年以来的南太平洋地区秩序在某种程度上也是世界政治新趋势的一个缩影。在“地区构成的世界”① 中，不断演变的地区主义及其对地区秩序的影响不容忽视。不同的行为体、不断发展的互动模式和新的身份认同都是塑造地区新秩序的重要力量。因此，在对新的地区主义与世界秩序的考察过程中，南太平洋地区是一个有待更深入研究的地区案例。

① Peter J. Katzenstein, *A World of Regions: Asia and Europe in the American Imperium* (Ithaca and London: Cornell University Press, 2005), p. 2.

B.10

美澳联手在南太地区推动“印太战略”

袁劲东*

摘　要： 2019年是美澳在推进“印太战略”上加强合作的一年。美国与澳大利亚重新聚焦南太平洋地区，寻求与太平洋岛国重新确立和加强全面的外交、经济、安全联系。澳大利亚推出了一系列举措，如“太平洋进阶”倡议、设立新的外交职位、提供专门经济援助、开展安全交流等，旨在恢复澳大利亚作为该地区主导力量的角色以及特朗普政府在南太平洋战略调整中的坚实基础的地位。尽管从美澳长期同盟关系的角度看，澳大利亚提出上述举措不难理解，但澳大利亚是否能实现这些雄心勃勃的目标，不仅取决于其自身的能力，也取决于美国对新调整的南太平洋地区战略的稳定性与承诺。

关键词： “印太战略”　“太平洋进阶”倡议　美澳联盟　南太平洋

一　澳大利亚重新关注南太

2019年美国和澳大利亚进一步加强同盟关系，联手推动“印太战略”，从外交、安全、经济及人文等领域全方位发展与太平洋岛国关系，以抗衡所谓的中国在该地区不断增长的影响力。莫里森领导的联合政府出人意料

* 袁劲东，博士，澳大利亚悉尼大学政治与国际关系学院副教授，主要研究方向为中国外交及亚太国际关系。

地在5月澳大利亚大选中胜出，他本人重新当选总理。尽管国内政局多变，但澳大利亚的外交及安全政策基本上保持了其连续性，特别是在“印太战略”及强化与美双边协调方面，迎合并全力支持美国在“印太”地区的战略布局。莫里森自从在2018年8月自由党内部竞选中击败对手当选党魁并接替特恩布尔任总理以来，多次发表重要讲话诠释澳外交及安全政策，重点突出太平洋岛国在澳大利亚对外关系中的地位，对其增加经济援助，以重新确立在南太平洋地区的主导地位。另外，莫里森及澳高官近年来多次出访南太岛国，出席南太论坛。家庭、信仰、橄榄球成为澳大利亚与其南太邻居的“黏合剂”，也成为莫里森挂在口头上用于拉近与邻国关系的话题。

2019年澳大利亚增加与南太岛国之间的高层外交往来。莫里森总理先后访问了斐济、瓦努阿图、新西兰、图瓦卢、所罗门群岛。而巴布亚新几内亚、萨摩亚、斐济、所罗门群岛、库克群岛的政府首脑也在2019年访问澳大利亚。澳外长、防长、国防军参谋总长等高官亦密集访问南太地区。在2017年12月至2019年6月这18个月里，澳大利亚总理、外交部长和其他高级别官员共有35人次访问南太11个岛国。除此之外，莫里森政府也利用参加地区多边会议（如亚太经合组织领导人非正式会议、太平洋岛国论坛等）之际，进一步密切和恢复与南太各国的关系。①

升级澳大利亚与南太岛国的安全合作关系、提供防务资源、签署双边访问协议是莫里森政府将南太地区整合于其“印太战略”内的一系列重要举措。②

---

① Department of the Prime Minister and Cabinet, “2019 in Review: Stepping Up Pacific Engagement”, 19 December 2019, https://www.pmc.gov.au/news-centre/international-policy/2019-review-stepping-pacific-engagement; Tess Newton Cain, “The State of the Step-Up: Australia's Engagement with the Pacific”, Griffiths Asian Institute, 29 November 2019, https://blogs.griffith.edu.au/asiainsights/the-state-of-the-step-up-australias-engagement-with-the-pacific/.

② Jamie Tarabay, “As China Looms, Australia's Military Refocuses on Pacific Neighbors”, *New York Times*, 11 June 2019, https://www.nytimes.com/2019/06/11/world/australia/china-military-asia.html.

澳大利亚联手美国共同在巴布亚新几内亚的马努斯岛重建海军基地。[①] 澳外长佩恩2019年2月访问所罗门群岛，为价值1.44亿美元（约2亿澳元，澳大利亚将承担2/3的费用），连接悉尼与霍尼亚拉之间的海底光缆开工剪彩。而促使堪培拉做出此决定的是澳大利亚情报机构的警告，即允许中国企业为所罗门群岛提供海底光缆带来的“风险”。[②]

在经济方面，太平洋升级（Pacific Step-up）凸显南太岛国在澳大利亚“印太战略”中的重要性。作为中等强国及其历史缘由，澳大利亚在南太地区一直以老大自居。莫里森政府自执政以来，加强了对南太岛国的经济援助，重点为价值30亿澳元的基础设施建设援助计划。其他援助项目包括五年间拨出5亿澳元用于投资帮助南太岛国发展可再生能源、应对气候变化及提高防御灾害能力；建立澳大利亚太平洋安全学院，颁布新的劳工计划等。[③]

如果说澳大利亚提升与南太岛国的关系得到了后者的积极响应，莫里森政府在气候变化问题上的政策，特别是对南太国家担心的由气候变化造成的安全威胁的态度引发不满。如澳大利亚反对将气候变化写入太平洋岛国论坛的最后宣言，亦不愿承诺不再建设火力发电站。澳大利亚那种在南太地区自恃老大、颐指气使的态度，也让岛国反感。比如说澳大利亚官员指责中国在南太地区的基础建设投资及其经济援助为“白象工程”、债务陷阱，暗示岛国应选边站，也让后者不解。斐济总理公开说，在与南太岛国的经济关系方面不存在所谓中澳之间的竞争，中国从不侮辱南太岛国，而且充分理解后者对气候变化的关切。[④]

---

① “America to Partner with Australia to Develop Naval Base on Manus Islands”, *The Guardian*, 18 November 2018, https://www.theguardian.com/australia-news/2018/nov/18/america-to-partner-with-australia-to-develop-naval-base-on-manus-island.

② Grant Wyeth, “Australia's Pacific Step-Up: More Than Just Talk”, *The Diplomat*, 8 February 2019, https://thediplomat.com/2019/02/australias-pacific-step-up-more-than-just-talk/.

③ Department of Foreign Affairs and Trade, Australia, “Stepping Up Australia's Engagement with Our Pacific Family”, September 2019, https://dfat.gov.au/geo/pacific/engagement/Documents/stepping-up-australias-engagement-with-our-pacific-family.pdf.

④ Rob Harris, “Pacific Step Up or Stuff-Up? The Complexities Behind Scott Morrison's Week in Tuvalu”, *Sydney Morning Herald*, 17 August 2019, https://www.smh.com.au/politics/federal/pacific-step-up-or-stuff-up-the-complexities-behind-scott-morrison-s-week-in-tuvalu-20190817-p52i29.html.

二 美国的“印太战略”与美澳军事同盟

特朗普政府在上台以后，重新调整其全球战略，推出“印太战略”，强调要建立和维护一个自由与开放的“印太”地区，减少其在中东地区的军事投入，将重点转移到“印太”地区，并将中俄定位为美国未来的主要战略对手。近年来，“印太”地区在国际上的战略地位与经济地位提升，越来越多地引起美国的重视。与奥巴马政府时期的亚太再平衡战略不同，特朗普政府更加注重强化美国在“印太”地区的双边军事同盟，推动美澳印日战略伙伴关系发展，提升四边官方对话层次，并拉拢东盟，试图压制中国在该地区不断增长的影响力，借以维护二战以来美国建立的地区霸主地位。除此之外，特朗普政府提升对台关系的档次，多次批准高额度对台军售。而与此同时，美国国会通过多个涉台关系的法律，挑战中国在台湾问题上的底线。①

历史及地理原因使澳大利亚在美国的“印太战略”中占有不可替代的地位。自 1951 年澳新美同盟建立以来，澳大利亚可以说是美国在“印太”地区最忠实的盟友。从朝鲜战争和越南战争，到“9·11”事件后美国在阿富汗和伊拉克发动的战争，澳大利亚是唯一均参与并派出兵员的盟国。除此以外，其独特的地理位置，又为美国在该地区提供了得天独厚的情报搜集、后勤保障及第二岛链以外兵力部署的便利条件。除 20 世纪 80 年代初到 90 年代中期（工党执政期间）外，澳大利亚的安全外交政策基本上服从于美澳军事同盟的需要，配合美国全球战略，在“印太”地区发挥其关键作用。对澳大利亚来说，依靠一个实力强大的盟国是其外交安全政策的基石。美澳军事同盟不仅为澳大利亚提供安全保障，在情报互享、军备采购、联合军演

① The Department of Defense, “Indo-Pacific Strategy Report: Preparedness, Partnership, and Promoting a Networked Region”, June 2019, https://media.defense.gov/2019/Jul/01/2002152311/-1/-1/1/DEPARTMENT-OF-DEFENSE-INDO-PACIFIC-STRATEGY-REPORT-2019.PDF.

训练及协同作战等方面也使澳大利亚享有特殊的待遇。[1] 而澳大利亚对美国全球及地区战略的重要性，则是不言而喻的。奥巴马总统 2011 年访澳时在澳大利亚国会正式宣布其重返亚太战略，以及下令在达尔文轮换驻扎 2500 名美海军陆战队员。近年美澳“2 +2”（外交和国防）部长级对话更为制度化，讨论范围亦从双边关系扩大为“印太战略”、南海争端，涉及如何维护以规则为基础的地区秩序。莫里森重新当选澳总理以后，特朗普以国宴盛待，可谓给足澳大利亚脸面，也可以说是对澳大利亚在配合美“印太战略”中积极表现的赞誉。[2]

尽管出于历史、文化、政治理念、经济及安全的联系，澳大利亚受益于稳定的美澳同盟关系，但由于美澳利益及面临的挑战与机遇不同，而且两国在“印太”地区所处的地位及政策优先取向上存在差异，在实施“印太战略”时，澳大利亚不可能也不愿意在所有政策层面做到与美国步调一致。这一差异凸显在如何平衡安全与经济利益方面。随着中国经济的高速发展及日益深化的中澳经济关系，堪培拉在制定对华政策时，必须考量经济因素，降低对华政策带来的任何负面经济影响和代价。这从阿博特政府不顾奥巴马政府的强烈反对而仍然决定加入亚投行可窥见一斑。

美国近年来亦加强对南太岛国的关注，提升官方往来的级别与频次，加大对该地区的资金投入，以应对中国日益增长的经济外交影响力。比如特朗普总统第一次在白宫接待帕劳、马绍尔群岛及密克罗尼西亚的领导人。美官方除每年拨款 3. 5 亿美元用于该地区的各类投资项目、经济援助等外，2019 年 9 月又宣布一项新的价值 1 亿美元的太平洋投资承诺，并投入 2300 万美元加入澳大利亚、日本和新西兰参与的用于支持提升电力覆盖的巴布亚新几内

① Peter J. Dean, Stephan Frühling, Brendan Taylor, eds., *Australia's American Alliance* (Melbourne: Melbourne University Press, 2016).

② Dennis Shanahan, "Trump Embraces Mateship During Morrison Visit", *The Australian*, 20 September 2019, https://www.theaustralian.com.au/nation/politics/trump-embraces-mateship-during-morrison-visit/news-story/6d346c4112ae404b805834f5975d4e52.

亚电力化伙伴计划。[①] 2018 年 11 月在巴布亚新几内亚举办亚太经合组织领导人非正式会议期间，美、日、澳三国签署备忘录，制定了一项三边伙伴计划，用于协调在“印太”地区的基础设施投资。2019 年初，该计划决定未来几年投资巴布亚新几内亚的一项液化天然气项目，总额为 10 亿美元。[②]

三　澳大利亚的“印太战略”

为落实“印太战略”，澳大利亚进一步加强与美国同盟国或战略伙伴国之间的安全合作。2007 年澳日签署安全合作协议，这是两国除与美国建立军事同盟关系以外的第一个与第三方签署的安全协议。近年来，澳日关系得到进一步的发展，2014 年两国提升双边关系为特别战略伙伴关系。阿博特政府期间，澳日关系进一步加深，澳大利亚有意购买日本研制的常规动力潜艇。2019 年 11 月澳防长在访日期间，与日防卫相共同宣布澳大利亚皇家空军与日本航空自卫队将第一次举行联合军演，并有意将其制度化。日本也是除美国之外第二个与澳大利亚举办年度“2 +2”部长级会谈的国家。[③] 澳印关系得到长足的发展，特别在防务合作方面。两国原定计划在 2020 年 1 月莫里森总理访印期间签署一系列防务合作协议，包括相互开放军事基地、军用技术开发合作、联合军演等。[④] 澳大利亚和越南 2018 年签署建立战略伙伴关系的协议，进一步推动在经贸、投资及安全方面的合作。平衡中国在东

---

① Department of State, “A Free and Open Indo-Pacific: Advancing a Shared Vision”, November 2019, https://www.state.gov/a-free-and-open-indo-pacific-advancing-a-shared-vision/.

② Hisao Kodachi, “Japan, US, and Australia Begin Own ‘Belt and Road’ in South Pacific”, *Nikkei Asian Review*, 25 June 2019, https://asia.nikkei.com/Politics/International-relations/Japan-US-and-Australia-begin-own-Belt-and-Road-in-South-Pacific.

③ Grant Wyeth, “Japan and Australia Deepen Defence Ties”, *The Diplomat*, 25 November 2019, https://thediplomat.com/2019/11/japan-and-australia-deepen-defense-ties/.

④ Ben Packham, “Scott Morrison to Tighten Defence Ties with India”, *The Australian*, 12 December 2019, https://www.theaustralian.com.au/nation/defence/scott-morrison-to-tighten-defence-ties-with-india/news-story/1789f4b9a8cefc8150af81ad84c63506.

南亚地区不断上升的影响力也是促使澳越发展双边关系的一个主要动因。①

而除中国因素外，影响澳大利亚实施“印太战略”的重要考量，一是其能力及对提高该能力所需资源的投入，二是美国在“印太”地区军事、外交及经济能力及其为了保持霸主地位和应对挑战者所愿意付出的代价。在这种情况下，是选边站还是采取对冲策略，在未来一段时期内将会影响澳大利亚的“印太战略”，特别是在具体实施方面。在美国北约盟国和“印太”双边军事同盟中，澳大利亚是为数不多的几个国防开支占国内生产总值2%以上的盟国之一。2016年国防白皮书和2017年外交白皮书均强调“印太”地区对澳大利亚的重要性。政府在过去几年的财政预算中对国防特别是在装备更新换代上的投入增加，如新一代常规动力潜艇、大型水面舰艇、第五代F-35联合战斗机等。未来十年澳大利亚仅在新一代水面舰艇及潜艇上将投资1000亿澳元。即便如此，由于新一代武器装备更换周期长，研发及生产均依赖国外军工企业，能力与目标之间存在相当大的差距。② 如澳大利亚2019年初正式签署订购法国的短鳍梭鱼级大型常规动力潜艇的协议，第一艘要到2030年左右才能交付使用，而澳大利亚购买的72架F-35联合战斗机目前也只有两架交付。

澳大利亚是最早使用“印太”概念的国家之一。作为位居印度洋和太平洋之间的中等强国和依赖军事同盟的伙伴，如何实现理想目标与实际能力之间的平衡，一直是澳大利亚外交安全政策的主要课题之一。一方面，作为军事同盟的依赖国，澳大利亚的外交安全政策不可避免地要受到英国（1942年以前）或美国全球及地区战略布局的影响。另一方面，澳大利亚作

① James Massola, “China's Rise the Subtext of Australia-Vietnam Leaders Meeting”, *Sydney Morning Herald*, 21 August 2019, https://www.smh.com.au/world/asia/china-s-rise-the-subtext-of-australia-vietnam-leaders-meeting-20190821-p52jbo.html.

② Andrew Tillett, “Industry Urged to Fill the Gap in Defence Research Spending”, *Australian Financial Review*, 27 November 2019, https://www.afr.com/policy/foreign-affairs/spending-shortfall-increases-risk-to-capability-20191119-p53bwk; Tom McDermott, “A Continent Between Two Seas? What the Free and Open Indo-Pacific Means for Australia”, in Sharon Stirling, ed., *Mind the Gap: National Views of the Free and Open Indo-Pacific* (Washington DC: The German Marshall Fund of the United States, 2019), pp. 13-17.

为一个中等强国又有其追求独立自主外交政策、在国际事务中发挥影响的需求。这从澳大利亚在“印太战略”具体操作上可以看出两者的结合。堪培拉积极响应美国提出的建立“自由与开放的印太”的号召，强调维护以规则为基础的地区秩序。而同时，澳大利亚又鼓励推动地区多边机制的建设，如东亚峰会、东盟地区论坛以及亚太经合组织。它支持美军在南海的航行自由行动，自己却相对谨慎，避免与中国发生正面冲突。这反映出澳大利亚在实施“印太战略”时务实的一面。①

澳大利亚国立大学荣休教授休·怀特是为数不多的质疑美国在“印太”地区霸主地位的持续性的战略分析家之一。他强调不论是在能力还是在意志力上，美国都难以维系战后70年其在“印太”地区无以挑战的霸主地位，美国继续保持霸主地位的代价将越来越大，除非美国及其盟国的战略利益完全一致，很难想象美国会为了盟国的安全利益而愿意付出重大的代价。基于此，怀特教授认为澳大利亚必须为自己的安全利益买单，增加在国防上的投入。假设美国会在澳大利亚面临安全威胁时不考虑这种威胁对自身在“印太”地区利益的影响挺身而出，将是一厢情愿而且要为此付出重大代价的。② 面对“印太”地区日益增长的安全威胁，莫里森政府在2020年7月发布《2020年防御战略修订》和《2020年部队结构计划》，增加国防开支投入，未来十年将花费2700亿澳元用于国防能力建设及武器采购，包括引进新型远程反舰导弹、提升网络信息战和太空防卫能力、增设高科技水下监测系统等。③

而美国“印太战略”在目标与能力之间亦存在差距。尽管特朗普政府

① Brendan Taylor, “Is Australia's Indo-Pacific Strategy an Illusion?” *International Affairs*, Vol. 96, no. 1 (2020), pp. 95 - 109, https://www.chathamhouse.org/publication/ia/australias - indo - pacific - strategy - illusion.

② High White, *How to Defend Australia* (La Trobe University Press, 2019).

③ Australian Government Department of Defence, “2020 Defence Strategic Update and 2020 Force Structure Plan”, July 2020, https://www.defence.gov.au/strategicupdate - 2020/#: ~ : text = The% 202020% 20Defence% 20Strategic% 20Update, their% 20implications% 20for% 20Defence% 20planning.

上台以后大幅度提高国防预算，同时有意逐渐收缩中东地区兵力部署，降低战略成本，将重点转移到“印太”地区，但特朗普外交政策的随意性，或多或少影响盟国对美国兑现其战略承诺的信心。基于其全球战略及各热点地区旷日持久的冲突或突发事件的影响，美国不可能与其完全切割或脱身。奥巴马政府时期对国防开支的限定和近20年在阿富汗和伊拉克的战争，使得美国在推出“印太战略”时战略透支凸显，短时间内难以弥合。从某种意义上来说，美国“印太战略”目标与其战略资源和能力建设之间的差距是美国政府面临的重大挑战。而华盛顿如何应对，才能使其在有限的能力下更好地实现“印太战略”的主要目标，亦会影响盟国对美国的信心以及在落实此战略时各自的评判与投入。①

从全球反恐到大国竞争，从全球部署到下决心战略收缩，美国的“印太战略”仍处于政策规划阶段。从战略意图上达成共识到具体实施，美国国内政治因素直接或间接影响资源分配、武器研发与生产、兵员部署等方方面面。而集体防务则需要加强盟国间的情报与作战协调、联合作战计划制定和军事设施等战略资源共享。澳大利亚过去近20年中为其在中东的军事行动支出近150亿澳元，而同期在“印太”地区的投入仅39亿澳元。可以预见，在未来一段时间内，澳大利亚的“印太战略”将重点放在从中东地区撤出、加大防务投入、加强与美国及其他盟国间的军事合作，特别是在保有其外交与安全政策独立性的前提下，在美澳军事同盟的指挥、作战、情报、设施、训练上加强互通与协作。《2020年防御战略修订》和《2020年部队结构计划》在相当程度上反映出“印太”地区在澳大利亚未来国防战略规划中的地位。

① Ashley Townshend, Brendan Thomas-Noone, Matilda Steward, *Averting Crisis: American Strategy, Military Spending and Collective Defence in the Indo – Pacific* (Sydney: The United States Studies Centre at the University of Sydney, 2019), file: ///Users/jdyuan/Downloads/Averting – crisis – American – strategy – military – spending – and – collective – defence – in – the – Indo – Pacific. pdf.

四　结论

澳大利亚近年来加大力度协助美国推动“印太战略”，南太地区重新成为其外交政策的重点之一。从扩大外交影响到增加经济援助，莫里森政府上台以来积极恢复澳大利亚在南太的影响力和主导地位。与此同时，澳大利亚积极配合美国的“印太战略”，一方面大幅度增加国防开支，采购先进武器装备，调整军力结构；另一方面深化美澳防务合作，提高两军从演练到联合作战的能力。以美澳军事同盟为基石，澳大利亚近年来进一步加强与其他美国同盟国或战略伙伴的安全合作，日本、印度、越南等国成为澳大利亚实施“印太战略”的重要环节。未来几年，“印太”地区的力量消长及重组以及中美贸易摩擦的进一步深化或在一定程度上得到控制，将会影响澳大利亚“印太战略”的内容及实施。

B.11

冷战后澳美同盟的内聚力解析

——兼论“印太战略”背景下澳美同盟的发展

王晨雨*

摘　要： 冷战结束后，澳美同盟呈现逐渐强化的趋势。一方面是由于澳美两国认为同盟的存续符合两国各自的国家利益；另一方面则是同盟的制度设计使澳美两国可以根据环境的改变和自身的需要灵活地解释所面对的风险，进行安全化解读，为同盟的存续提供理由。这两方面因素是澳美同盟保持内聚力的最重要原因，也是在特朗普政府提出“印太战略”的背景下，澳美同盟能够继续保持活力并为“印太战略”的推行做贡献的原因。

关键词： 澳美同盟　澳美关系　内聚力　“印太战略”

冷战结束后，澳美同盟没有随之终结，反而延续下来并呈现逐渐强化的趋势。尤其是在特朗普政府提出“印太战略”的背景下，考察冷战后澳美同盟巩固的原因对理解当下澳美同盟的发展具有重要的参考意义。在后冷战时代，澳美两国认为同盟的存在符合各自的国家利益，并且形成了较为强烈的文化认同。同时，澳美同盟的制度设计具有很大的灵活性，便于两国根据战略环境的变化进行安全化解读，拓展同盟的任务和职能空间，为同盟继续

* 王晨雨，中山大学国际关系学院在读博士研究生。

存在提供“合法合理”的借口，这两方面因素保障了澳美同盟的内聚力。所以即使在面对“印太战略”这一新概念时，澳美同盟也能及时转变关注点，为“印太战略”的推行做贡献。

一　基于国家利益的澳美同盟

澳美同盟是澳新美同盟（ANZUS）的一部分。1951 年美国、澳大利亚、新西兰签订《澳新美安全条约》（Security Treaty between Australia, New Zealand and the United States of America），宣告澳新美同盟正式成立。该同盟成立初期的主要目的是应对以苏联为首的共产主义的威胁。① 冷战结束后，苏联解体，澳美同盟没有随之瓦解，而是保留了下来并延续至今，其中最主要的一个原因就是澳美同盟的存在符合冷战后澳美两国各自的国家利益。

（一）澳大利亚的国家利益

第一，澳美同盟使澳大利亚能够获得美国提供的安全保障。维护国家安全和领土完整是澳大利亚的首要国家利益，1951 年签订的《澳新美安全条约》中规定，当澳大利亚受到攻击时，美国须对其进行帮助和支援，而澳大利亚的地理位置和国家情况使这条同盟承诺对其而言至关重要。澳大利亚是大洋洲面积最大的国家，四面环海，具有狭长的海岸线，国土面积辽阔，但人口稀少。澳大利亚前总理陆克文（Kevin Rudd）曾指出，鉴

① 这里需要指出，同盟成立初期，共产主义并不是澳新美三国共同的威胁认知。第二次世界大战刚结束时，澳新两国将日本视为威胁，担心其会卷土重来，因此希望维持与美国的盟友关系，依赖美国对自己的保护，但美国对与澳大利亚和新西兰结盟的兴趣不大。1951 年美国需要澳新两国在其主导的《对日和约》上签字，澳新两国以此为条件要求同美国签订同盟条约，最终澳新美三方于 1951 年 9 月 1 日签订了《澳新美安全条约》。这段时期，因为朝鲜战争的爆发和中国人民解放军在大陆的胜利等事件，澳新两国的威胁认知逐渐从日本转移到了应对以苏联为首的共产主义的发展上。具体参见汪诗明《1951 年〈澳新美同盟条约〉研究》，世界知识出版社，2008，第 127 ~204 页。

于澳大利亚的国情，寻求同超级大国（此指美国）在安全上的合作是理所当然的。① 2009 年澳大利亚的《国防白皮书》指出，因为考虑到澳大利亚的实际能力和有限的资源，有必要继续维持同盟以及其他防卫关系，以此来保障国家安全并且在同其他国家合作时能够贡献力量。② 可以说，对于澳大利亚来说，巩固与美国的同盟关系是澳大利亚保卫国家安全和领土完整的必然选择。

第二，维持和美国的同盟可以获得先进的军事装备和保障完善的军事训练，这有利于澳大利亚保持较强的国防能力和较为先进的军事水平，维持同区域内其他国家的军事力量的差距。③ 在同盟的框架下，澳大利亚和美国开展了许多军事演习和军事合作项目，尤其是在人员交往和培训方面，这些措施不仅增强了澳大利亚军队的战斗力，并且使其能够在危急情况下做出迅速准确的反应。④ 虽然澳大利亚的《国防白皮书》强调，澳大利亚国防政策要以自主防卫为主，对此，澳大利亚战略政策研究所（Australia Strategy Policy Institute，ASPI）的执行主任彼得·杰宁斯（Peter Jennings）认为“若依靠自主防卫，则意味着澳大利亚国防军的军力下降，或者意味着澳大利亚需要在国防上花费更多”。⑤ 这是因为美国的军事支持是澳大利亚实现自主防卫不可缺少的一环，澳大利亚国防建设所需要的高科技、长距离的信息通信指挥系统（C4ISR）只有美国能够提供。⑥ 这一点也是澳大利亚政府的共识，比如霍华德政府就曾多次提到，与美国的同盟为澳

---

① Kevin Rudd, “ANZUS and the 21st Century”, *Australian Journal of International Affairs*, Vol. 55, No. 2, 2001, p. 310.

② Department of Defence of Australia, *Defence White Paper*, 2009, p. 12.

③ Nick Bisley, “‘An Ally for All the Years to Come’: Why Australia Is Not A Conflicted US Ally”, *Australian Journal of International Affairs*, Vol. 67, No. 4, 2013, p. 405.

④ Edward W. Gnehm, “ANZUS: The Alliance through American Eyes”, *Australian Journal of International Affairs*, Vol. 55, No. 2, 2001, p. 163.

⑤ Peter Jennings, “The 2016 Defence White Paper and the ANZUS Alliance”, *Security Challenge*, Vol. 12, No. 1, 2016, p. 57.

⑥ Desmond Ball, “The Strategic Essence”, *Australian Journal of International Affairs*, Vol. 55, No. 2, 2001, p. 237.

大利亚提供了获得先进军事技术和信息情报的渠道，这增强了澳大利亚实现其战略利益的能力。①

第三，通过同盟，澳大利亚可以获得美国的情报网络和信息技术。澳大利亚是以英美为主的“五眼联盟”（the Five Eye Alliance）的成员之一，该联盟由美国、英国、澳大利亚、新西兰和加拿大五个国家组成，成员之间互相共享情报信息。许多政府官员认为，这是澳大利亚维持与美国的同盟所获得的最重要的好处。② 在非传统安全威胁日益严重的情况下，情报网络显得至关重要。近年来，澳大利亚的国家安全也受到恐怖主义、非法移民、走私贩毒、网络攻击、海盗、气候变化等非传统安全的威胁。因此，通过同盟与美国情报共享以及获得美国提供的其他资源有助于澳大利亚更好地保障国家安全，③ 也帮助澳大利亚提高了应对地区威胁的能力。④

第四，同盟为澳大利亚提供了接近华盛顿决策中心的途径，使美国能够“听到澳大利亚的声音”，有助于澳大利亚减少“孤立感”，更加积极地参与国际事务。澳大利亚学者尼克·比斯利（Nick Bisley）指出，从一战开始，澳大利亚的精英人士就因为在进行关键决策时被完全排除在外而感到一种“无力感”（powerlessness）。因此，促成《澳新美安全条约》的佩西·斯宾德（Percy Spender）在当时便意识到对于澳大利亚来说，关于未来安全方面最重要的决断在于要“被华盛顿考虑到”，他希望澳新美同盟能够成为澳大

① John Howard, “Australia's International Relations-Ready for the Future. Address to the Menzies Research Centre, Canberra”, *Transcripts from the Prime Ministers of Australia*, August 22, 2001, https://pmtranscripts.pmc.gov.au/release/transcript-12342; John Howard, “Address to the Australian Strategic Policy Institute Westin Hotel Sydney”, *Transcripts from the Prime Ministers of Australia*, June 18, 2004, https://pmtranscripts.pmc.gov.au/release/transcript-21325.

② Nick Bisley, “‘An Ally for All the Years to Come’: Why Australia Is Not A Conflicted US Ally”, *Australian Journal of International Affairs*, Vol. 67, No. 4, 2013, p. 406.

③ Kevin Rudd, “ANZUS and the 21st Century”, *Australian Journal of International Affairs*, Vol. 55, No. 2, 2001, p. 311.

④ Desmond Ball, “The Strategic Essence”, *Australian Journal of International Affairs*, Vol. 55, No. 2, 2001, p. 245.

利亚参与国际事务的一道桥梁。① 与它的邻国新西兰不同，澳大利亚作为大洋洲最大的国家，是名副其实的中等强国，它关心国际事务，积极扮演地区领导者角色，从其牵头努力促成亚太经合组织的成立就可见一斑。但澳大利亚的地理位置使其远离世界政治中心，它需要同一个世界大国结盟来提升自己的国际地位和声望，在“老东家”英国国力日渐衰弱的情况下，巩固与美国的同盟、加强同美国的联系就变成了澳大利亚实现其政治抱负的最有效途径。

第五，澳大利亚认为，维持与美国的同盟能够确保美国的影响力在亚太地区长期存在，这对维护区域安全与稳定是有利的。澳大利亚政府不止一次强调，美国作为世界上最强大的国家，其在亚太地区的存在对于该地区的稳定和经济发展至关重要，而美国的亚太同盟体系是保持地区稳定的战略框架，澳美同盟作为美国亚太同盟的一部分，也将为维护亚太地区的稳定和安全做出贡献。② 比如，澳大利亚前总理陆克文认为，如果美国从亚太地区撤出，亚太地区就会出现权力真空，权力平衡会被打破，加剧依靠美国提供安全保障的日韩等国家的不安全感，从而使这些国家走上军备竞赛的通路，造成地区紧张和冲突。③ 澳大利亚 2009 年和 2013 年的《国防白皮书》均强调，在国际战略环境瞬息万变的情况下，“美国继续参与亚太地区事务是使我们对该地区的未来充满信心的关键，美国的同盟体系是支撑亚太地区稳定和繁荣发展的支点”，④ 这是因为同盟体系为亚太地区的国家

---

① Nick Bisley, “ ‘An Ally for All the Years to Come’: Why Australia Is Not A Conflicted US Ally”, *Australian Journal of International Affairs*, Vol. 67, No. 4, 2013, p. 406.

② John Howard, “Address to the Asialink - ANU National Forum: Australia's Engagement with Asia: A New Paradigm”, *Transcripts from the Prime Ministers of Australia*, August 13, 2004, https://pmtranscripts.pmc.gov.au/release/transcript-21457; John Howard, “Address at Dinner Hosted by the Foreign Policy Association, New York”, *Transcripts from the Prime Ministers of Australia*, June 30, 1997, https://pmtranscripts.pmc.gov.au/release/transcript-10403.

③ Kevin Rudd, “ANZUS and the 21st Century”, *Australian Journal of International Affairs*, Vol. 55, No. 2, 2001, p. 308.

④ Department of Defence of Australia, *Defence White Paper*, 2009, p. 43; *Defence White Paper*, 2013, p. 56.

提供了丰富的公共产品，比如维护海上安全、打击恐怖主义等。[①]

基于上述五点原因，冷战结束以来，澳大利亚一直把维护澳美同盟作为澳大利亚对外政策的基石。

（二）美国的国家利益

对于美国来说，维持同澳大利亚的同盟也符合其国家利益。第一，澳美同盟的存续与美国的全球战略相吻合。2018 年美国的《国家防卫战略》（National Defense Strategy）指出，美国的同盟网络和伙伴关系是全球安全的基石，其将和美国的军事力量、科技创新和文化实力一道，提升美国的全球军事优势。互利的盟友和伙伴关系对美国的全球战略至关重要，因为它们为美国提供了持久的、不对称的战略优势，使其竞争者和对手望尘莫及。盟友支持美国“自由民主”的价值观，积极参与美国领导的“保卫自由、反对战争、维护基于规则而建立的国际秩序”的行动。[②] 同盟的重要性对于美国不言而喻，而澳美同盟对于美国全球同盟体系也是不可或缺的。首先，澳大利亚的地理位置很重要，澳大利亚北部地处印度洋和东南亚海域的交汇处，在二战时期，这里就曾是美国集中兵力、囤积物资的基地，[③] 而现在，这里使美国能够“处于中国导弹攻击射程和海军空军军事行动的范围之外从而保障美国的安全”。[④] 2011 年，美国时任总统奥巴马宣布了美军在澳大利亚北部的军力部署计划，并于 2014 年扩大了轮换部队的规模，这说明地处海上交通要道的澳大利亚北部对美国实现其全球战略利益至关重要。[⑤] 特朗普

---

① Andrew Davies, “Alliance Cooperation and Air Power”, in *Expanding Alliance*: *ANZUS Cooperation and Asia-Pacific Security*, ASPI, 2014, pp. 15 – 19.

② Department of Defense of the United States of America, *National Defense Strategy*, 2018, pp. 5 – 8.

③ 汪诗明：《1951 年〈澳新美同盟条约〉研究》，世界知识出版社，2008，第 66 页。

④ Stephen Frühling, “Is ANZUS Really An Alliance? Aligning the US and Australia”, *Survival*, Vol. 60, No. 5, 2018, p. 208.

⑤ 李博雅、韩超：《美国扩大在澳大利亚轮换部队》，http://australia.people.com.cn/n/2013/1122/c364496 – 23622848.html，2013 年 11 月 22 日；Thomas Wilkins, “Re-assessing Australia's Intra-alliance Bargaining Power in the Age of Trump”, *Security Challenge*, Vol. 15, No. 1, 2019, p. 16。

上任后提出了“印太战略”，澳大利亚的战略地位再次得到提升。2017 年的美国《国家安全战略》指出，在“印太”地区，澳大利亚“继续巩固经济与安全框架来支持我们的共同利益，并保卫整个地区的民主价值观”。① 其次，澳大利亚为澳美同盟做出了不可忽视的军事贡献。配备了美国先进武器装备的澳大利亚国防军具有很强的行动力，因此澳大利亚国防军能够确保国家在需要的时候成为一个“可靠的”盟友，这在美国眼中是重要资本。② 此外，澳大利亚还积极参与美国在全球的军事行动，比如参与 2001 年美国对阿富汗的军事行动和 2003 年美国对伊拉克发动的第二次海湾战争等，这在一定程度上帮美国分担了军事压力。③ 最后，澳大利亚装备的卫星和情报收集站对美国的情报网络也很重要。目前，澳美同盟已经发展了高度发达的情报和物流网络，可以通过侦查和追踪海上力量、制订协调作战计划以及标准化武器体系采购等方式进行运作。④

第二，澳大利亚作为美国的“副警长”，能够发挥地区领导力和“地区结网能力”帮助美国扩大并巩固同盟体系，管理地区事务。近年来，澳大利亚不断加强同美国其他亚太盟友的关系，使双边同盟由“轴辐体系”向“网状结构”发展。最显著的体现是同日本发展“战略伙伴关系”，使日澳美发展成一个“准三边同盟”，这样一种趋势反过来强化了美国的亚太同盟体系。⑤ 此外，澳大利亚还主动发展同东南亚各国的关系，并且积极参与对太平洋岛国的经济援助。可以说，在维护南太平洋区域稳定、进行海外发展投资、增强

① *National Strategy of Security of the United States of America*, 2017, pp. 46 - 47.

② Thomas Wilkins, “Re-assessing Australia's Intra-alliance Bargaining Power in the Age of Trump”, *Security Challenge*, Vol. 15, No. 1, 2019, p. 15.

③ Nick Bisley, “‘An Ally for All the Years to Come’: Why Australia Is Not A Conflicted US Ally”, *Australian Journal of International Affairs*, Vol. 67, No. 4, 2013, p. 407.

④ Nick Bisley, “‘An Ally for All the Years to Come’: Why Australia Is Not A Conflicted US Ally”, *Australian Journal of International Affairs*, Vol. 67, No. 4, 2013, p. 407; William T. Tow, “The ANZUS Alliance and United States Security Interests”, in Jacob Bercovitch ed., *ANZUS in Crisis: Alliance Management in International Affairs*. pp. 61 - 62.

⑤ Thomas Wilkins, “From Strategic Partnership to Strategic Alliance? Australia-Japan Security Ties and the Asia-Pacific”, *Asia Policy*, No. 2, 2015, pp. 110 - 111.

太平洋岛国政府能力建设、打击恐怖主义、进行危机介入等方面，澳大利亚一定程度上代表了美国，为美国分担了一部分地区压力。[①] 另外，澳大利亚也是美国“引导”中国融入其主导的“自由民主”体系的主力军，澳大利亚政府多次在这方面表示澳大利亚将会和美国站在一起，共同“引导”中国。[②]

第三，澳大利亚是美国所倡导的价值观和所领导的国际秩序的坚定支持者。长久以来，美国都将传播自己的价值观作为对外政策和战略的重点，为达此目的，美国不仅要求其盟友认同、支持自己的价值观和政策，还要求盟友要为抵御共同的威胁贡献力量、表明决心。[③] 在这方面，澳大利亚是美国最忠实的盟友，澳大利亚不仅支持美国的立场，尤其是在被美国视为其核心利益的事情上，还提供了可靠的物质支持，如派遣军队、提供物资等。即使美国的行为会损害澳大利亚的利益，澳大利亚也能表示理解。[④] 在2016年澳美部长级会议上，双方发布的《澳大利亚与美国：持续的伙伴关系的新责任》(Australia and the United States：New Responsibilities for an Enduring Partnership)中写道：“澳大利亚从没有将澳美同盟作为其将安全责任全部推给美国的借口。”这充分说明了澳大利亚是美国可靠的盟友和坚定的支持者。

总之，基于上述原因，澳美同盟的存在符合美国的国家利益，因此得到了美国的支持。

二　澳美两国的共同文化

澳美同盟得以延续的另一个原因是两国具有共同文化，共同文化能催生

① Thomas Wilkins，“Re-assessing Australia's Intra-alliance Bargaining Power in the Age of Trump”，*Security Challenge*，Vol. 15，No. 1，2019，p. 17.

② Kevin Rudd，“The Australia-US Alliance and Emerging Challenges in the Asia-Pacific Region”，The Brookings Institution，Washington，March 31，2008，*Transcripts from the Prime Ministers of Australia*，https：//pmtranscripts. pmc. gov. au/release/transcript－15833.

③ *National Strategy of Security of the United States of America*，2017，p. 26.

④ 谷雪梅：《冷战时期美澳同盟的形成与发展（1945～1973）》，中国社会科学出版社，2013，第195页。

集体认同和信任，为双方的合作奠定基础。澳美两国的共同文化表现在两个方面，即澳美关系的历史渊源和二战时期的共同经历，以及两国相似的文化背景、政治制度和价值观。

澳美两国的交往历史可以追溯至1908年美国的“大白舰队”访澳。这一事件的背景是19世纪末20世纪初国际局势发生了深刻变化，澳大利亚国家安全面临威胁，远离其宗主国英国这一事实又加剧了澳大利亚的担忧，因此，澳大利亚的防务意识开始逐步增强。另外，同一时期日美两国关系紧张，美国决定派遣舰队巡游世界，意图起到威慑日本的作用。在这样一个关键时刻，澳大利亚将目光转向了美国，认为澳大利亚和美国在太平洋地区有共同的利益，两国又有相似的文化背景、语言和政治制度。对美国来说，澳大利亚的邀请是对美国国际地位提高的一种认可，因为澳大利亚是英联邦中较有影响力的自治领，澳大利亚公然转投美国，将是对英帝国权威的一次打击，这符合美国的利益。于是，美国舰队在1908年8月20日抵达悉尼港，9月离开澳大利亚，舰队受到了澳大利亚人民热情的欢迎。美舰访澳是澳美关系史上的重大事件，它不仅加强了两国的相互了解和信任，更重要的是，它开启了澳美两国的防务合作，为日后澳美同盟的成立奠定了基础。①

除了历史渊源，澳美两国在二战期间并肩作战的共同经历造就了两国的共同记忆。1941年，日本偷袭珍珠港之后迅速南下，加快了扩张步伐，澳大利亚的地理位置和政治环境使其成为太平洋上最适合建立作战基地的地方。1942年，澳大利亚在其北部达尔文港遭到日军空袭后向美国寻求保护，同时，由于日军攻势猛烈，美国被迫南撤，最终美军司令麦克阿瑟在达尔文港登陆。对于美国来说，澳大利亚是“一艘航空母舰”，是美国为夺回太平洋控制权所需军事力量的补给站，而澳大利亚也需要美国的军事力量来保卫其国家安全。在这种情况下，澳美两国并肩作战，结成了战时同盟。② 时至今日，澳大利亚在谈到与美国的关系时，仍经常追溯澳美关系的历史。2008

① 汪诗明：《1951年〈澳新美同盟条约〉研究》，世界知识出版社，2008，第29~46页。
② 汪诗明：《1951年〈澳新美同盟条约〉研究》，世界知识出版社，2008，第66页。

年，时任澳大利亚总理陆克文在美国布鲁金斯学会（The Brookings Institution）演讲时说道："100 年前美舰访澳扫除了澳国会内部阻碍发展澳大利亚自己的舰队的声音，使澳大利亚在安全防务领域逐渐降低对英国的依赖，走向独立。"① 2011 年，时任澳大利亚总理茱莉亚·吉拉德（Julia Gillard）在演讲中提到，美舰访澳是澳大利亚民族记忆中"最闪耀的时刻之一"，它体现了"澳美两国虽相隔万里，但依然能被人类共同的希望所凝聚起来"。② 2017 年，澳大利亚时任总理马尔科姆·特恩布尔（Malcolm Turnbull）在珊瑚海战役 75 周年纪念日的演讲中提到，75 年前澳美两国携手并肩，力挫日军，75 年后的今天，澳美两国依然作为盟友共同应对新的安全威胁。③ 由此可见，澳美关系的历史渊源为两国的互信和友谊的发展奠定了基础，两国战时的共同经历成为两国独特的集体记忆，也成为两国共同文化的一部分，进一步增强了两国之间的友谊、情感和互信。

最后，澳美两国有相似的文化背景、价值观和政治制度。澳美两国都是移民国家，同属盎格鲁－撒克逊人的后裔，都奉行自由民主的价值观，这使得两国在交往过程中更容易理解对方，从而更容易达成共识。④ 冷战结束后，澳美首脑多次在各种场合的演讲中强调澳美同盟所拥有的共同的价值观。2003 年，澳大利亚时任总理约翰·霍华德（John Howard）在演讲中说道："虽然我们的社会情况不同，但我们之间共同的价值观创造了共同的利

① Kevin Rudd, "The Australia-US Alliance and Emerging Challenges in the Asia-Pacific Region", The Brookings Institution, Washington, March 31, 2008, *Transcripts from the Prime Ministers of Australia*, https://pmtranscripts.pmc.gov.au/release/transcript－15833.

② Julia Gillard, "Transcript of Joint Press Conference with Senator McCain", *Transcripts from the Prime Ministers of Australia*, March 8, 2011, https://pmtranscripts.pmc.gov.au/release/transcript－17727.

③ Malcolm Turnbull, "Remarks at the 75th Anniversary of the Battle of the Coral Sea", *Transcripts from the Prime Ministers of Australia*, May 1, 2017, https://pmtranscripts.pmc.gov.au/release/transcript－40919.

④ 谷雪梅：《冷战时期美澳同盟的形成与发展（1945～1973）》，中国社会科学出版社，2013，第 194 页；Thomas Wilkins, "Re-assessing Australia's Intra-alliance Bargaining Power in the Age of Trump", *Security Challenge*, Vol. 15, No. 1, 2019, p. 19。

益，以及提供了使我们的关系变得更加开放和透明的途径。”[①] 2011 年，时任澳总理茱莉亚·吉拉德在美国国会的演讲时说道：“单独的地理和历史因素不能解释我们（澳美两国）对彼此承担的义务，我们有共同的价值观，我们的人民彼此是朋友，这才是同盟的核心。”[②] 2016 年，美国时任总统奥巴马与澳大利亚时任总理特恩布尔会见时指出，美国和澳大利亚之间的友谊不只建立在经济和地缘政治利益之上，还建立在两国的亲善友好和共同价值观的基础之上。[③] 正如汪诗明所说，具有共同的文化和价值观也许正是澳美同盟得以长久存续的重要原因之一。[④]

澳大利亚和美国从冷战后的国际形势出发，都认为同盟的存续符合两国各自的国家利益，同时，两国关系的历史渊源、在二战时期的共同经历所产生的集体记忆，以及共同的价值观和政治制度等构成了澳美两国的共有文化，有助于形成集体身份并产生共同利益。正是在这些因素的作用下，澳美同盟经受住了冷战结束的冲击，不仅存续下来，而且能够不断得到巩固和增强。

三　澳美同盟制度的优势

澳美同盟制度的优势体现在两个方面，一是同盟制度化程度，二是同盟制度设计。

① John Howard, “Address to the Sydney Institute Intercontinental Hotel, Sydney”, *Transcripts from the Prime Ministers of Australia*, July 1, 2001, https://pmtranscripts.pmc.gov.au/release/transcript-20769.

② Julia Gillard, “Address to the Congress of the United States, Washington”, *Transcripts from the Prime Ministers of Australia*, March 9, 2011, https://pmtranscripts.pmc.gov.au/release/transcript-17726.

③ Malcolm Turnbull, “Joint Remarks with Barack Obama, President of the United States before Their Bilateral Meeting”, *Transcripts from the Prime Ministers of Australia*, January 19, 2016, https://pmtranscripts.pmc.gov.au/release/transcript-40163.

④ 汪诗明：《1951 年〈澳新美同盟条约〉研究》，世界知识出版社，2008，第 285 页。

（一）同盟制度化程度

《澳新美安全条约》第七条规定，缔约方应设立一个由外交部长或其助理组成的理事会，考虑本条约的实施问题，理事会的组织方式应以能够随时召开会议为准。[①] 在条约的基础上，冷战时期同盟的磋商机制包括澳新美部长理事会、澳新美军事代表会议、澳新美同盟论坛等。[②] 目前澳美同盟最主要的双边磋商机制是澳美部长咨询会议（AUSMIN），由澳大利亚外交部长和国防部长以及美国国务卿和国防部长组成。该机制旨在为两国商讨全球问题和区域问题以及推动共同利益提供平台，为同盟进行宏观战略规划。从每年澳美部长咨询会议公布的文件来看，该磋商机制所涉及的主题主要包括两点。一是重申澳美同盟的重要性。澳美两国不断强调同盟的存在有利于维护地区稳定，同时，同盟是澳美两国共同利益的反映，对两国的国家安全都至关重要，这就给同盟的存续提供了“正当性”。[③] 二是确定同盟的任务和功能。几乎每份澳美部长咨询会议共同声明都会为同盟未来的发展指定方向，如2018 年的共同声明指出，澳美两国应同其他盟友一起，支持基于规则的国际秩序，支持以东盟领导下的亚太地区框架，加强“印太”地区的防卫合作，并表示了对南海地区的关注以及维护所谓的“航空航行自由”的决心等。[④] 2019 年发布的《澳大利亚和美国：面向未来的同盟》（Australia and the United States：An Alliance for the Future）指出，澳美同盟的任务是“促进“印太”地区的繁荣与稳定；深化同东南亚国家的联系；建立太平洋地

① 关于条约的中文翻译，参见谷雪梅《冷战时期美澳同盟的形成与发展（1945 ~ 1973）》，中国社会科学出版社，2013，第 201 页。

② 汪诗明：《1951 年〈澳新美同盟条约〉研究》，世界知识出版社，2008，第 352 页。

③ AUSMIN，“Joint Security Declaration：Australia-United States：A Strategic Partnership for the Twenty-First Century”，Department of Foreign Affairs and Trade，1996，https：//dfat. gov. au/geo/united – states – of – america/ausmin/Pages/australia – united – states – ministerial – consultations – 1996 – sydney – statement. aspx.

④ AUSMIN，“Joint Security Declaration”，Minister for Foreign Affairs，July 24，2018，https：//www. foreignminister. gov. au/minister/julie – bishop/media – release/joint – statement – australia – us – ministerial – consultations – ausmin – 2018.

区的参与机制；重申澳美全球合作伙伴关系；加强对跨国风险的应对；关注青少年的未来”等。① 总的来看，澳美同盟的制度化程度虽不如日美同盟那么高,② 但澳美部长咨询会议保障了两国能够进行及时有效的沟通，加之澳美两国具有相似的文化背景、价值观和政治制度，在多数问题上较容易达成一致。另外，该双边磋商机制也能为同盟的未来发展确定方向，因此可以说，澳美同盟的制度化保障了同盟的稳定性。

（二）同盟制度设计

制度设计会影响同盟的存续，这是因为相较于以具体威胁为导向的制度设计，一个风险导向型的制度设计具有更大的包容性和灵活性。因为“风险”一词包含了广泛的安全问题，成员国可以根据国际环境和形势的变化以及自身的需要对任一事件进行安全化解读，将其归入“风险”范畴。

澳大利亚前总理马尔科姆·弗雷泽（Malcolm Fraser）曾指出，《澳新美安全条约》中缺少像《北大西洋公约》第五条那样具有约束力的条款。③ 还有澳大利亚学者指出，澳美同盟缺少系统的议事日程，缺少高级政策会议，澳美防卫合作更像是一种“战略概念或共同防卫大纲”。④ 确实，澳美同盟的制度化程度在美国所处的同盟当中算不上很高，但是这些缺陷的一个有利之处是澳美同盟的制度设计具有很大的弹性，这就意味着同盟的任务和目标可以随着具体环境和两国需要的变化而不断变化，成为一个“风险应对型”同盟，这从澳美部长咨询会议的文件对同盟定位的变化便可以看出。1996

---

① AUSMIN，“Australia and the United States：An Alliance for the Future”，Minister for Foreign Affairs，August 4，2019，https：//www. foreignminister. gov. au/minister/marise – payne/media – release/australia – and – united – states – alliance – future.

② 关于日美同盟的制度化，参见包霞琴、崔樱子《冷战后日美同盟的制度化建设及其特点——兼论日本在同盟中的角色变化》，《日本学刊》2019 年第 1 期。

③ Malcolm Fraser，“An Australian Critique”，*Australian Journal of International Affairs*，Vol. 55，No. 2，2001，p. 226.

④ Stephen Frühling，“Is ANZUS Really An Alliance? Aligning the US and Australia”，*Survival*，Vol. 60，No. 5，2018，p. 203.

年的共同声明指出，同盟的任务是“推动民主、经济发展和繁荣以及战略稳定；预防以武力解决国际争端；防止大规模杀伤性武器的扩散；鼓励安全合作”。[①]“9·11”事件发生后，打击恐怖主义成为澳美同盟的重要任务之一，2002 年的共同声明规定澳美同盟将支持全球范围内的反恐行动，恢复阿富汗的和平与稳定，传播民主，结束其作为“恐怖主义天堂”的存在。[②] 2008 年奥巴马就任美国总统后提出了“亚太再平衡”，澳大利亚的战略地位大幅提升，太平洋地区成为澳美同盟关注的焦点。2012 年的共同宣言重点强调了亚太地区的安全问题，指出澳美同盟将“通过三方战略对话加强同日本的合作，维护东亚地区的安全与稳定”，“加强同韩国的合作，推动朝鲜半岛的稳定”，“继续同中国建立积极、合作、全面的关系”，“支持印度不断提升的地区和全球角色，加强同印度的军事演习，提高印度洋领域的海上安全”。[③] 这充分体现了澳美同盟因美国深化在亚太地区的参与而逐渐扩大了合作范围和领域。2017 年特朗普就任美国总统后提出了“印太”概念，澳美同盟又将目光聚焦“印太”地区。可以看出，澳美同盟的制度设计具有灵活性，这使澳美两国可以根据自身需要和国际环境的变化对同盟的目标进行灵活解读，使该同盟的任务从成立之初只针对以苏联为首的共产主义，变为现在应对广泛的安全问题，尤其是在特朗普政府提出“印太战略”的背景下，同盟的存续拥有了“正当合理”的理由。也就是说，澳美两国通过对同盟的再定义，使同盟保持存在的必要，并且不断提升其活力和内聚力。

总的来说，澳美同盟通过建立双边磋商机制，使同盟实现了一定程度的制度化。该机制为澳美两国交流和沟通提供了平台，有助于增进两国的理解

① AUSMIN, “Joint Security Declaration”, Department of Foreign Affairs and Trade, 1996, https://dfat.gov.au/geo/united-states-of-america/ausmin/Pages/australia-united-states-ministerial-consultations-1996-sydney-statement.aspx.

② AUSMIN, “Joint Communique 2002”, Department of Foreign Affairs and Trade, 2002, https://dfat.gov.au/geo/united-states-of-america/ausmin/Pages/australia-united-states-ministerial-consultations-joint-communique-2002.aspx.

③ AUSMIN, “Joint Communique 2012”, Department of Foreign Affairs and Trade, 2012, https://dfat.gov.au/geo/united-states-of-america/ausmin/Pages/ausmin-joint-communique-2012.aspx.

和互信。另外，同盟的制度设计具有很大的弹性，同盟拓展了澳美两国对同盟任务和目标的解读空间，使其变成了一个应对各种可能的风险的存在，如此一来，同盟便能够持续具备存在的理由。

四 “印太战略”背景下的澳美同盟

（一）澳大利亚的“印太”观

“印太”概念虽然不是澳大利亚首倡，但澳大利亚是这一概念的积极支持者和倡导者。2012 年发布的白皮书——《亚洲世纪的澳大利亚》（Australia in the Asian Century）提出了“印太”一词，白皮书指出中国与印度关系的变化，南亚、东北亚和东南亚之间的经济往来，以及从中东到东亚的能源供应链，都凸显了印度洋和太平洋作为战略弧的重要地位。对澳大利亚来说，“印太”这一区域将会在未来定义澳大利亚的经济、政治、安全和环境利益。[①] 2013 年的《国防白皮书》提到 50 多次“印太”概念，并认为印度的强势发展和其提出的“东向”政策使印度进一步融入地区战略网络。这一区域贸易和投资的增加、能源的流动也加强了经济和安全的相互依赖，这两个因素使世界的关注点转向了“印太”地区。[②] 2016 年的《国防白皮书》明确了澳大利亚在“印太”地区的防卫利益，并认为稳定的“印太”地区将有助于维护“基于规则的全球秩序”。[③] 除了官方文件，澳大利亚政府官员也多次公开强调“印太”地区的重要性，将澳大利亚的关注点逐渐从“亚太”转移到“印太”。如澳大利亚前总理特恩布尔在 2017 年香格里拉对话的演讲中指出，“印太”地区作为目前最有活力的地区，将会从经济、战略、文化等方面提出国家诉求，这一地区对澳大利亚获得自由开放的

① Department of Defence of Australia. *Defence White Paper*: *Australia in the Asian Century*, 2012, p. 74.

② Department of Defence of Australia. *Defence White Paper*, 2013, p. 7.

③ Department of Defence of Australia. *Defence White Paper*, 2016, p. 70.

市场，流动的服务、商品和思想至关重要。① 可以说，对“印太”概念的反复强调和对其关注度的不断提升是澳大利亚对西太平洋和印度洋之间不断上升的经济和安全联系这一事实所做出的战略调整。澳大利亚意识到这种经济和安全联系正在形成一个战略体系，这一体系中包括了正在迅速发展的印度和中国以及长期在这一地区保持存在的美国的利益，如澳大利亚学者罗里·梅德卡夫（Rory Medcalf）所说，“印太”概念是太平洋和印度洋之间“贸易往来、能源流动、外交互动、战略沟通的一道弧”。②

（二）“印太战略”与澳美同盟

特朗普在执政之后迅速将注意力转移到了“印太”地区，并在2017年发布的《国家安全战略》中首次正式提出“印太”概念，阐述了美国在“印太”地区的国家利益。对于澳美同盟来说，“印太转向”将会在一定程度上进一步提升同盟内聚力，这主要是因为澳大利亚在“印太”地区特殊的地理位置对美国“印太战略”的实施至关重要；澳大利亚需要加强与美国的合作以实现其在“印太”地区的国家利益；澳美两国有希望通过“印太战略”来遏制中国的共同目的。

首先，澳大利亚地处太平洋和印度洋交汇处，西北濒临繁忙的马六甲海峡，东部连接美国重要的军事基地关岛和夏威夷群岛等，北部与东南亚最大的国家印度尼西亚相邻，西边越过印度洋可达印度、非洲和中东地区，在“印太”体系中，澳大利亚属于美国划定的所谓的“第一岛链”（日本—中国台湾—菲律宾—澳大利亚—印度尼西亚）。③ 这样一个极具战略意义的地理位置凸显了澳大利亚在美国“印太战略”下的重要地位，也使澳大利亚

① Malcom Turnbull, “Keynote Address 16th IISS Asia Security Summit, Shangri-La Dialogue”, *Transcripts from the Prime Ministers of Australia*, June 2, 2017, https://pmtranscripts.pmc.gov.au/release/transcript-41001.

② Rory Medcalf, “In Defence of the Indo-Pacific: Australia's New Strategic Map”, *Australian Journal of International Affairs*, Vol. 68, No. 8, 2014, p. 471.

③ 许少民：《澳大利亚“印太”战略观：内涵、动因和前景》，《当代亚太》2018年第3期，第18页。

能够更好地帮助美国实现其在“印太”地区的经济与安全战略。另外，澳大利亚在“印太”地区的军事行动也能帮助美国分担防卫压力，实现美国维护地区稳定的目标。除了军事参与，澳大利亚还积极推进这一地区的制度建设，比如环印度洋区域联盟（Indian Ocean Rim Association，IORA）和印度洋海军论坛（Indian Ocean Naval Symposium，IONS）等，这对于美国来说也是非常重要的，受地理位置等因素限制，美国在推进地区制度建设方面有其局限性，而澳大利亚作为美国坚定的盟友，积极扮演区域“副警长”的角色，这有助于实现美国倡导的“开放和自由的区域”的目标。①

其次，由于地处印度洋和太平洋交汇处，澳大利亚在这两个区域中都存在国家利益，而这些国家利益的实现要求澳大利亚保持甚至加强同美国的合作。2016 年的《国防白皮书》指出，澳大利亚和“印太”地区都处于经济转型的重要时期，这为澳大利亚带来了繁荣和发展的机遇。白皮书预计到 2050 年世界经济产量的一半将来自“印太”地区，这一情况意味着澳大利亚需要提升其经济发展和安全保障能力，为未来“印太”地区的繁荣做准备。② 经济的发展需要良好稳定的周边环境，因此澳大利亚格外关注这一区域的和平与稳定。作为一个名副其实的海洋国家，近年来澳大利亚实施了更加积极的海洋战略。③ 2018 ~ 2019 年澳大利亚国防部的年度报告列出了 2018 ~ 2019 年澳大利亚国防军参与的“印太”地区的军事演习活动，这些行动旨在“应对共同威胁，建立制度和个人层面的关系”以及“支持盟友和邻国”。虽然澳大利亚开始尝试主导一些军事活动，但其在“印太”地区的军事活动参与离不开美国的军事技术、装备、人员培训等方面的支持，这也体现在 2018 ~ 2019 年国防部的年度报告中，报告列举了澳大利亚从美国购入军备的情况以及与美国的军事合作项目。④ 可以说，美国对澳大利亚的

① Nilanthi Samaranayake，“A US View on Australia's Role in the Indian Ocean”，September 27，2019，https：//www. lowyinstitute. org/the – interpreter/us – view – australia – s – role – indian – ocean.

② Department of Defence of Australia，*Defence White Paper*，2016，p. 14.

③ 凌胜利：《木桶效应：“印太”视域下的印澳合作》，《南亚研究》2019 年第 3 期，第 53 页。

④ Department of Defence of Australia，*Annual Report 2018 – 19*，2019，pp. 257 – 258.

军事支持以及美国在“印太”地区的军事参与是澳大利亚能够维护地区安全的支撑和保障，正如澳大利亚2017年的《外交政策白皮书》所说，美国在“印太”地区的利益会巩固其对这一地区的经济和安全参与，美国在这一地区的主要同盟（澳美同盟、日美同盟、美韩同盟）将会继续保持活力，包括澳大利亚在内的多数国家仍然认为美国在“印太”地区发挥着“维持稳定”的作用。[①]

最后，不管是美国还是澳大利亚，推行“印太”概念的重要原因之一都是应对中国。中国在提出“一带一路”倡议后，更加重视在印度洋区域的利益，尤其是在维护海上安全和保障能源供应链方面。特朗普执政后，美国的国家安全战略开始转向应对大国之间的竞争，并将俄罗斯和中国视为最主要的威胁。[②] 对于澳大利亚来说，中国的迅速发展、南海问题升温及美国实力的相对衰落都使澳大利亚有了一种危机感。从2009年起，中国便成为澳大利亚第一大贸易伙伴，中国从澳大利亚进口大量原材料，中国的游客及留学生极大地推动了澳大利亚的旅游业和教育业。[③] 近年来在澳大利亚国内，一直存在对于澳大利亚“经济上依靠中国，军事安全上依靠美国”这一情况的担忧，这也成为澳大利亚所面临的“战略困境”。即便如此，澳大利亚在情感上更加倾向于美国，近年来的白皮书也在不断强调和渲染“中国威胁论”。2017年的《外交政策白皮书》指出中国正在“挑战”美国在“印太”地区的地位，“危害自由开放的地区秩序”，因此澳大利亚和其他有相同顾虑的国家必须“支持美国的领导地位”。[④] 白皮书还暗示中国的“一带一路”倡议实际上是一种“债务陷阱外交”（dept-trap diplomacy），警告

---

① Department of Foreign Affairs of Australia, *2017 Foreign Policy White Paper*, 2017, p. 24.

② 赵明昊：《大国竞争背景下美国对“一带一路”的制衡态势论析》，《世界经济与政治》2018年第12期，第6～7页。

③ 肖欢：《“印太”视角下澳大利亚军事战略的调整与变化》，《区域与全球发展》2019年第6期，第23～24页。

④ Department of Foreign Affairs of Australia, *2017 Foreign Policy White Paper*, 2017. 另参见 Ashley Townshend, Bredan Thomas-Noone, “Australia Must Refocus Foreign Policy on Its Own Indo-Pacific Region”, July 23, 2018, https://www.ussc.edu.au/analysis/australia－must－refocus－foreign－policy－on－its－own－indo－pacific－region。

其他国家中国正在通过“经济手段实现战略目的”。[①] 因此，在应对中国方面，澳美两国有共同的利益，通过积极推行和倡导“印太”概念，澳美两国希望拓展同盟和伙伴关系，尤其是拉拢印度成为制衡中国的棋子。[②]

总的来说，澳大利亚特殊的地理位置凸显了其在美国“印太战略”中的核心地位，美国需要澳大利亚加强在“印太”地区的军事参与和制度建设，而“印太”地区的和平与稳定关系到澳大利亚的经济发展和国家安全，澳大利亚也需要美国继续对其进行军事上的帮助和支持。此外，在中国提出“一带一路”倡议后，澳美两国亟须拓宽安全合作范围，拉拢印度制衡中国。这些因素将会进一步推进澳美之间的合作，从而巩固澳美同盟。

另外，如前所述，澳美同盟在制度设计上的特殊性也有利于“印太”转向下澳美同盟的延续。澳美同盟是一个风险导向型的同盟，这一制度设计使澳美两国可以根据环境的变化进行安全化解读。当澳大利亚和美国认为其在“印太”地区有切实的国家利益时，就会发挥同盟这一制度优势，根据自身的需要对“印太”地区的风险进行安全化解读，从而使同盟的存在变得“合理合法”，比如2019年的澳美部长咨询会议发布的《澳大利亚和美国：面向未来的同盟》着重强调了要促进“印太”地区的繁荣与稳定，为实现这一目标，澳美同盟应当“通过澳美日三边基础设施合作伙伴框架，在“印太”地区提供可持续性的、包容的基础设施建设”，“通过协调发展在“印太”地区建立有效的机制和政治管理”，“推动航空航行自由，以及其他合法利用海洋资源”，“在未来深化同日本的三边合作，并加强同印度的联系”等。[③]

---

① Lavina Lee, “Democracy Promotion: ANZUS and the Free and Open Indo-Pacific Strategy”, July, 2019, https://www.ussc.edu.au/analysis/democracy-promotion-anzus-and-the-free-and-open-indo-pacific-strategy; Department of Foreign Affairs of Australia, *2017 Foreign Policy White Paper*, 2017, p. 26.

② 肖欢：《“印太”视角下澳大利亚军事战略的调整与变化》，《区域与全球发展》2019年第6期，第24页。

③ AUSMIN, “Australia and the United States: An Alliance for the Future”, Minister for Foreign Affairs, August 4, 2019, https://www.foreignminister.gov.au/minister/marise-payne/media-release/australia-and-united-states-alliance-future.

总之，虽然“印太”概念是一个新概念，近年来才受到关注并付诸实施，但由于澳美两国需要彼此合作才能获得在“印太”地区各自的利益，以及两国有应对中国迅速发展的共同目的，再加上澳美同盟的制度设计使其能够根据两国所面临的情况进行灵活的安全解读，所以在“印太战略”背景下，澳美同盟依然会保持内聚力，并为“印太战略”的推行做贡献。

五　结语

冷战后澳美同盟之所以能够延续下来，一方面是因为美国和澳大利亚能够形成共同的认知，即认为同盟的存在符合两国各自的利益，另外，澳美两国关系的历史渊源、二战时期的共同经历，以及相似的文化背景、价值观和政治制度增进了两国的互信和友谊，从而提升同盟内聚力。另一方面，澳美同盟设立了澳美部长咨询会议的双边磋商机制，为两国交流与沟通提供了平台，同时，灵活的制度设计拓展了澳美两国对同盟任务和职能的解读空间，使同盟的存续显得“必要且合理”。因此，澳美同盟得以延续至今，并且呈现不断巩固和强化的趋势，即使是面对新提出的“印太战略”，澳美同盟也能及时进行战略调整，将关注点转移到“印太”地区。但这并不代表澳美同盟就是“铁板一块”，尤其是在“印太战略”背景下。“印太”概念凸显澳大利亚的战略地位，也在一定程度上缓解了澳大利亚对自我身份的焦虑，因此“印太战略”有助于提升澳大利亚的地区影响力，增加其战略自主性，减少对美国的依附。[①] 另外，比起日美同盟，澳美同盟确实面临制度化程度不高、只有战略规划而缺少具体的实施计划等问题。所以，虽然澳美两国在多数情况下都能达成利益一致，但澳美同盟的维系更多的是依靠两国相似的文化背景、价值观、意识形态等主观因素。除此之外，澳美同盟是一个相当不平衡、不对称的同盟，这种不对称不仅体现在实力上，还体现在意愿上，

① 凌胜利：《木桶效应：“印太”视域下的印澳合作》，《南亚研究》2019 年第 3 期，第 54 页。

这点从是澳大利亚而非美国极力促成同盟便可见一斑。即使是现在，澳大利亚对同盟的热衷程度也远高于美国，澳大利亚的政府官员和多数学者普遍有一种怕“被美国抛弃”的担忧，因此他们对澳美关系给予了高度的关注和重视。有学者甚至提出了“堪培拉共识”（The Canberra Consensus）一词，意指“维持同美国紧密的军事关系对澳大利亚的福祉是必要的”这一概念。[①] 随着“印太”地区国际环境的变化以及两国国内政治的变迁，这些将成为澳美同盟维持稳定和未来发展不得不重视和解决的关键问题。

① Nick Bisley, “‘An Ally for All the Years to Come’: Why Australia Is Not A Conflicted US Ally”, *Australian Journal of International Affairs*, Vol. 67, No. 4, 2013, p. 410.

B.12
澳大利亚的外交决策机制探析

喻常森*

摘　要： 澳大利亚作为亚太地区的一个活跃的中等强国，在处理双边关系、地区合作和全球事务中发挥着积极的作用。本报告通过分析澳大利亚的外交决策机制，全景式地呈现该机制的各个组成部分的构成及运作特点。澳大利亚外交决策的最大特点是等级性、开放性及参与角色的多元性。在这个过程中，总理是最高的决策权力拥有者。行政部门和官僚机构是实际的外交决策制定者和执行者。此外，作为一个开放社会，情报部门、利益集团、智库和媒体都直接和间接对澳大利亚的外交决策机制产生一定的影响。

关键词： 澳大利亚　外交决策机制　中等强国　等级制度

引　言

作为一个联邦制的民主国家和中等强国，澳大利亚的外交决策机制具有西方国家的基本特征，议会和民选政府共同执掌国家的对外决策权力。澳大利亚的外交决策保持开放性和灵活性，广泛吸引其他力量和资源参与到外交决策机制中来。随着国际形势变化，澳大利亚外交决策机制不断进行调整。

* 喻常森，中山大学国际关系学院副教授，教育部国别和区域研究培育基地——中山大学大洋洲研究中心常务副主任。

近年来，在国内外力量的推动下，澳大利亚努力拓展与世界各国双边关系，特别是与美国的同盟关系，其在积极参与亚太地区和全球事务的同时，发挥着建设性的作用。

一 澳大利亚外交决策机制的特点

澳大利亚属于联邦制国家。政府由议会下院多数党产生。目前，澳大利亚政府组成基本上是两党制，即澳大利亚工党和自由党－国家党联盟轮流执政。

澳大利亚的外交决策机制与美国不同。根据艾利森等的《决策的本质：还原古巴导弹危机》一书描述，国家的外交决策机制有三个模型：理性行为体模型；组织行为模型；政府政治模型。[①] 理性行为体模型假定，国家是主要行为体，国家能采取理性的行动，计算不同的政策选择带来的利益和成本，并能找到效用最大化的政策。组织行为模型认为，决策被界定为“按照标准的行为模式发挥其功能的大型组织的一种输出（outputs），而不是深思熟虑的选择”。政府组织中的每一个部门都有自己特殊的功能职责。不同部门需要高层领导进行协调。决策是常规运作程序发生相互作用的结果（类似于流水线作业生产）。政府政治模型强调，不同的决策部门之间存在激烈的竞争，并将对外政策的形成视为不同政府机构部门之间讨价还价的结果。总之，艾利森等所讲的模型强调各部门利益的竞争性混合输出的结果。而澳大利亚外交政策的特点是强调协调性而不是冲突性；不同的行为体在决策的过程中表现为相互补充而不是相互竞争；大量的外交工作与政策流有关而不是来自不同的决策和倡议。

因此，澳大利亚的外交决策更加类似福科模型。福科模型的提出者米歇尔·福柯是法国哲学家，他运用知识考古学、权力谱系学的研究方法，将行使权力的各部门关系视为一种“鱼水”关系。各种公共权力部门之间，通

① 〔美〕格雷厄姆·艾利森、菲利普·泽利科：《决策的本质：还原古巴导弹危机》，王伟光、王云萍译，商务印书馆，2015。

过合作，形成约束、纪律等手段完成权力的行使。[①] 澳大利亚外交决策机构呈现由上到下的垂直的金字塔式特点，从总理、内阁各部到情报部门、智囊机构的权力有序分布。上级对下级发布命令，下级向上逐级作出汇报。各部门的工作以协调为主。

澳大利亚外交决策由四个层次组成：战略层次、具体化层次、组织层次、执行层次。[②] 其中，战略层次是最高层次，它指明外交方向，表明外交政策的基本立场和对国际社会的承诺。一般以国家政策文件的形式，如各种《白皮书》表现出来。具体化层次是将战略层次中所包含的大政方针加以具体化分解并表现出来。在具体的外交事件中如何捍卫澳大利亚的国家利益和社会价值。组织化层次有点类似于艾利森决策模型的组织行为模型。但是，所不同的是，澳大利亚的外交决策机制的特点是垂直分布的，而艾利森决策模型的特点是水平分布的。当特定的涉及澳大利亚的外交事件发生以后，由情报部门或驻外使领馆汇报给外交贸易部或其他相关部门。一般禁止越级申报。执行层次就是将制定好的外交政策，由具体负责的外交部门、其他政府机构、驻外使领馆和国际组织代表执行。可以通过政府声明、媒体报道等形式体现。

二　澳大利外交决策最高权力层次

1. 总理

根据澳大利亚宪法规定，对外关系由联邦政府掌控。总理是澳大利亚外交政策决策权最大的人。澳大利亚总理由议会下院多数党内产生。总理的权力主要表现在战略决策层面，他为政府设计外交战略议程和目标，并代表国

---

① Michel Foucault, "The Subject and Power", in James D. Faubion and Trans, Robert Hurley, eds., *the Essential Works of Foucault, 1954 – 1984 Volume Ⅲ*: *Power* (London: Penguin Press, 1994), p. 341.

② Allan Gyngell, Michael Wesley, *Making Australian Foreign Policy* (Cambridge: Cambridge University Press, 2003), p. 25.

家和政府与其他国家政府打交道。总理在行使外交政策决策权的时候，一般与他所在的党的政治理念和个人对外交政策的理解和熟悉程度有关。根据传统，一般澳大利亚工党比较开明，而执政联盟比较保守。但这不是绝对的。

总理的政治立场、个人性格、所受训练与他（她）对外交政策控制欲望存在一定关系。[①] 如冷战前期，乡村党出身的总理孟席斯采取顽固的反共立场，紧跟美国参加了朝鲜战争和越南战争。20 世纪 80 年代到 90 年代初，工党总理霍克和基廷采取积极融入亚洲的政策，并创办了 APEC。到了 90 年代中期执政联盟出身的霍华德总理采取比较保守的外交政策，重视与美国的同盟双边关系。21 世纪初，澳大利亚工党总理陆克文采取比较开明的外交政策，提出亚太共同体概念，并在气候变化问题上采取积极的政策。一般认为，陆克文本人积极介入澳大利亚外交政策的制定，与他过去所受的学术训练和职业外交官出身分不开。

2. 内阁

内阁是澳大利亚外交政策的最高决策部门，总理是内阁的实际控制者。在内阁会议上，各部将相关政策提案提交讨论。阁员们对提案进行讨论，提出各种修改建议，然后形成内阁纪要。

为了应对各种突发事件，内阁设有国家安全委员会（NSC），专门处理国际安全、经济事务，并充当危机管理小组的角色。国家安全委员会由总理担任负责人。国家安全委员会成员还包括副总理、外交部长、财库部长、国防部长、移民部长、监察总长以及根据所讨论事务需要临时召集的官员。

总理和内阁部、外交贸易部、国防部、财库部等部秘书，以及国防部司令、国家分析办公室总裁出席所有会议，其他官员和机构则根据需要临时召集。

3. 议会

作为三权分立的政治结构的国家，澳大利亚的立法机构是联邦议会，议

① Margaret G. Hermann, “Explaining Foreign Policy Behavior Using the Personal Characteristics of Political Leaders”, *International Studies Quarterly* 24 (1980).

会有权监督政府、审查和批准政府预算、更换领导人和政府。但是，政府由议会下院多数党组成，总理由多数党党首担任。议会对政府的监督往往是形式上的。

澳大利亚议会介入外交政策的制定远不像美国那样强势。主要体现在议会设有外交、国防和贸易联合委员会，审议与外交、国防、贸易、人权有关的诸事项。联合委员会还可以对联邦政府相关各部和机构以及联邦审计长提交的报告提出质询。议会还不时就某一重要外交事务向社会各界征询意见。目前，该联合委员会共有 32 名成员，其中 12 名来自众议院（下院），10 名来自参议院。①

三　澳大利亚外交决策的主要行政部门

1. 澳大利亚外交贸易部

澳大利亚主管外交事务的专门机构是外交贸易部（DFAT），它于 1987 年由外交部、贸易部和信息部组建而成。因而，设立双部长制度，即外交部长和贸易部长。此外，还设立了两位议会外交事务秘书，常驻外交贸易部。澳大利亚国际开发署（AusAID）也设在外交部，在业务上，由议会外交事务秘书负责。澳大利亚外交贸易部行政官员设有办公厅主任一人，办公厅副主任若干人，下面设立局、处和科。机构设置有根据地理划分的，也有根据功能划分的。此外，还有高级官员，即驻外大使和国际组织代表。根据 2019 年的组织结构划分，澳大利亚外交贸易部的职责为以下几方面。

“该部致力于使澳大利亚更强大、更安全、更繁荣，提供及时的领事和护照服务，并确保澳大利亚政府在海外的安全存在。

本部就对外贸易、贸易及发展政策提供意见。我们与其他政府机构合作，确保澳大利亚对其全球、区域和双边利益的追求得到有效协调。

---

① https：//www. aph. gov. au/Parliamentary_ Business/Committees/Joint/Foreign_ Affairs_ Defence_ and_ Trade/Role_ of_ the_ Committee.

该部是管理澳大利亚国际存在的主要机构。2019 年，在五大洲管理着 109 个海外职位，在堪培拉、州和地区办事处以及海外职位有 6078 名员工。

我们的官员在制定和执行外交、贸易和发展政策、谈判国际协议、提供有效的援助计划以及提供高质量的领事援助等方面都具有很高的技能。DFAT 的工作人员精通 31 门外语，而这项业务通常是用其中一种语言进行的。”①

澳大利亚外交贸易部的决策模式如同艾利森外交决策模型中的“组织行为模型”，政策的制定是一种功能的“输出”，而不是相互竞争的结果。

2. 其他管理机构

几乎所有澳大利亚联邦政府部门都承认其工作国际性的重要性；很少有不涉及国际业务的部门。例如移民和公民部一直对外部工作加以关注。还有教育部、科学与培训部业务范围之一就是通过扩展国际影响力为澳大利亚谋求繁荣和幸福。

事实上，除了外交贸易部外，对澳大利亚外交决策产生最大影响的是国防部。它主要从三个方面影响外交决策。

一是国防部下属战略政策组织、情报组织和安全机构向政府提供战略建议，从而提高政府的决策质量和正确性。

二是澳大利亚军队在海外存在，成为影响澳大利亚与其他国家双边关系和地区外交稳定开展的“压舱石”。②

三是国防部本身所开展的“军事外交”作为大外交的一部分，如军控、维和及国防合作等。

四　澳大利亚外交决策的辅助机构及影响因素

1. 情报系统

澳大利亚共有六大情报机构，分为情报收集机构和情报分析机构。其

---

① https：//dfat. gov. au/about – us/department/Pages/what – we – do. aspx.

② Allan Gyngell，Michael Wesley，*Making Australian Foreign Policy*（Cambridge：Cambridge University Press，2003），p. 81.

中，情报收集机构主要是以下四个。

（1）澳大利亚国防信号局（ASD）

ASD 成立于 1942 年，是澳大利亚最早成立的情报机构。ASD 是澳大利亚国家安全部门的重要成员，负责现代信号情报和安全机构所需的全方位行动：情报、网络安全和进攻性行动，以支持澳大利亚政府和澳大利亚国防部队（ADF）。ASD 的目的是保护澳大利亚免受全球威胁，并帮助推进澳大利亚的国家利益。通过掌握信息、保护和干扰技术来做到这一点。[①]

（2）澳大利亚秘密情报局（ASIS）

ASIS 成立于 1952 年，它的主要目标是获取和分发有关澳大利亚境外特定的个人或组织的能力、意图和活动的秘密情报，这些情报可能会影响澳大利亚的利益和公民的福祉。该机构直接向外交部长负责。[②]

（3）澳大利亚空间情报组织（IGO）

原名国防影像与空间组织（DIGO），成立于 2000 年，2014 年更名为现名。主要是获取国外地理空间和图像情报功能，以及人或组织情报，以满足政府的要求；获取地理空间和图像情报用作满足军事行动的要求，以及针对澳大利亚国防部队的训练（定位）要求；获取地理空间和图像情报，以支持联邦和州当局执行国家安全职能。[③]

（4）澳大利亚安全情报机构（ASIO）

ASIO 成立于 1949 年，目前主要关注反对恐怖分子，关注他们可能采用政治方式或者暴力方式进行秘密获得政府的敏感信息（间谍）或以其他方式损害澳大利亚的利益。此外，其使命包括打击间谍活动、外国干涉、破坏和恶意的隐蔽人士；打击对澳大利亚边境完整的严重威胁；为国家安全伙伴提供保护性安全建议。ASIO 亦为政府机构提供安保评估及安保防护建议，亦透过业务联络小组为私营机构提供意见。应外交部长或国防部长的要求，

① https：//www. asd. gov. au/about.

② https：//www. asis. gov. au/About – Us/Overview. html.

③ https：//www. defence. gov. au/ago/about. htm.

ASIO 还负责在澳大利亚收集外国情报。该机构直接对检察总长负责。①

情报分析机构主要是以下两个。

（1）国家情报办公室（ONI）

澳大利亚国家情报办公室（ONI），其前身为成立于 1977 年的国家情报评估办公室（ONA）。该机构直接对总理负责，为总理提供政治、安全和经济事务方面的国家情报分析。办公室主任可以出席国家安全委员会会议。国家评估办公室可以利用其他情报机构收集的信息资料，也可以向政府部门索取相关的报告进行深度分析。21 世纪以来，国家评估委员会的业务关注方面有所扩大。包括应对恐怖主义、网络安全、跨国犯罪、气候变化，以及全球经济事务。2018 年，国家情报评估办公室（ONA）更名为国家情报办公室（ONI）。ONI 的职责是确保澳大利亚拥有一个灵活、综合的情报企业，以应对澳大利亚不断变化的安全环境的挑战。②

（2）国防情报组织（DIO）

成立于 1990 年。向澳大利亚政府提供有关全球安全、大规模杀伤性武器销毁、外国军事能力、国防经济以及跨国恐怖主义活动等方面的专业知识。③

澳大利亚除了自身的情报系统外，还利用同美国等盟国的关系分享其他国家的情报来源，如“五眼同盟”。五眼同盟（又名“五只眼睛”），是指二战后英美多项秘密协议催生的多国监听组织“UKUSA”。该机构由美国、英国、澳大利亚、加拿大和新西兰的情报机构组成。这五个国家组成的情报间谍联盟内部实现互联互通情报信息，窃取来的商业数据在这些国家的政府部门和公司企业之间共享。④

为了协调整个情报系统的高效运作，澳大利亚政府设立情报与安全检察总长。情报安全与检察总长能够监督整个情报系统，确保它们的活动在法律

① https：//www. asio. gov. au/what – we – do. html.

② https：//www. oni. gov. au/short – history – ona – oni.

③ http：//www. defence. gov. au/dio/index. html.

④ https：//baike. baidu. com/item/% E4% BA% 94% E7% 9C% BC% E8% 81% 94% E7% 9B% 9F/17607196？ fr = aladdin.

允许的范围之内，并遵守上级部门的指导。国家安全顾问领导国家情报协调委员会。此外，议会也设有议会联合情报安全委员会，负责监督情报机构的运行和经济开支。

2. 智囊机构

智囊机构又叫智库。智囊机构是外交决策重要的外围辅助机构，它的任务是为政府决策提供选项、评价和专业知识。尤其是在全球化、信息化高度发达的今天，政府决策更需要获取来自各方面的专业信息和指导。

澳大利亚的外交智囊机构既有独立设置的私人机构，也有大量设置在大学的研究所和研究中心。下面，我们将列举其中比较活跃的智库。

（1）罗伊国际政策研究所

澳大利亚罗伊国际政策研究所，成立于2003年，是一家与政府有着密切联系的独立的、无党派的外交智库。地址位于悉尼。它是澳大利亚领先的智库，能够预测澳大利亚和世界的国际趋势，并提供高质量的研究和独特的视角。[①] 罗伊研究所是一家具有全球视野的澳大利亚智库。其研究重点是亚太地区，特别是亚洲。该研究所经常邀请国内外政府官员发表演讲，是澳大利亚外交政策和国家安全辩论的中心。罗伊外交政策研究所每年发布有关《外交政策民意调查报告》和《全球外交指数》等具有导向性的资料，为政府机构和媒体、研究学者所重视和引用。

（2）澳大利亚国立大学战略与防卫研究中心

澳大利亚国立大学战略与国防研究中心（SDSC）成立于1966年，是第二次世界大战后最早成立的一批致力于分析政治背景下使用武力的研究机构之一。战略与国防研究中心是澳大利亚最大的致力于分析武装力量在其政治背景下使用的学者团体。作为国际领先的战略与防卫研究机构，SDSC的使命分为三个部分：提供以“现实世界”为重点、以研究为基础、以研究为主导、世界一流的战略研究。包括三个相关的研究集群：澳大利亚国防、军事研究和亚太安全。这些领域的成果旨在获得国际认可，并对澳大利亚政策

① http：//www. lowyinstitute. org/about/what - we - do.

界做出有价值的分析；通过提供世界级的战略和国防研究生、本科生课程，培养和教育澳大利亚和亚太地区的下一代战略领导人——军事、文职和学术代表；并通过对与核心专业领域相关的问题进行高质量的宣传和评论，为澳大利亚和亚太地区的公共辩论建立一个明智和标准的平台。①

（3）澳大利亚国立大学中华全球研究中心

澳大利亚中华全球研究中心（CIW）设立在澳大利亚国立大学亚洲和太平洋学院，是一间接受澳大利亚联邦政府资助的中国事务研究机构。该机构成立于2010年。它的设立，是以当时澳大利亚总理陆克文发表的关于澳大利亚和中国在世界上的演讲为背景的。陆克文在演讲中呼吁：在这里，学者、思想家和政策专家可以全面参与，将中国历史、文化、文学、哲学和文化研究的视角带入公共政策、环境、社会变化、经济、贸易、外交政策、国防政策和战略分析等领域。② 早在CIW成立之前，在澳大利亚国立大学聚集着一批优秀的中国问题研究专家，他们有的是退役的外交官和国防情报官员，他们研究的范围很广，包括中国历史、政治和经济事务。不少研究机构相继成立，CIW的正式成立将这些研究机构和人员聚集起来，通过召开中国问题论坛，发布中国研究成果，并与中国国内的研究机构和人员建立起了密切的联系。

（4）澳大利亚国际事务协会（AIIA）

澳大利亚国际事务协会（AIIA），为各界提供了一个讨论和辩论的论坛，但并不寻求形成自己的体制观点。该研究所安排讲座、研讨会、讲习班、会议和其他讨论，以及赞助研究和出版物。AIIA成立于1924年，1933年升级为联邦机构，成为澳大利亚唯一的全国性国际事务研究的组织。它是由成员的捐款、少量的政府津贴和来自个人和企业的免税捐款资助的。AIIA由若干独立的分支机构组成，分布在澳大利亚的七个州和地区，并在堪培拉设有全国办事处。AIIA出版的《澳大利亚国际事务杂志》，是澳大利亚唯一

① http：//sdsc. bellschool. anu. edu. au/about – us.

② http：//ciw. anu. edu. au/about.

的一本国际关系专业杂志，在国际事务研究学术界具有重大的影响力，属于SSCI来源刊物。①

澳大利亚作为一个开放社会，为智库的发展提供了很好的条件。上述智库只是澳大利亚大量智库的几个例子。除独立智库外，澳大利亚几乎每个大学都设有各种各样的研究机构，它们有的接受政府的研究项目，为政府决策提供咨询。如格里菲斯大学亚洲研究所，也是澳大利亚亚洲研究的重镇之一；墨尔本大学APEC研究中心是APEC组织设在澳大利亚的唯一专门研究机构，它们在国内外学术界都有着广泛的影响。澳大利亚外交的智库非常发达。智库与政府之间存在密切互动，二者构成了一个“认知共同体”。同时，国内外智库之间也建立了广泛联系，它们通过学术出版、参与国际会议、接受媒体采访，对相关国家的外交政策产生了一定的影响，这种影响可以用“第二轨道外交”来形容。②

3. 利益集团

利益集团是指具有共同的政治、统治、社会目标的社会成员，基于共同利益要求而组成的社会团体，其目的是维护自身的利益。在澳大利亚外交决策过程中，利益集团也极力向政府施加影响，特别是在经济外交方面。澳大利亚著名的经济界利益集团有全国农民联盟、澳大利亚工业组织、澳大利亚商会、澳大利亚服务业圆桌会议等。利益集团通过游说和信息交流活动，试图影响政府的外交决策环境，以服务于成员自身的利益。

澳大利亚经济性的利益集团，有时将目标对准某个特定国家，如中国。澳大利亚对外贸易与投资关系的政策，就经常受到澳大利亚中国商会和澳大利亚矿业开采公司的影响。作为会员制非营利组织，澳中商会是当前澳大利亚最具声望的发展澳中经济贸易关系的利益集团。自1973年成立以来，该商会始终关注澳中关系，通过承办澳中经贸合作论坛、组织两国领导人高端对话等多种手段增进双方的了解并促进各领域的务实合作。澳大利亚矿业开

① http://www.internationalaffairs.org.au/about－us/about－the－aiia/.

② 喻常森：《认知共同体与亚太地区第二轨道外交》，《世界经济与政治》2007年第11期。

采公司协会就通过雇用专业说客、发起公众请愿运动等方式屡次就中国在澳投资采矿业的问题向政府施压。作为这些游说的结果，21 世纪以来，澳政府逐渐收紧对中国企业在相关领域的投资审核，利益集团的这种消极影响已经对中国在澳投资产生了巨大影响。①

4. 媒体

在全球化和信息化高度发展的今天，媒体——包括报纸、收音机、电视等，成为塑造和输送民意的强大力量。加上网络新媒体的出现，媒体对政府的公共政策产生了重大影响。澳大利亚媒体对国际事务的报道，将根据澳大利亚的国家利益和媒体机构、民众所持的价值观关联度选取材料。外交决策官员对媒体的报道非常敏感。澳大利亚外交贸易部官员认真准备资料、简报等回答媒体所关心的问题。澳大利亚外交贸易部的官员每天上班第一件事情就是认真浏览涉及澳大利亚外交事务的媒体简报。

澳大利亚的主要媒体有澳大利亚广播公司（ABC）、澳大利亚特别节目广播事业局（SBS）、《澳大利亚人报》、《澳大利亚金融评论报》、《澳大利亚先锋晨报》。其中澳大利亚广播公司是一家接受政府资助的官方广播公司，其报道和评论都反映了政府的立场。SBS 电视台，由澳大利亚特别节目广播事业局（Special Broadcasting Service，SBS）主管，由联邦政府资助，成立于 1980 年。澳大利亚特别节目广播事业局主管澳大利亚民族电视台（SBS 电视台）和 SBS 广播台，由联邦政府资助。SBS 电视台是一个多元文化电视台，有多种语言广播。《澳大利亚人报》是澳大利亚一家最具影响力的全国发行报纸，创立于 1964 年，属于默多克新闻集团，有纸质版、电子版。

媒体不仅间接影响澳大利亚的外交政策，而且成为外交政策的一个重要组成部分，即公共外交。它将政府的政策投送给国内外受众，使受众理解和支持澳大利亚政府的外交政策；有时，媒体也参与他国媒体之间的争论，形成“媒体战”。

① 王尘子、沈予加：《澳大利亚利益集团影响澳中关系的路径分析》，《中共四川省委党校学报》2015 年第 6 期。

五 结语

澳大利亚的外交决策机制运作具有复杂性、开放性和多元化特点，权力分布呈现等级化和垂直性。澳大利亚外交决策最高权力拥有者是总理和内阁国家安全委员会，而外交事务的实际执行者是外交贸易部。外交贸易部既是政策制定机构，又是执行机构。分布在世界各地的使领馆和代表处是澳大利亚外交机制的神经末梢。除了外交贸易部外，国防部和移民部也发挥了非常重要的作用。

围绕着行政部门和政府机构，澳大利亚国内还存在对外交事务起到间接影响的机构和个人。如情报部门深度介入外交政策，为政府决策部门提供各种公开和秘密的信息。利益集团为了维护自己的既得利益而对政府决策进行游说和施加压力。智库及其领导者由一群外交事务爱好者和专业知识拥有者组织，他们通过向政府提供政策建议，间接服务于政府的外交工作。最后还有媒体，它们是澳大利亚政府外交政策的宣传者和政策执行后果的镜像，是连接政府和社会的一道桥梁。

B.13

面临新挑战的澳大利亚国防安全政策

张　剑*

摘　要： 就澳大利亚国防安全政策来讲，2019 年是充满了变数和挑战的一年。一方面随着中美战略竞争态势的日益显化，“印太”地区的安全形势朝着越发难以估量的方向演变，澳大利亚外部安全环境的不稳定性和风险加剧。另一方面，2019 年下半年澳大利亚国内突如其来的大规模山火自然灾害使得原来未受到足够重视的非传统安全问题凸显成为严重的现实安全威胁。虽然在官方政策层次，澳大利亚以澳美同盟为核心的国防战略在许多方面进一步强化，但是区域内大国实力平衡的急剧变化以及日益凸显的非传统安全威胁在澳大利亚国内引发了对国防战略、军事力量构成和使用的激烈争论。

关键词： 地区安全　澳美同盟　澳大利亚　非传统安全问题

一　如何防卫澳大利亚的争论

在过去一年里，澳大利亚外部安全环境的最大变化是中美战略竞争态势的加剧和公开化。自特朗普就任美国总统以来，中美关系一直起伏不定。尽管两国长期以来在许多方面存在分歧和冲突，但在特朗普总统任下，美国对

* 张剑，博士，澳大利亚新南威尔士大学堪培拉校区人文和社会科学学院副院长，主要研究方向为澳大利亚外交及国际安全合作。

中美关系的政策发生了根本性的改变。双方不仅在政治层面分歧日益加剧，而且在长期以来被称为中美关系“压舱石”的经贸领域冲突激烈，并愈演愈烈。2017 年 12 月，特朗普政府发布了新的国家安全战略，其中中国被正式定位为战略竞争对手,① 中美关系自此进入了一个长期紧张的阶段。美国国防部在 2019 年 6 月出台了《“印太”地区战略报告》，明确将中国定位为“地区安全秩序的挑战者”，并强调要通过加强与“印太”地区盟友的合作制衡中国。②

根据澳大利亚 2016 年发布的最新的国防白皮书，其国防政策的中心目标是维护澳大利亚国家安全不受外来威胁损害，维护周边地区（包括南太平洋岛国地区和东南亚）的安全和稳定，以及推动建立一个稳定的“印太”地区和基于规则的全球秩序。③ 白皮书认为中美关系的变化将是未来 20 年影响澳大利亚和“印太”地区安全的最重要的战略因素。同时白皮书将澳大利亚与美国的“坚固和深厚的同盟关系”视为澳大利亚国防战略的核心和国家安全的保障。④ 作为美国在“印太”地区最重要的盟友之一，澳大利亚同时与中国保持着极其紧密的经贸关系，中美战略竞争态势的急速加剧给澳大利亚国防战略带来了多重压力和挑战。一方面，地区安全形势的不确定性使澳大利亚未来的安全环境更加复杂危险。另一方面，在中美力量平衡急剧变化以及特朗普政府实行美国优先政策的背景下，澳大利亚国内对美国维护盟友安全的意愿和能力表示担忧的声音不断涌现。

在此背景下，澳大利亚著名的战略和国防问题专家休·怀特（Hugh White）在 2019 年 7 月出版了一本备受瞩目的名为《如何防卫澳大利亚》的专著⑤。书中提出，澳大利亚需要重新审视其以澳美同盟为中心的传统国防

① The White House, “National Security Strategy of the United States of America”, December 2017.

② US Department of Defence, “Indo-Pacific Strategic Report: Preparedness, Partnerships, and Promoting a Networked Region”, 1 June 2019.

③ Australian Department of Defence, *Defence White Paper 2016*, p. 17.

④ Australian Department of Defence, *Defence White Paper 2016*, p. 15.

⑤ Hugh White, *How to Defend Australia* (Melbourne: La Trobe University Press in Conjunction with Black Inc., 2019).

战略，发展更为独立的国防军事力量。他认为，随着美国地区霸权地位的不再稳固，美国使用军力来保护其盟友的意愿和能力都不再像过去一样可以信赖。因此澳大利亚必须未雨绸缪，及早从根本上调整其国防战略，发展能够保护澳大利亚领土安全不受侵犯的独立的国防军事能力。他还进一步批驳了长期以来在澳大利亚国内被普遍接受的认为澳大利亚只有依靠一个强大的盟友才能保障其安全的观点，他认为澳大利亚发展独立的能够保障自身安全的国防能力不仅必须，而且可行。他指出由于澳大利亚拥有独特的四面环海的地理环境，如果其能拥有阻止敌对国家越过澳大利亚周边毗邻海域到达澳大利亚本土的国防能力，即可保护澳大利亚本土大陆不受外敌侵犯。但这相应地要求澳大利亚从根本上调整其国防战略和军力构成，大幅度发展以潜艇和空中力量为核心的近海防御力量，以确保澳大利亚拥有针对周边海域的强大的战略拒止能力。相应的，怀特认为澳大利亚在《2016 年国防白皮书》中制订的建造 12 艘潜艇的计划远远不能满足其未来的国防需求，建议将潜艇的数量增加到 24 艘。他同时指出，澳大利亚相应地需要大力增加国防预算，将国防经费开支从目前占国民生产总值 2.0% 的水平提高到占 3.5% ~ 4.0% 。

由于怀特的观点挑战了澳大利亚长期以来关于国防安全的许多基本判断，以致有评论家称其主张是对国防政策的“革命”。[①] 相应的，他的政策建议在澳大利亚国内引发了一场对国防战略的激烈争论，并受到了多方面的反驳。一方面，许多批评人士认为怀特对于美国地区霸权衰落的预期过于悲观，特别是对他关于美国维持在“印太”地区利益的意图和能力的判断表示怀疑，认为自特朗普上任以来美国对“印太”地区的战略关注重视不减反增，“印太”地区已经成为美国战略利益的重点所在。他们指出，美国国防部《“印太”地区战略报告》的正式发布，以及特朗普政府对中国日益强硬的政策都清楚反映了美国维持其地区主导地位的决心。这些分析人士认为，在美国的“印太战略”和中美战略竞争态势下，美国对盟友的重视和

① Graeme Dobell, “Hugh White’s Military Revolution”, *The Strategist*, 26 August 2019.

需要都将大大提升，因此澳美同盟将更加重要和稳固。①

另外一些评论人士则对怀特关于未来澳大利亚可能面临的主要安全威胁的判断以及相应的军力发展建议的可行性持有异议。一种观点认为，澳大利亚本土面临外来强敌入侵的可能性在可预见的将来微乎其微，澳大利亚可能面临的安全威胁更可能发生在本土之外。譬如未来敌对国家在与澳大利亚的冲突中可能只需封锁澳大利亚对外的海上通道，切断其外部能源物资供应，而不需要进犯澳大利亚本土大陆。在此情况下，怀特所建议的耗费巨大的海上拒止力量将毫无用处。② 另外还有分析人士认为，即使在澳大利亚本土大陆受到外来强敌威胁的情况下，怀特所提出的依赖海上战略拒止能力的战略也难以达到预想的效果，他们指出历史上的许多战例显示，期望通过拥有海上战略拒止能力保护澳大利亚本土不受侵犯的想法在实际军事冲突中无法实现。③

尽管对怀特的观点存在各种不同意见，澳大利亚国内战略政策研究界普遍认为随着地区安全形势的急剧变化和大国战略竞争的恶化，对现行国防战略进行讨论和调整是十分必要和紧迫的。在此背景下，2019 年 10 月，澳大利亚大选后新上任的国防部长雷诺兹正式宣布将对国防战略及军力发展规划进行评估。她指出，近年来澳大利亚外部安全环境的变化证实了 2016 年国防白皮书关于影响地区安全形势主要因素的判断是正确的。但是许多因素特别是中美关系变化的程度和速度，都远远超出了原来的预判。因此有必要对澳大利亚的国防战略和军力发展计划进行重新审视并加以调整。④

---

① For example, see Peter Jennings, "How Not to Defend Australia", *The Strategist*, 27 July 2019; Michael Shoe Bridge, "China Can't Discount America's Resolve in Asia", *The Strategist*, 6 July 2019; Peter Jennings, "America's New Asia Strategy Opens Doors for Australia", *The Strategist*, 22 June 2019.

② James Goldrick and Euan Graham, "A Fortress with No Water Supply: Hugh White's *How to Defend Australia*", *The Strategist*, 18 July 2019.

③ Richard Dunley, "Is Sea Denial without Sea Control a Viable Strategy for Australia?", *The Strategist*, 10 August 2019.

④ Senator the Hon Linda Reynolds, Minister of Defence, "Speech at the Royal Australian Navy Sea Power Conference", International Convention Centre, Sydney, 8 October 2019.

二　澳美同盟关系的强化

尽管2019年澳大利亚国内出现了上述关于国防战略的激烈争论，但在官方政策层面，澳大利亚以澳美同盟为核心的国防政策仍然保持稳定不变。而且澳美两国均对同盟关系更加重视，大力强化双方的国防军事合作。

在双边关系层面，2019年5月大选中获胜的莫里森政府把澳美关系视为外交国防政策的重中之重。在大选获胜后不久，澳大利亚总理莫里森即在2019年9月对美国进行了国事访问。在美期间莫里森总理特别强调澳美两国自第一次世界大战以来结成的长达百年的伙伴情谊，期望澳美同盟的友谊可以延续下一个百年。[①] 值得注意的是，莫里森受到了特朗普政府的超高规格接待。在美期间，莫里森总理除了与美国总统特朗普正式会见以外，还受到了特朗普总统在白宫为其举行的正式国宴级晚宴款待，成为澳大利亚自2006年以来首位获得国宴接待规格待遇的澳大利亚总理。访美期间，莫里森还分别会见了副总统彭斯、国务卿蓬佩奥、国防部长埃斯珀等美国政府重要内阁成员。

在访美前的一个月，莫里森总理宣布了澳大利亚将参加美国牵头的针对伊朗的霍尔姆斯海峡“护航”行动的决定，成为首先表态派军队参加“护航”行动的四个国家之一（其他三国为美国、英国和巴林）。大部分的欧洲国家都不愿参加“护航”行动，担心其可能导致与伊朗的公开军事冲突，但澳大利亚将派出一艘军舰、一架战机和近200人的官兵参加“护航”行动。在宣布决定时，莫里森总理表示澳大利亚的决定是出于对国家利益的考量。他指出，目前澳大利亚15%～16%的原油及25%～30%的成品油供应通过霍尔姆斯海峡，强调维护国际海上通道的畅通、保护自由航行对于依赖

① Katharine Murphy, “Scott Morrison Lands in US Promising ‘Another 100 Years’ of Friendship”, *The Guardian*, 20 September 2019.

海上贸易的澳大利亚来说至关重要。[1] 而分析人士认为澳大利亚的决定更大程度上是出于对加强澳美同盟的考量。[2]

在实际合作层面，澳美双方的同盟关系也在不断稳固深化。2019 年 8 月，澳美两国在悉尼举行了年度“2 + 2”会谈。澳大利亚外交部长佩恩、国防部长雷诺兹与美国国务卿蓬佩奥及国防部长埃斯珀在会谈后发布的联合声明中表示，澳美两国对“印太”地区共同的战略关注，使得澳美同盟比以往任何时候都更为重要。双方还特别强调了对推动建立安全、开放、包容的，以规则为基础的“印太”地区秩序和共同合作维护地区安全、稳定和繁荣的承诺。[3]

2019 年，澳美双边军事合作的一个重要进展是美国在澳大利亚部署的海军陆战队人员从 2012 年开始的 250 人增加到了每年 2500 人的计划规模。在此基础上，有分析人士提出，澳大利亚应该进一步推动探讨在澳大利亚为美国设立海军基地的设想，从而进一步加强和深化双边军事合作关系。[4] 在 2019 年的“2 + 2”会谈中，澳美双方表示要在国防技术、联合训练、维护海上自由航行和反恐等一系列领域加强合作。

除了加强深化与美国的双边同盟关系以外，澳大利亚国防政策近年来的一个重点是大力加强与地区其他国家特别是美国的其他盟友和伙伴的安全合作。2019 年 7 月在澳大利亚昆士兰州举行的澳美双年度名为“护身军刀——2019”的军事演习就邀请了来自美国、英国、日本、新西兰和加拿大等国的军队参加。据有关报道，此次联合演习是自第二次世界大战以来最大规模的多国参加的登陆战军事演习，有多达 34000 名军事人员、30 艘战舰和 200 架战机参与演习行动。这也是澳大利亚军队历史上最大规模

---

① “Australia to Send Warship and Defence Force Personnel to Middle East to Support US”, *ABC News*, 21 August 2019.

② Malcom Davis, “Back to the Middle East, but at What Cost?”, *The Strategist*, 22 August 2019.

③ “Joint Statement Australia-US Ministerial Consultations (AUSMIN) 2019”, *Media Release*, 4 August 2019.

④ Petr Jennings, “Mr. Morrison Goes to Washington”, *The Strategist*, 14 September 2019.

的联合军事演习。[①] 2019 年 5 月，澳大利亚还与美国、日本和韩国在关岛周边海域共同进行了首次名为“太平洋尖刀”的海上联合军事演习。

三　非传统安全挑战和澳大利亚的国防政策

除了面临外部安全环境变化带来的传统安全挑战之外，澳大利亚在过去一年里还遭遇了空前的非传统安全威胁。自 2019 年 10 月起，一场长达 4 个多月之久的山火席卷了澳大利亚东部大部分地区。山火规模之大，蔓延速度之快，火势之猛，持续时间之长均在澳大利亚历史上前所未有。截至 2020 年 1 月 14 日，山火共造成 5900 余座房屋被烧毁，34 人丧生，数千人被疏散转移。山火过火面积达到 18 万平方千米，导致近 10 亿只各种动物死亡。由于山火的影响，澳大利亚东部主要城市包括悉尼、墨尔本和首都堪培拉都经历了长达月余的恶劣的雾霾天气，受严重的空气污染影响，首都堪培拉的一些政府部门和公共设施一度被迫暂时关闭。

为了应对山火的严重威胁，联邦政府出动了近 6000 名军队官兵进行救灾行动，包括紧急征召 3000 名陆军预备役军人加入救援行动。澳大利亚总理莫里森在相应救灾措施的声明中称这是澳大利亚历史上首次强制征召预备役军人进行国内灾害救援。[②] 除了大量人员投入以外，澳大利亚国防军还出动了军事车辆、舰艇及军机参与救援。澳大利亚皇家海军最大的两栖登陆舰“阿德莱德号”也一度被派往新南威尔士州的伊甸镇去通过海路疏散撤离被山火围困的居民。

肆虐的山火对澳大利亚民众的生命和财产带来的严重威胁在澳大利亚国内引发对非传统安全问题的关注。政府不得不动用军队来进行灾害救援行动的决定也引起关于澳大利亚国防政策、军队职责和力量构成的讨论。许多分析人士认为，山火带来的严重危害表明不仅澳大利亚的国防政策需

---

① Australian Department of Defence, “Largest Bilateral Amphibious Assault Conducted as Part of Excise Talisman Sabre”, *Media Release*, 17 July 2019.

② Prime Minister of Australia, “Bushfire Relief and Recovery”, *Media Release*, 4 January 2020.

要更加重视非传统安全威胁，而且军队需要承担更多的应对自然灾害安全威胁的责任。事实上澳大利亚著名的国防问题研究智库——澳大利亚战略政策研究所，在 2019 年初出版的一份研究报告中就指出，由于气候变暖的影响，澳大利亚将进入一个新的“灾害时代”。严重的自然灾害包括创纪录的高温天气、长期持续的干旱、大规模的山火、日益强烈的洪水和暴雨灾害，这些都将日益成为澳大利亚所面临的安全威胁。与传统的安全威胁相比，这些自然灾害带来的安全危害在许多方面同样甚至更加严重。例如，澳大利亚目前每年极端高温天气造成的死亡人数在 500 人左右，这相当于澳大利亚军队在整个越战中的死亡总数。报告还估计到 2050 年，澳大利亚每年因自然灾害而产生的经济损失将高达 390 亿澳元，相当于澳大利亚的年度国防总预算。报告建议澳大利亚军队应该在应对自然灾害中发挥更大的作用。①

在此背景下，澳大利亚前陆军司令彼得·雷顿提出，这次山火带来的危害和损失以及军队在救灾中发挥的重要作用表明，澳大利亚军队建立一支常备的专业灾害救援抢险队伍以应对日益多发和危害日益严重的自然灾害已是势在必行。他指出，目前澳大利亚军队事实上已经经常被要求在国内外执行人道主义援助、灾害救援等应对非传统安全威胁的任务。例如 2016 年斐济遭受严重的台风袭击后，澳大利亚派出上千名军事人员参与救援行动。这次在发生澳大利亚山火的同时，斐济又遭受了两次台风袭击，所以澳大利亚军队将面临越来越多的自然灾害救援要求，② 他因此建议澳大利亚军队应该新增一支 5000 人规模的专业救援队伍以应对国内和周边地区日益多发的各种灾害威胁。

他同时认为，建立应对自然灾害的专业军事力量不会对澳大利亚国防预算带来大的影响。据其估算，建立一支由 5000 人组成的灾难应急军事队伍，

① Robert Glasser, *Preparing for the Era of Disasters*, *Special Report* (Canberra: Australian Strategic Policy Institute, 2019).

② Peter Layton, "Keeping the Australian Defence Force in the Climate-change Fight", *The Strategist*, 28 January 2020.

需要大概20亿澳元的国防预算，这仅相当于澳大利亚国防总预算的5%。相比之下，澳大利亚目前计划建造的12艘潜艇的预算高达800亿澳元，相当于40年的应对自然灾害的军事费用。

但是彼得·雷顿的建议受到了不同意见的反驳。有分析人士认为，应对像山火、台风、洪水这类的自然灾害不应该是澳大利亚军队的职责。因为军队的主要职责应该是保护国家不受外部军事力量侵略。如果灾害救援的非战争行动成为军队的常规职责，以及相应的将价格昂贵的军事装备用于常规的抢险救灾，不仅将浪费宝贵的国防资源，还将削弱军队应对更为重要的外部军事威胁的能力。① 但是随着澳大利亚军队越来越多地被要求参加灾害救援行动，如何应对日益严重的自然灾害等非传统安全问题将成为澳大利亚国防政策面对的一个挑战。

四　结语

在过去的一年里，澳大利亚的内外安全环境都出现了复杂变化。无论是在传统领域还是在非传统领域，澳大利亚都面临复杂难解的安全威胁。尽管澳大利亚政府延续采用其长期以来以澳美同盟为中心、以应对外部军事威胁为重点的国防政策，但可以预见的是，随着地区内大国力量平衡的不断变化、“印太”地区安全形势不确定性的增加，以及气候变暖和日益多发的自然灾害等非传统安全威胁的上升，澳大利亚国内关于国防战略的争论将长期持续。

① Marcus Hellyer, “The Australian Defence Force's Domestic Role: Time for Dedicated Disaster Responses Units?”, *The Strategist*, 17 February 2020.

B.14
2019~2020年日本与大洋洲国家关系

郭 锐 杨熙琳*

摘 要： 2019年，日本与大洋洲国家关系发展呈现“大和谐，小分歧”的状态，日本坚定地实施着“南太政策”。通过战略同盟、经济互助、资源开发、科技交流等多种渠道，日本加强了与澳大利亚、新西兰、南太平洋岛国的伙伴关系建设。大洋洲国家是日本实现国家战略诉求和地缘战略目标的重要支点之一，而日本则是大洋洲国家无法忽视的“可利用”国家。

关键词： 南太政策 多边防务 海洋外交 地区主义

2019年，日本与大洋洲国家关系进一步发展，其与部分国家的战略关系得到加强。日本全面介入南太地区事务，对其加强了“隐形”控制。其中，日本与澳大利亚、新西兰、部分南太岛国关系进展尤为明显。虽然日澳在不断调整各自政策，但加强合作与战略联合是清晰主线。新西兰是日本在南太地区的战略支点，2019年日新联合美、英、法等国家多次展开战略合作行动。太平洋岛国是日本实施“南太政策”的发力点，2019年日本与太平洋岛国的多重外交得到加强。展望2020年，日本与大洋洲国家关系发展仍会保持高调高频次的态势，继续呈现“大和谐，小分歧”的状态。

* 郭锐，吉林大学行政学院国际政治系主任，吉林大学国家发展与安全研究院副院长兼东北亚安全研究中心主任，教授、博士生导师，主要研究方向为东亚安全与合作，当代中国外交，大国战略与大国关系、海洋战略与合作；杨熙琳，吉林大学行政学院国际政治系硕士生。

一 日本与澳大利亚关系

自日澳确定构建“特殊战略伙伴关系”以来，两国在多个领域展开了大大小小的合作，视对方为不可替代的政治伙伴，甚至有官员称日澳已是“准同盟”关系。[①] 2019 年，日澳延续了频繁紧密的全方位交往关系，进一步巩固了战略“友情”。

（一）“准同盟”框架下政治往来加强

长期以来，日本有成为世界“大国”的抱负，其渴望在国际舞台上扮演关键角色。澳大利亚对日本实现这一战略抱负，具有很好的助力价值。安倍晋三曾表示，“在当前的历史时期，日澳关系最为亲密”。[②] 近年来，澳大利亚首脑在新年伊始大多选择日本作为首访国家，展现了日澳“特殊关系”的亲密性。

众所周知，日澳存在不可调和的历史遗留问题，如日本否认屠杀被俘澳军、篡改侵略历史、羞辱澳女性等。[③] 2018 年 7 月，安倍晋三访澳期间与莫里森总理一同拜谒了第二次世界大战战殁者纪念碑，以此表明日澳已实现历史和解，扫除了日澳关系发展中的一大障碍。回顾 2019 年，日澳高层对话持续不断，澳大利亚对日本的战略调整给予高度支持。澳方表示，其与日本进行防务合作，有利于保护本国庞大的海洋资源和稳定地区安全局势，[④] 双方将共同面对东北亚地区政治外交难题。虽然日澳未缔结真正意义上的同盟关系，

---

① John Garnaut, “Australia-Japan Military Ties are a ‘QuasiAlliance’, Say Officials”, https://www.smh.com.au/national/australiajapan－military－ties－are－a－quasialliance－say－officials－20141026－11c4bi.html。

② “China's Rise an Opportunity, not Threat, for Japan”, http://www.chinadaily.com.cn/opinion/2017－09/14/content_31973028.htm。

③ 许善品：《澳日关系中的历史遗留问题》，《东北亚研究》2013 年第 4 期。

④ “Pacific Islands Regional Organisations”, Australian Gov-ernment Department of Foreign Affairs and Trade, https://dfat.gov.au/international－relations/regional－architecture/pacific－islands/Pages/pacific－islands－regional－organisation.aspx.

但从其对国际事务处理的立场和态度来看，两国有着惊人的战略“默契”。2019 年，日澳以“准盟友”姿态进一步加强往来，尤其是地区事务上的战略联合增多。

（二）增进互利互惠与缩小“经济缺口”

丰富的互补资源，是日澳加强合作的良好基础。近年来，日澳频繁的贸易往来，极大地促进了双方各领域发展。对澳大利亚来说，日本是不容忽视的第二大贸易伙伴和第二大出口市场。[①] 2019 年有关世界贸易组织（WTO）改革的一系列议题探讨上，如产业补贴、渔业补贴、贸易争端解决机制等，无论是首脑会晤，还是经济部长对话会，日澳都展现了加强合作、共同行动、完善经济对话机制的立场。

日澳地理条件相似，两国拥有相同的资源——渔业资源。伴随日本经济社会的快速发展，其海域受到污染，海产品质量数量下降，渔业发展受阻。澳大利亚渔业资源丰富，其附近海域有 2000 多种鱼类。2019 年，日本为补足渔业资源缺口，继续放宽渔业进出口渠道，日澳渔业合作更加紧密。日本从澳大利亚进口的主要是虾类、贝类和加工制品，澳大利亚从日本进口的多是冷冻鱼、新鲜鱼肉、海鲜罐头等。对日本来说，澳大利亚是不可或缺的渔业原料提供伙伴，是其战略资源的直接提供者。对澳大利亚来说，日本的贸易订单和出口市场无法舍弃。可以说，加强各领域经济合作，增进互利互惠与缩小“经济缺口”是日澳的共同选择。

（三）防务安全关系互动再升级

近年来，日澳防务安全合作从装备出口、武器技术转让，到频繁举行联合军演，该领域关系互动不断升级。日澳签署的《互惠准入协定》，规定了两国部队在对方国家的访问、驻留、演习、武器装备进出境及军人犯罪司法

① Department of Foreign Affairs and Trade of Australian Government, “Australia-Japan Bilateral Relationship”, https://dfat.gov.au/geo/japan/Pages/australia-japan-bilateral-relationship.

管辖等事项。[①] 该协定的签署，标志着日澳间的联合训练与演习、情报共享、国防工业合作等更趋合理化，这为今后双方全面开展防务安全合作奠定了良好基础。为推进“印太战略”，日澳在不断创造合作机会，以确保双方“准同盟”关系再获新发展。

日澳防务安全合作不仅是双边式的，多边互动也在升级。2019 年，日本多次联合美、澳、韩等国家，举行针对性联合军演。2019 年 2 月，美、日、澳在西太平洋举行“对抗北方”联合军演，三国出动近百架飞机。美方宣称，此次军演旨在加强美日澳联合空中作战能力。同年 5 月 23 日至 28 日，美、日、韩、澳在关岛周边举行“太平洋先锋”海上联合军演，这是上述四国首次在西太平洋进行联合军演。[②] 可见，日澳借助多边框架深化防务安全合作的战略意图。

（四）深化科技市场生产协作能力

科学技术对国家发展至关重要，强强联合才能创造无限生机。近年来，日澳在科技领域不断试水合作，两国在氢能源供应链、液化天然气、农业合作等重大技术能源项目上达成共识。2019 年 9 月，澳大利亚科研机构发出通告，将与日本化学品制造商 Piot 联合开发高能固态锂电池，并计划在未来 5 年内推向全球市场。该高能固态锂电池，主要用于电子设备、无人机、电动汽车等领域。日澳发力拓展科技市场生产协作能力，有助于带动本国经济增长，同时增强相互间科技产品创新能力，可谓双管齐下、互利共赢。

二　日本与新西兰关系

新西兰是太平洋国家的重要组成部分。近年来，新西兰积极探索对外发

---

① 许少民、陆芃樵：《“特朗普冲击”下日澳关系的新发展及其限度》，《当代世界》2019 年第 2 期。

② 《美日韩澳首次海上联合军演的多重考量》，新华网，http：//www. xinhuanet. com/mil/2019 -05/30/c_ 1210147514. htm。

展新路径，在切实维护自身核心利益的同时，寻求促进南太平洋地区和平与发展。其中，增进和加强日新多领域、多层次合作是重中之重。

（一）明确双方互为战略实施的重要伙伴身份

2018 年 3 月 1 日，新西兰时任副总理兼外长彼得斯在澳大利亚国际政策研究所发表演讲，其内容涉及“太平洋重置”政策，并提出新西兰太平洋外交五项原则。即围绕重塑新西兰在太平洋地区主导地位的中心主线，其内外政策将奉行互利共赢方针，携手太平洋伙伴和域外力量达成共同抱负。这与日本积极推行的“南太政策”相契合。日新同为美国亚太地区防务盟友，早在 2006 年，澳新即与日本达成展开战略合作的共识。[①] 伴随地区局势变化和各自政策调整，近年来日新日益把对方视为重要战略伙伴。2019 年，日新战略互信程度继续增强，双方在美国亚太同盟体系下政治往来密切，双方互视对方为战略实施的重要伙伴身份，这一趋势还外溢到经济和安全领域。

打造“太平洋经济圈”不可或缺的双支点。作为典型的海洋国家，海洋资源和海外贸易对日新来说，具有重大意义和特殊价值。新西兰因地理优势拥有丰富的渔业资源，这成为日新开展渔业外交合作的纽带。比如：世界知名的日本水产株式会社，拥有新西兰最大水产公司及该国最大捕捞配额公司 Sealord Group 50% 的股权。[②] 在贸易往来中，日方往往提供先进设备和技术支持，而新方则提供数量可观的资源供给。除渔业合作外，日本还对新方提供 ODA 援助。[③] 2019 年，日新旅游观光合作、人才交流互推等项目，步入更深层次阶段。2018 年 11 月，美、日、澳、新四国签署协定，将共同资助巴布亚新几内亚电力建设、致力于太平洋地

① 《“区域全面经济伙伴关系协定”有望明年达成！世界最大自贸区来临》，http：//www. 360doc. com/content/19/0907/06/30241741_ 859592059. shtml。

② 《日本水产株式会社，拥有新西兰最大渔业公司 50% 股权！》，搜狐网，http：//www. sohu. com/a/195530004_ 315147。

③ 张磊、崔岩：《日本 ODA-ADB 框架下的开发援助及其启示——以南亚地区为例》，《日本问题研究》2018 年第 1 期。

区互联网通信发展，2019 年该协定处于有序推进阶段。日新认为，双方合作所创造的多方面价值，为“太平洋经济圈”发展贡献着不可小觑的支点力量。

（三）开创双边防务安全合作新局面

近年来，日本在国际舞台上意欲展示其大国作为的愿望日趋强烈。从冷战结束后美国开启“战略东移”进程，到如今特朗普政府实施“印太战略”，美国更加仰仗亚太同盟体系，尤其是凸显了“美日基轴”的独特地位。美国出于亚太战略的需要，对日本参与南太地区事务持默认态度，这给日本实施“南太政策”创造了机会。长期以来，新西兰受制于美澳两国，伴随日本亚太战略地位的提升，其加快调整对日政策，积极打造日新全方位关系。尤其是日新持续举行联合军演，意欲补足双方防务安全领域的合作短板，试图携手开创日新防务安全合作新局面，借助合力重置各自的“太平洋地区政策”并收取外溢实利。

三　日本与太平洋岛国关系

伴随亚太区位战略价值的不断凸显，南太地区成为重要的战略区域，日本倚重“印太战略”和“南太政策”蓄势待发。由此，太平洋岛国在日本的伙伴关系中扮演着日益重要的角色。2019 年，日本继续对太平洋岛国展开“外交攻势”“援助攻势”“安全攻势”，时刻紧盯该地区丰富资源，确保其国家战略得到落实。

（一）政治关系进一步深化

一个国家对一个地区所实施的政策手段，往往取决于该地区的战略价值。近年来，太平洋岛国在国际舞台上日趋“活跃”。前有美国的“南太平洋战略”，后有中国的“海上丝绸之路”倡议。受此影响，日本不断加大对太平洋岛国的战略投入，持续强化双方政治关系发展。在太平洋问题上，日本奉行“积极和平主义”的理念。① 如今，日本－太平洋岛国峰会已召开八届，日本“南太政策”也不断调整。日本前首相安倍晋三表示，日本与太平洋岛国已就彼此间的纽带关系进一步深化达成共识。2019 年 8 月初，外务大臣河野太郎在南太平洋地区进行四站访问，并宣布一系列新的合作项目。河野外相表示，日本将继续坚持以下原则推动与太平洋岛国关系发展，即尊重独立自主、支持现有地区合作安排、协助维护政治稳定、提供援助促进地区繁荣以及促进民间交流。② 日方认为，为弥补自身资源不足和促进地区安全稳定，与太平洋岛国加深政治关系非常必要。加之太平洋岛国奉行多边主义方针，对日本来说是其实现国家战略目标的重要伙伴。

（二）经济资源型外交增强

日本的传统战略是“经济优先”，但资源贫乏、地利不足，导致其经济发展处于尴尬境地。南太平洋地区拥有丰富的自然资源，尤其是渔业资源、矿产资源和热带雨林资源。从日本来说，太平洋岛国所能提供的稳定资源，是其确保自身利益③的重点之一，这对日本经济社会发展相当重要。日本提出，将根据南太平洋岛国不同的经济发展程度提供开发援助，共同加强该地区渔业管制，共同讨论全球气候变暖、核废料处理等问题。④ 日本前首相安倍晋三在第八届日本－太平洋岛国峰会上表示，太平洋岛国附近海域的水产资源是日本的主要供给源，日本将加大海上安保力度，未来 3 年致力于为南太岛国培养大量的海保专业人员、提供与日本海上保安厅联合训练机会以及巡逻艇等装备，防止该地区非法捕猎现象肆意泛滥。日本与太平洋岛国经济合作是各取所需，其不断加大对太平洋岛国经济援助

① 《安倍总理在 PALM7 开幕式上基调演讲》，https：//www. mofa. go. jp/mofaj/files/000081723。

② 《日本希望与太平洋岛国加强联系》，https：//ipdefenseforum. com/zh－hans。

③ 《确保并增强经济方面的国家利益、渔业》，https：//www. mofa. go. jp/mofaj/gaiko/fishery/index. ht－ml。

④ 《日本·南太平洋论坛（第一届太平洋岛国峰会）首脑会议宣言》，https：//www. mofa. go. jp/mofaj/area/ps_ summit/palm_ 01/s_ sengen. html。

以换取该地区稳定发展从而实现不间断获取资源的目的，其经济资源型外交进一步增强。

（三）海上安保合作再升级

在日本领导人眼中，太平洋地区是其实施战略构想、一展抱负的重要支点之一和具体推进“印太战略”不可或缺的组成部分。20 世纪 80 年代，日本在太平洋地区奉行所谓的“仓成主义”，即尊重太平洋岛国独立性与自主性、支援太平洋岛国进行地区合作、促进该地区和平与稳定、加强人员交流、提供发展援助。[①] 2019 年 8 月初，日本外相河野太郎访问太平洋岛国时提出所谓的“河野主义”，即确保该地区安全与稳定，深化双方合作，推动该地区强劲、可持续发展，促进和活跃人员往来。从“仓成主义”到“河野主义”，日本对太平洋岛国海上安保的维护不断加强和深入。与此同时，太平洋岛国支持日本提出的“自由开放的印太构想”，致力于与日方携手加强海上安全与防灾领域全方位合作，实现互利共赢发展。

四　日本与大洋洲国家关系前瞻

2019 年日本与大洋洲国家关系发展平稳有成效，未受重大事件影响。出于自身利益需求、地区局势变化等多种因素的考量，日本与大洋洲国家均有进一步加强和深化战略合作的强烈意愿。展望 2020 年，日本与大洋洲国家关系保持了良性发展态势，其各领域合作继续加强和深化。

（一）政治外交方面

加强政治互信，深化战略共识。2018 年 5 月第八届日本 - 太平洋岛国峰会上，日本与大洋洲国家就推动“印太战略”达成共识。日本表示，

① 庞中鹏：《“太平洋人”外交：日本外相南太之行的弦外之音》，《世界知识》2019 年第 17 期。

其南太政策的调整是基于国际形势变化、维护地区安全、降低该地区“零和博弈”的考虑。大洋洲国家对日方的此种“战略意愿”持支持态度，如南太国家支持日本“入常”、向日本开放了海上安全和港口建设等重要领域。2020 年，日本与大洋洲国家保持了高度的战略互信关系，并走多边合作道路。

美国因素加速“岛国外交”发展。特朗普总统上台后，其奉行的治国原则和不按常理出牌的外交手段，对世界局势变化造成一定冲击。当面对传统盟友时，特朗普总统更加看重美国的现实利益，将“美国优先”原则贯彻到底。从竞选时期开始，特朗普多次指责包括日本在内的盟友在安全上“搭美国便车”，认为盟友承担的责任和义务过少，其多次强硬要求盟友负担更多的驻军费用并增加防务支出。近年来，美国接连退出多个国际组织和国际条约，以极端手段处理国际贸易关系。受此影响，日本与大洋洲国家对之前美国做出的安全保护承诺的信任度有所下降，并对现有国际秩序及地区局势走向产生恐慌感。2020 年，日本与大洋洲国家在政治、经济、安全、科技、人文等方面加强了合作，以应对变幻莫测的国际局势，同时消解美国因素的影响。

（二）经济合作方面

技术能源合作更趋全面化。在新能源开发、海水淡化、矿石资源等高科技领域，日本与大洋洲国家一直进行着持续合作。日本在第八届日本－太平洋岛国峰会上表态称，其将在三年内为太平洋国家培养 5000 名各领域人才，尤其是高科技人才。未来世界将是高科技主导的世界，哪个国家拥有尖端科技，哪个国家就占据了国际舞台的一席之地。2020 年，日本与大洋洲国家在更多高科技领域展开合作，如核能、太空技术、可再生能源等，双方技术能源合作更趋全面化。

渔业资源合作成为新焦点。2020 年，日本将继续加大力度与大洋洲国家深挖渔业领域合作潜能。大洋洲国家因特殊的地理区位和气候条件，拥有丰富的海洋鱼类资源。对日本来说，大洋洲国家是进口水产资源的重要供应方，也是其出口海鲜加工产品的重要市场。无论是历次日本－太平洋岛国峰会，还是日方高层出访南太地区，渔业领域合作都是历久弥新的议题。如今，日本已把确保太平洋地区渔业资源的稳定供给，视为其“国益确保”的生死攸关的战略问题。[①] 未来一段时间，日本与大洋洲国家的渔业领域合作前景乐观。

日本定向援助力度不减。近年来，为强化对南太地区渗透，日本对大洋洲国家援助只增不减，且援助项目非常全面，包括资金补助、输送人才、接收留学生、提供技术帮助等。在日本－太平洋岛国峰会上，日本承诺称，在3年内向南太国家提供5亿美元、550亿日元的援助。此外，还包括一系列的民生、基础设施、人才培养、环境保护、海洋灾害与气候变化应对等功能性援助，以及向大洋洲国家提供公共所需品。[②] 定向援助使日本与大洋洲国家的“感情”迅速升温，吃到甜头的日本将会在2020年继续保持定向援助力度不减的势头，进一步夯实其与南太国家关系。

（三）防务安全方面

海洋安全合作进一步增强。长期以来，日本视南太地区为其国家安全的重要区域之一，其中太平洋岛国的地位格外突出。近年来，日本没有松懈与大洋洲国家的海上安全合作关系，如日本连续五次参与澳大利亚主导的“卡卡杜”多边海上军事演习、美日澳多次展开海上联合军演等。2020年，日本会继续扩大在南太地区的活动范围，强化其与大洋洲国家安全互动关系尤其是多边安全合作。一是落实日本提出的“海洋强国”战略目标，二是联合太平洋盟友阻挠中国迅速发展。

非传统安全合作进一步加强。经济全球化的深入发展，使非传统安全问题成为世界各国面临的棘手问题。基于维持南太地区安全秩序的需要，2020年日本与大洋洲国家开展了更多非传统安全领域合作。日本将

① 庞中鹏：《“太平洋人”外交：日本外相南太之行的弦外之音》，《世界知识》2019年第17期。

② 日本外務省「日本と太平洋の島国」、https：//www. mofa. go. jp/mofaj/files/000068954. Pdf。

随时调整其国家安保战略，更多的涉及非传统安全领域并将相关议题纳入其中。2019 年，日本与澳大利亚、新西兰、大洋洲岛国均有政治、经济、安全、人文等方面的往来互动。现如今，为数不少的非传统安全问题已转化成为全球性公共问题，这一点对南太国家来说尤为迫切。太平洋地区大部分岛国海拔很低，由于全球气候持续变暖的影响，这些国家面临着随时消失的巨大风险。2020 年，日本更多致力于解决大洋洲国家气候、环境、海洋资源等非传统安全领域问题，由此获得了大洋洲国家更多的信任和支持。

“印太”概念的地缘安全影响。日本既有的南太政策，是在“印太战略”框架下产生的。早期的“印太战略”倡议建立“自由、开放、繁荣、包容的印度洋 - 太平洋地区”,[①] 近年来，“印太战略”的内容及指向多有变化。2019 年，美国发布的《“印太战略”报告》提出，由于相同的民主制度，美日澳印是构筑“自由开放的印太”的主要力量。由于日本无法摆脱美国力量的“牵制”，虽然其可以借助同盟关系与美国共同涉足太平洋地区，但特朗普总统不按常理出牌的“神操作”，让日本对美国的离心倾向增强，甚至是日本已开始制订自己的“印太战略”计划。2020 年“印太”局势变化将会深刻影响日本与大洋洲国家的关系，但可以确定的一点是，日本会进一步努力与大洋洲国家一起共享太平洋地区，更深层次地在该地区“谋篇布局”，以达成其真正的战略目的。

太平洋地区是美国的战略利益区，一些岛屿至今仍是其海外领地。可见，美国在太平洋地区影响力巨大，其牢牢掌控着该地区的战略控制权。长期来看，日本或许会产生新的顾虑，即如何在美国可以忍受的限度内，加强加深日本与大洋洲国家关系。这意味着日本与大洋洲国家关系发展也会有曲有折，但双方战略互动增强趋势明朗。

① 张晓磊:《日本〈第三期海洋基本计划〉评析》,《日本问题研究》2018 年第 6 期。

附　　录

Appendix

B.15
2019年大洋洲大事记

王婷婷*

1月

6日　中国援建的瓦努阿图塔纳岛和马勒库拉岛公路项目一期工程对外移交暨二期工程奠基仪式在塔纳岛举行。

8~9日　澳大利亚皇家海军"巴拉腊特"号护卫舰在阿拉伯海的公海水域缴获3.1吨大麻制剂毒品。

8~10日　澳大利亚外交部长玛丽斯·佩恩（Marise Payne）出访印度，寻求深化两国战略合作。

9日　澳大利亚宣布将为"南亚区域性基建连通"倡议投入2500万

* 王婷婷，北京大学历史学系博士研究生，北京大学大洋洲研究中心特聘研究助理，中山大学大洋洲研究中心研究人员，主要研究方向为新西兰环境史等。

澳元。

16 日 澳大利亚总理莫里森访问瓦努阿图，这是澳领导人首次对该国进行访问。

16 日 世界经济论坛发表《2019 年全球风险报告》，指出澳大利亚等国限制海外投资，或有损世界经济。

17 日 澳大利亚总理莫里森访问斐济，双方同意达成新的伙伴关系（Fiji-Australia Vuvale Partnership）。

18 日 澳大利亚与英国在伦敦签署贸易延续协定，防止英国“脱欧”带来的影响。

22 日 新西兰与英国签署互认协议，减少“脱欧”带来的贸易不确定性。

22～28 日 澳大利亚国防部长佩恩（Christopher Pyne）访问日本、中国和新加坡三国。

28 日 澳大利亚承认委内瑞拉反对派领袖、国民大会主席瓜伊多（Juan Guaidó）为委内瑞拉临时总统。

28 日 澳大利亚国防部长佩恩在新加坡呼吁中国和美国避免爆发冷战，称不愿“站队”。

29 日 2018 年全球清廉指数（CPI）排名公布，澳大利亚得分仍保持在史上最低（77 分），新西兰高居第二名。

2月

1 日 汤加举办赴华运动员训练成果汇报会。

8 日 澳大利亚参众两院发表联合声明，称澳联邦议会网络遭到黑客攻击。有媒体暗指此次事件的幕后黑手是中国政府。

11 日 澳大利亚与法国正式签订价值 500 亿澳元的“进攻”（Attack）级潜艇战略合作协议。

13 日 马努斯岛和瑙鲁岛的难民就医法案在澳大利亚参议院获得通过。

13 日 澳大利亚总理莫里森宣布，将重启圣诞岛备受争议的离岸移民羁留中心。

15日 澳中关系学院（ACRI）报告：澳中自贸协议生效后，持临时工作签证的中国人减少。

18日 澳大利亚外国投资审查委员会（FIRB）公布年度报告，显示中国在澳投资全面缩减，美国成为澳最大的外国投资者。

19日 澳大利亚统计局数据：2018年中国超过新西兰成为澳大利亚最大客源国。

19日 澳大利亚统计局数据：澳大利亚2018年净移民人数接近30万人，创4年半新高。

19日 华为承建的“巴新国家海底光缆项目”系统2完工。

22日 新西兰与中国香港相互承认协议（MRA）正式生效。

26日 非加太集团与欧盟举行“后科托努协定”首次高级别对话。

27日 半个多世纪以来首款在澳大利亚设计及研发的大型无人机正式亮相。

27日 设在瑙鲁的澳大利亚海外难民营的最后4名儿童撤出。

28日 澳大利亚边远地区研究所（RAI）：没必要强迫新移民定居边远地区。

3月

2日 澳大利亚国防部长佩恩和国防工业部长乔博（Steve Ciobo）宣布即将辞职。

4日 印度尼西亚和澳大利亚签署《印度尼西亚－澳大利亚全面合作协议》（IA-CEPA）。

6日 澳大利亚总理莫里森首次以总理身份踏足圣诞岛并举行新闻发布会。

6～9日 南南合作太平洋区域研讨会在斐济举行，推出《南南合作与三方合作：太平洋岛屿发展论坛》出版物。

7日 南南合作太平洋区域研讨会代表参观中国援助斐济菌草技术示范

中心。

11 日　中汤签署广东省东莞市人民政府向汤加政府捐赠农用机械设备交接证书。

15 日　新西兰基督城两座清真寺发生枪击事件，造成 51 人死亡。

18 日　澳大利亚政府宣布将永久移民数量的年度上限从 19 万人降至 16 万人。

18 日　澳大利亚发布《全国青年无家可归问题报告》，指出澳政府行动不足。

19 日　第三届巴新石油能源峰会在莫尔斯比港举行。

20 日　因土耳其总统埃尔多安一战评论惹争议，澳大利亚总理莫里森召见了土耳其大使。

20 日　澳大利亚总理莫里森正式宣布新的人口政策。

23 日　澳大利亚联盟党胜出新州大选，首任民选女州长诞生。

25 日　巴新首届国际调解和仲裁会议在首都莫尔斯比港召开，奥尼尔总理宣布巴新将加入《承认及执行外国仲裁裁决公约》。

25 日　澳大利亚一国党被曝向美游说集团索要 2000 万美元反对禁枪资金。

26 日　太平洋岛屿论坛秘书处发布《应对气候变化和灾害风险融资的太平洋经验》的小册子。

26 日　澳大利亚 - 香港自由贸易协定及相关投资协定正式签订。

29 日　中国 - 太平洋岛国农业部长会议在斐济召开，审议通过了《楠迪宣言》。

29 日　澳大利亚政府宣布投资 4400 万澳元成立澳中关系国家基金会（National Foundation for Australia-China Relations）。

29 日　澳大利亚政府宣布任命知名中国专家傅关汉（Graham Fletcher）为新一任澳大利亚驻华大使。

4月

1 日　2019“中国 - 太平洋岛国旅游年”在萨摩亚首都阿皮亚正式

启动。

1日 新西兰总理阿德恩“旋风式”访问中国，也是任后对中国的首次正式访问。

1日 中澳巴新三方抗疟项目联合工作组第六次会议在巴新举行。

2日 新西兰统计局数据：大约14.8万名儿童的物质生活有困难。

3日 广东省帮助巴新消除疟疾示范项目一周年总结会在巴新举行。

9日 巴新第二个大型液化天然气项目巴布亚液化天然气（Papua LNG）协议正式签署，总投资130亿美元。

11日 美国电缆公司SubCom宣布将铺设从中国香港至澳大利亚造价为5.31亿澳元的海底电缆。

11日 中国电建集团承建的斐济瑞瓦河供水项目签约仪式在斐济举行。

12日 新西兰《枪支（违禁武器、弹药和零部件）修正法案》开始生效。

15日 巴新首个中国城项目在莫尔斯比港市核心区破土动工。

16日 新西兰政府开始对《海外投资法》进行第二轮修改。

17日 新西兰宣布放弃引入资本利得税。

22~27日 新西兰贸易部长David Parker率领商业代表团访华。

23日 东帝汶石油天然气公司引进中资建天然气港，引发澳大利亚担忧。

24日 所罗门群岛进步民主联盟政府领袖索加瓦雷再次当选所总理。

25~27日 第二届“一带一路”国际合作高峰论坛在北京举行。

29日 广州与奥克兰签署《广州市公安局与新西兰奥克兰市警察局友好合作安排书》，这是广州警方与国外警方首次签订合作意向。

5月

3日 新西兰政府决定实施3项福利体系改革举措。

6日 新西兰举办“2019中国商业峰会”（China Business Summit），主

题为“势不可挡”。

7 日　新西兰政府宣布关于 2020 年大麻合法化公投的一系列决定。

7～9 日　太平洋岛国论坛经济部长会议在斐济苏瓦举行。

8 日　新西兰政府向国会提交《应对气候变化（零碳）修正案》（简称《零碳法案》）。

13 日　澳大利亚总理莫里森称各国不需要在中国和美国之间二选一，澳大利亚能够维持好与“客户”和朋友的关系。

15 日　“基督城呼吁峰会”在法国巴黎召开。

15 日　联合国秘书长安东尼奥·古特雷斯与太平洋岛国论坛领导人在斐济苏瓦举行高层政治对话。

18 日　澳大利亚自由党和国家党组成的执政联盟赢得大选，现任总理莫里森连任。

21 日　《应对气候变化（零碳）修正案》在新西兰国会通过一读。

21 日　澳大利亚国立大学公布最新的中国在澳投资（CHIIA）数据：2018 年中国在澳投资额减半。

23～25 日　中国商务部国际商务官员研修学院副院长何定率团访问巴新。

24 日　新西兰统计局数据显示，新西兰对中国年度商品出口额首次突破 150 亿新西兰元。

26 日　巴新总理奥尼尔宣布将辞去总理职位，29 日向总督达达埃正式递交辞呈。

26～31 日　瓦努阿图共和国总理夏洛特·萨尔维对中国进行首次正式访问。

29 日　澳大利亚新一届政府宣誓就职，包括首位原住民部长，还有 7 名女性宣誓入阁，人数创下澳大利亚联邦政府史上之最。

29 日　新西兰教师行业发生最大规模的联合罢工行动，也是有史以来的首次教师联合罢工。

29 日　澳媒称中国密切监控澳军穿行南海演习。

29 日 洛伊国际政策研究所（Lowy Institute）发布的 2019 年亚太影响力指数显示，新西兰国际影响力激增，成为“进步最大”的国家。

30 日 巴新前财政部长詹姆斯·马拉佩当选为第八任总理。

30 日 新西兰政府发布了世界首个《幸福预算案》，对新西兰人的福祉做出了概要描述。

6月

2 日 澳大利亚总理莫里森访问所罗门群岛，是 2008 年以来澳总理首次访问所。

3～6 日 中国海军第 31 批赴亚丁湾护航编队 3 艘军舰友好访问澳大利亚。

10 日 新西兰政府宣布将在 2020 年 6 月前召回新国防军在伊拉克的驻军。

11 日 奥克兰市议会宣布进入“气候紧急状态”。

11 日 中国外交部部长王毅在北京会见斐济外长塞鲁伊拉图。

12 日 中国援助斐济口岸安全扫描设备启用仪式在斐济首都苏瓦举行。

13～14 日 “后科托努协定”的太平洋区域研讨会在斐济召开。

14 日 中国向太平洋岛国论坛提供 120 万美元的年度发展合作资金。

14 日 阿里巴巴澳新电商生态博览会（Alibaba E-Commerce Expo）首次登陆新西兰。

17 日 新西兰统计局发布《2018 年新西兰研究和开发》报告：新西兰 2018 年研究和开发总支出有所增长。

17～21 日 2019 年巴新投资周在莫尔斯比港举办。

19 日 2019 广东商品太平洋岛国巡回展示活动暨经贸交流会在斐济举行。

20 日 中国同汤加签署中国援助汤加体育训练器材交接证书。

24 日 悉尼市正式宣布进入“气候紧急状态”。

25 日 “建设南联”大会（Building the Southern Link Conference）在新西兰召开。

26 日 罗伊国际政策研究所调研显示，澳大利亚民众对中国的信任度降至 15 年来最低水平。

28 日 《区域全面经济伙伴关系协定》（RCEP）谈判在澳大利亚墨尔本举行，美国缺席。

30 日 新西兰国防部长罗恩·马克（Ron Mark）抵达北京，开始为期 4 天的访问。

7月

1 日 新西兰禁塑令正式生效。

1 日 新西兰修订后的移民指导条例开始正式生效。

2 日 新西兰发布《从知识浪潮到数字时代：新西兰不断增长的创新产业报告》。

2 日 新西兰宣布再提供 150 万新西兰元的人道主义援助委内瑞拉。

3 日 新西兰宣布退出建造世界上最大的电波望远镜项目——平方千米阵（Square Kilometre Array）。

4 日 澳大利亚政府力推的 1580 亿澳元减税案国会获得通过。

4 日 中国台湾与太平洋岛国论坛签署能力建设项目合作协议。

4 日 非加太集团与欧盟举行关于“后科托努协定”太平洋区域议定书的第一次正式谈判会议。

10 日 澳新两国签署批评中国人权声明。

11 日 新西兰任命首位华人担任种族关系专员。

11 日 澳美“护身军刀”（Talisman Sabre）联合军演正式拉开帷幕。

16～20 日 新西兰外交部长彼得斯访问美国，旨在启动双边谈判。

17 日 新西兰公布《道路零死亡》（Road to Zero）安全战略提案。

18～19 日 新西兰总理阿德恩访澳，双方谈及澳大利亚将罪犯遣返新西兰的问题。

20 日 离岸移民羁留中心重新开放 6 周年，澳大利亚多个城市举行抗议集会活动。

22日 巴新总理马拉佩对澳大利亚进行正式访问，却频频被问及中国问题。

22日 新西兰宣布开启第二轮枪支法改革。

23日 新西兰 humātao 土地争议爆发。

25日 太平洋岛国论坛经济部长会议召开。

26日 太平洋岛国论坛外交部长会议举行。

26日 世界银行发布的《巴新经济形势最新报告：在不确定性中复苏》显示，巴新经济开始复苏。

29日 新西兰奥克兰大学几名中国大陆留学生与中国香港留学生发生冲突。

8月

1日 伊利集团收购新西兰威士兰乳业100%股权交割仪式在奥克兰举行。

1日 澳大利亚广播公司报道，澳大利亚前外长毕晓将于2020年开始担任澳洲国立大学校董会主席。

2日 布干维尔公投时间再次推迟至11月23日举行。

2日 中国外交部部长王毅在泰国曼谷应约会见澳大利亚外长佩恩。

2~3日 《区域全面经济伙伴关系协定》（RCEP）部长级会议首次在华举办。

4日 澳美两国的部长级对话会上，两国国防部长对美国想要在北领地部署导弹一事予以否认。

5~8日 北约秘书长斯托尔滕贝格（Jens Stoltenberg）先后访问新西兰和澳大利亚。

7日 澳大利亚在圣诞岛以西海域截获一艘来自斯里兰卡的偷渡船。

7日 新西兰央行宣布将基准利率下调至1%的历史低点。

8 日 澳大利亚国会情报与安全联合委员会主席、工党议员海斯蒂将中国崛起与 20 世纪 40 年代的纳粹德国相提并论。

8 日 新西兰《堕胎法》新法案在国会通过一读。

12 日 澳大利亚表示将把自己定位为用于生产高科技军事系统的稀土材料“供应商”。

13～15 日 中国旅游研究院戴斌院长率代表团访问汤加。

13～16 日 第 50 届太平洋岛国论坛领导人会议在图瓦卢首都富纳富提举行。

14 日 澳大利亚澄清了美军会在达尔文新建海军基地的传言，但称美方将斥资逾 3 亿澳元升级在澳军事装备。

15 日 巴新政府谈判团队抵达新加坡，寻求与道达尔石油公司等就巴布亚液化天然气项目合约条款进行重新谈判。

15 日 新西兰中国关系促进委员会举办《理解中国在新西兰投资报告》发布会。

17 日 美国国务院发布美国在太平洋岛屿参与的情况说明书。

18 日 澳大利亚战略政策研究所（ASPI）一份报告指出，澳需要增加在本国北部的国防投资。

20 日 中国援助巴新菌草、旱稻技术项目启动仪式举行。

21 日 澳大利亚宣布加入美国主导的“护航联盟”。

22～24 日 澳大利亚总理莫里森访问越南，成为 25 年来首位对越南进行正式访问的澳总理。

26 日 中国同新西兰举行外交政策磋商。

26 日 新西兰公布年度自杀统计数字，自杀死亡人数创下有记录以来的最高水平，且年轻人为高发群体。

27 日 巴新新任总理马拉佩改组内阁。

28 日 澳大利亚教育部长铁寒（Dan Tehan）宣布将在高校组建特别工作组应对外国干预的问题。

30 日 澳大利亚总理莫里森到访东帝汶并带去一揽子援助计划，

29 日　为期 5 天的欧盟 - 太平洋“后科托努协定”区域议定书第四次联合谈判会议在斐济开始举行。

30 日　澳大利亚广播公司报道，澳 SIV 签证吸引了百亿澳元投资，其中中国投资者占九成。

9月

3～5 日　中共中央委员、甘肃省委书记林铎率中共代表团对巴新进行友好访问。

4 日　一中国旅行团在新西兰北岛发生致命车祸，造成 5 人死亡，多人受伤。

4 日　最新数据显示澳大利亚 2019 年第二季度的经济增长率仅 0.5%。

5 日　参加中国 - 巴新双边人力资源合作研修班的巴新学员抵达海南省，接受为期三周的培训。

5 日　澳大利亚发布的数据显示，2018～2019 年获得永久居留权的移民人数已降至十年来最低水平。

6 日　据《新西兰先驱报》报道，新西兰麻疹确诊人数已经超过 1000 人。

11 日　国家主席习近平同密克罗尼西亚联邦总统帕努埃洛互致贺电，庆祝两国建交 30 周年。

13 日　澳大利亚、加拿大、印度尼西亚和新加坡发表联合声明，共同呼吁中美结束贸易摩擦。

16 日　所罗门群岛决定中断与中国台湾的关系，与中华人民共和国建交。

16 日　澳大利亚和斐济在堪培拉正式签署“斐济 - 澳大利亚‘家庭’伙伴关系”（Fiji-Australia Vuvale Partnership）协议。

20 日　基里巴斯宣布同中国台湾“断交”并将同中华人民共和国恢复外交关系。

21 日　中国和所罗门群岛签署《中华人民共和国和所罗门群岛关于建立外交关系的联合公报》，建立大使级外交关系。

21 日　澳大利亚总理莫里森宣布将给本国的航天技术公司投资 1.5 亿澳元，帮助美国 2024 年重返月球。

22 日　中国森田企业集团与所罗门群岛中部地方政府签署协议，获得该国图拉吉岛及周边地区为期 75 年的独家开发权。

23 日　巴新首家孔子教育文化研究中心在东高地省首府戈罗卡大学成立。

24 日　澳大利亚总理莫里森将中国定义为“发达国家”。

25 日　中国外交部部长王毅在纽约会见澳大利亚外长佩恩。

26 日　澳新州议会通过《2019 年堕胎法改革法案》，实现堕胎除罪化。

26 日　据澳大利亚广播公司报道，澳媒关于中国的新闻报道量一年内翻了一番。

27 日　中国与基里巴斯签署《中华人民共和国与基里巴斯共和国关于恢复外交关系的联合公报》，两国恢复大使级外交关系。

27 日　澳大利亚宣布一亿澳元援助干旱灾区农民的方案。

27 日　澳大利亚宣布对退休收入制度进行综合调查评估。

10月

1～4 日　太平洋联盟在斐济举行会议。

2 日　新西兰优先党主席 Lester Gray 宣布辞职又退党的消息。

7 日　澳新“反抗灭绝”气候抗议者举行示威游行，均有人被捕。

8 日　新西兰财政部数据显示，2018～2019 财年政府盈余为 75 亿新西兰元，创下近十年新高的纪录。

8 日　澳大利亚表示将支持在所罗门群岛设立边境巡逻前哨站。

11 日　澳大利亚内政部长杜敦重申支持禁止华为参加建设澳大利亚的 5G 通信网，并抨击中国的“一带一路”倡议。

11 日　据 RNZ 报道，新西兰市长们五年里访问中国 73 次，超过了其访问其他所有国家的次数的总和。

11～12 日　澳大利亚总理莫里森访问斐济，推动两国的“家庭”

（Vuvale）伙伴关系。

12 日　第四届中澳“一带一路”投资与金融合作圆桌对话举行。

12 日　新西兰奥克兰公布的地方选举初步结果显示，17 名华人中有 8 人成功当选市议员和地区议员。

14 日　“中澳经贸合作与北澳开发论坛”在澳大利亚北领地首府达尔文举行。

15 日　中国海军新型训练舰戚继光舰开始首次对巴新进行为期 4 天的友好访问。

15 日　太平洋岛国论坛秘书处发布《博埃宣言行动计划》。

16 日　国家主席习近平在人民大会堂会见新西兰前总理约翰·基。

16 日　澳大利亚安全情报机构（ASIO）发布 2018～2019 年度报告，声称需要更多资源应对外国干涉威胁。

16 日　澳大利亚政府将与中国香港、印度尼西亚以及秘鲁的自贸协议草案同时提交国会。

19 日　新西兰优先党深陷与新西兰优先基金会有关的“捐款门”事件。

20～21 日　“第三届中国－太平洋岛国经济发展合作论坛”在萨摩亚首都阿皮亚召开，以“开放合作、共享发展”为主题。

21 日　澳大利亚全国主流媒体联合展开一场大规模运动，抗议政府打压新闻自由。

22 日　据《悉尼先驱晨报》报道，五个主要的太平洋港口加入澳大利亚联盟。

22 日　新西兰紧急发起的新反恐法案《制止恐怖主义控制令法案》在国会通过一读。

22 日　新西兰奥克兰正在建设中的 SkyCity 会议中心突发大火，2021 年 APEC 峰会原定于此举行。

23 日　澳大利亚维州州长安德鲁斯（Daniel Andrews）在北京同意进一步加深维州与中国之间的联系。

24 日　所罗门群岛政府宣布，地方政府与森田所签署的岛屿租赁协议是非法的，必须立即终止。

25 日　“中国－巴布亚新几内亚贸易对接会及签约仪式”在巴新首都举行。

26 日　据《悉尼先驱晨报》报道，自 2012 年以来逾 30% 中国移民未获澳大利亚公民身份。

26～30 日　中国海军戚继光舰对新西兰进行友好访问。

28～31 日　国际矿产和资源大会在澳大利亚召开，反对大会活动抗议者与警察发生冲突，超过 40 人被逮捕。

29 日　澳大利亚外长佩恩妄批中国人权问题。

29～31 日　“北京＋25 审查”太平洋筹备会议召开。

31 日　澳大利亚发布的数据显示，2019 年 6～9 月获准入籍人数激增 177%。

11月

1 日　澳大利亚国防部长雷诺兹（Linda Reynolds）呼吁美国在印太地区担负更重要的角色。

3 日　第七轮中澳总理年度会晤举行。

4 日　中新宣布正式结束两国之间自由贸易协定升级谈判。

4 日　《区域全面经济伙伴关系协定》（RCEP）第三次领导人会议在曼谷闭幕，正式对外宣布整体上结束谈判（没有印度）。

4～7 日　中国海军戚继光舰首次对斐济进行友好访问。

5～10 日　第二届中国国际进口博览会（CIIE）在上海成功举办。

7 日　新西兰《零碳法案》在国会几乎全票通过三读。

8 日　巴新总理马拉佩政府重组内阁。

10 日　新西兰新政党“可持续新西兰”（Sustainable NZ）正式诞生，党魁 Tava 是前绿党成员。

11 日　澳大利亚新南威尔士州因林火宣布该州进入为期 7 天的紧急状态。

13日　新西兰国会通过《生命终结选择法案》（俗称“安乐死的法案”）三读。

14日　中澳两军第22次防务战略磋商在悉尼举行。

15日　中国禁止澳大利亚两名反华议员自由党议员海斯蒂（Andrew Hastie）和参议员佩特森（James Paterson）入境。

15日　中国蒙牛乳业收购澳大利亚有机婴儿奶粉生产商贝拉米的交易有条件获批。

18日　澳大利亚前总理基廷（Paul Keating）主张澳应将重点放在帮助“设计与中国交往，而不是阻止其主导本地区的新结构”上。

18日　澳大利亚联邦和州环境部长举行会议，为实施废物出口禁令制定时间表。

18日　澳大利亚前总理艾伯特（Tony Abbott）敦促澳政府加强与包括日本和印度在内的“民主超级大国”的盟友关系。

19日　澳美正式签署开展关键矿产项目合作协议。

19日　遭塔利班绑架三年的澳大利亚学者韦克斯（Timothy Weeks）教授获释。

20日　澳大利亚第二大银行西太平洋银行被控违反《反洗钱及反恐怖主义融资法》逾2300万次。

21日　巴新国家法院裁定暂停巴布亚液化天然气（Papua LNG）项目。

23日　澳大利亚政府宣布增加在主要城市外定居的难民人数计划。

25日　澳大利亚政府承诺拨款5.37亿澳元改善老年护理。

26日　15个非加太国家和发展伙伴在苏瓦举行会议。

27日　新西兰第一所自杀预防办公室正式对外开放。

12月

2日　澳大利亚宣布成立新的“反外国干涉特别行动组”（CFIT）应对

间谍行为和外来干涉。

3 日 新西兰政府宣布正在采取行动将海外捐款的限制门槛定在了 50 新西兰元。

4 日 “2019 年巴布亚新几内亚棕榈作物产业化关键技术培训班”在巴新首都举办开幕式。

4 日 澳大利亚参议院废除了《难民医疗转移法案》。

5 日 澳大利亚总理莫里森：澳大利亚要适应中国将改变世界秩序。

9 日 新西兰怀特岛火山发生大喷发，造成的伤亡人数创下历史之最。

9 日 新西兰宣布奥克兰港确定要搬迁。

9 日 联合国发布《2019 年人类发展报告》，巴新是太平洋国家唯一处在低指数区间的国家。

11 日 布干维尔独立公投结果出炉，近 98% 参与投票的人支持布干维尔从巴新独立。

11 日 新西兰宣布将追加 120 亿新西兰元用于基础设施建设。

12 日 新西兰统计局表示，2019 年 1 ~ 10 月来自中国的游客减少了 4.19 万人。

12 日 《信使邮报》报道：巴新投资促进局局长表示，2018 年中国是巴新的第一大投资伙伴。

13 日 国家主席习近平同密克罗尼西亚联邦总统帕努埃洛会谈。

13 日 澳大利亚石油勘探开发公司协会（APPEA）发布的数据显示，2017 ~2018 财年澳油气工业贡献了 58 亿澳元的税、租金和权利金。

14 日 新西兰宣布捐赠 100 万新西兰元帮助应对太平洋地区的麻疹疫情。

16 日 首届澳大利亚 - 斐济年度国防部长会议在澳珀斯举行。

16 日 澳大利亚联邦审计总署公布了 26 个最大的国防项目的审计报告，这些项目预算膨胀 244 亿元。

16 日 澳大利亚财长弗莱登伯格发布《中期经济和财政展望》(MYEFO)，全面下调多个预测数据。

16 日 新西兰中国关系促进委员会（NZCC）重组董事会。

16～18 日　ACP 太平洋地区举办第一次非加太知识和信息交流活动。

18 日　澳大利亚外长佩恩宣布任命被称赞为“澳大利亚的中国先生”的史密斯（Warwick Smith）为澳中关系国家基金会主席。

23 日　《信使邮报》报道：2019 年有 544 家有牌照的安保公司在巴新运营。

Abstract

From 2019 to 2020, the development of the Oceania region has withstood severe tests. Affected by the weak global economic growth and the global health crisis at the beginning of 2020, Oceania's economy is going through a downturn trajectory and the slowdown pressure on the economy is increasing, as a result, governments have to take strong interventionist actions. At the same time, emerging public crises have been challenging the societal governance capabilities across the Oceania region. Environmental protection, populism and the superposition of various factors make the political situation in Oceania more complex with increased volatilities. Over the period of 2019 – 2020, China has made significant progress in diplomacy with Pacific island countries, but the attitude of Pacific island countries toward China is two-sided, and the bilateral relationship between China and Australia has fallen into a cliff again, all these actors suggest that in the near future, China will still face an extremely variable and challenging South Pacific diplomatic situation.

On the political front, the ruling the Liberal-National Coalition Party led by the Prime Minister Scott Morrison won the Australian Commonwealth election. In this election, the coalition party repeatedly hyped the immigration issue, especially tightening the Asian immigration policy, opposing same-sex marriage, and supporting the Trump administration's Israeli policy. One of New Zealand's most important internal affairs in 2019 related to the public safety issues, represented by the South Island shooting. The excellent crisis response to the terrorist attack in Christchurch mosques in March 2019 earned Prime Minister Aden an extremely high reputation in the international community. However, in New Zealand, the central-right NZ first party in the coalition government has many differences with the Labour Party on such key issues as social redistribution, immigration, security and diplomacy, which poses certain constraints on the governance of the coalition government led by Ardern.

On the diplomatic front, in 2019, Australia continued to maintain a diplomatic posture that was close to the United States in the context of the Trump administration's acceleration in reshaping of the strategic layout of the Indo-Pacific region. Contrary to Australia, New Zealand has shown a trend of contraction defense strategy. In June 2019, the New Zealand government announced the recall of its garrison in Iraq, shifting the focus of its defense to the Pacific region. In terms of relations with China, Australia and New Zealand, especially Australia, continue to adopt the dual-track development strategy of economic and political exchanges with China. On the one hand, Sino-Australian and Sino-New Zealand trade cooperation continued to advance. On the other hand, in addition to continuing confrontation on Huawei's 5G and other persisting issues, Australia and New Zealand have frequently accused China of its interference in Australia's and New Zealand's internal affairs.

Despite the coexistence of conflict and cooperation between China and Australia and New Zealand in various diplomatic areas, some fruitful results have been achieved in the diplomatic work with South Pacific island countries. In May 2019, Prime Minister Vanuatu visited China. In September, China established diplomatic relations with Solomon Islands and resumed diplomatic relations with Kiribati. In October, vice Premier Hu Chunhua led a delegation to attend the "Third China-Pacific Island Countries Economic Development Cooperation Forum" held in Samoa. The Prime Minister of Solomon Islands visited China, the President of the Federated States of Micronesia visited China in December, and the President of Kiribati visited China in January 2020. At the same time, China has steadily promoted the construction of China Town, assisted in dry rice technology and 5G projects cooperation with in Papua New Guinea. The development of relations with Pacific island countries has showed good momentum.

Environmental protection has become one of the most important issues in Oceania's policy agenda in 2019. Following the adoption of the Plastic Prohibition Order in July 2019, the "Zero Carbon Act" passed the third reading at the New Zealand parliament in November. Climate anomalies in Australia triggered environmental crisis and social anxiety through unprecedented severe bushfires, which spread to political and economic levels. The smoke has even affected South America after crossing the Pacific Ocean, and the Australian economy has also been hit hard by the fire.

Keywords: Oceania; Australia; New Zealand; Pacific Islands; Diplomatic Relations

Contents

I General Report

Abstract: In 2019 –2020, countries in the South Pacific were facing mega challenges of both economy and social governance. Lack of enough stimulant from global economic growth but shocks resulted in the serious pandemic situation all over the world, the economic growth of Australia, New Zealand and the Islands countries were all under high pressure and hardly any positive performance. At the meantime, public crisis or emergent events challenged the social governance in the fields of environmental protection, populist movement and criminals. In the diplomatic aspect, the Chinese made a great success in promoting the relationship to the islands countries. However, there were also unstable factors would influence the South Pacific's foreign affairs including the geopolitical confrontation of big powers.

Keywords: Oceania; Economic Development; Domestic Affairs Situation; Diplomatic Competition

Ⅱ Australia and New Zealand Reports

Abstract: Australia had a general election in 2019, in which the Liberal-National Coalition that had been in power for six years won a clear victory. The outcome is consistent with Australia's political logic though out of the expectations of some political watchers and analysts. It is the consequence of Australia's declining economy and its right-shifting domestic politics in the post-Cold War period, as well as the joint influence of the political forces in both America and Australia. The outcome of the election reveals Australians'concern with economic performance, livelihood and the widening gap between the rich and the poor on the one hand, and the rise of populism and right-wingers in Australia during the economic downturn on the other hand. It also indicates that Australia's domestic and foreign policies will continue to develop along the right-turning trajectory, with a slim chance to generate the huge reforming forces to reverse the trend in the short term. As the largest trading partner of Australia and one of most dynamic economies in the Asia-Pacific, China expands its economic influence in and connection to Australia, which constitutes the basis of China-Australia partnership and the keystone of a relatively stable bilateral relationship.

Keywords: General Election of Australia; RCEP; China-Australia Relations

Abstract: This report intends to unravel patterns in Australia's news consumption and explore deeper trends by drawing on lists of top reads in 2019 compiled by four Australian media with different targeted readers and circulation areas, and by referring to the annual surveys of the "Digital News Report: Australia" for the past five years. Preference to sensational news or those about disaster, crime or daily life is evident in all lists. What has also been confirmed, consistent with news consumption behaviour all along, is a tendency to closely follow national news. A shift to note for year 2019 is a statistically significant worsening of attitude to news and media: more are not inclined to agree that news are "relevant" to them; interest in both news and political news is down; a historical high percentage of respondents think "the news is too negative", accompanied by very high levels of news avoidance and distrust in news, not only in terms of comparison with previous four surveys but also with other 37 respondent countries. This remarkable shift may be mostly attributed to the rather unpleasant experience of news reading by Australians in the twelve months (or even longer) immediately before the survey.

Keywords: Top News; Australia; News Consumption

Abstract: Australia-India Trade Relations have undergone a series of new changes since the introduction of "An India Economic Strategy to 2035", including the signing of the "Australia-India Memorandum of understanding on Trade and Investment", the establishment of a food partnership, the investment expansion of Australian pension fund in India, the signing of the "Air Services Agreement", and the establishment of a new Australian Consulate General in Calcutta, India. These measures show that "An India Economic Strategy to 2035" approved by the Australian government has promoted the development of Australia-India trade relations during the implementation, and the trade cooperation between the two countries has gained phased achievements.

Keywords: Australia; India; "An India Economic Strategy to 2035"; Trade Relations

B. 5 Review of New Zealand's Domestic and Foreign Politics in 2019

Huang Jie and Wang Weiguang / 073

Abstract: In 2019, issues like Capital Gains Tax, migrants and refugees, zero carbon, Christchurch terrorist attack and gun-control are the major ones in New Zealand's domestic politics, and the relations with global and regional powers like U. S. , China and Australia, climate change, Pacific Reset, and free trade are the priorities in its foreign politics. Under the backdrop of the rising global popularism and its influence, New Zealand's domestic and foreign politics are characterized by progressive leftism throughout 2019. The general election to be held in September 2020, combined with the new changes in the country's geostrategic environment will further shape New Zealand's politics in the near future.

Keywords: New Zealand's Politics; New Zealand's Diplomacy; International Relations; South Pacific

B. 6 Relations between China and New Zealand in 2019: Interaction, Agenda and Ajustment

Wang Weiguang and Zhang Mengdi / 095

Abstract: In 2019, the trade and economic interactions between China and New Zealand maintain a strong momentum of growth, and the two countries also maintain relatively frequent interactions in politics and diplomacy, economy, security and so on, and make several achievements including the completion of negotiations on upgrading the Free Trade Agreement. Meanwhile, there are some disputes in New Zealand concerning the relations with China, and some contradictions in China-New Zealand relations reflected by Huawei's 5G issue and so on still exist and trigger extensive discussions. The two countries, especially New Zealand, are making adaptations to meet the changes of reality concerning their relations.

Keywords: China; New Zealand; Diplomacy; International Relations

Ⅲ Pacific Islands Countries Reports

Abstract: Melanesian island countries including Papua New Guinea, Solomon Islands and Fiji have a better economic foundation and closer interaction with China compared with Polynesian and Micronesian countries. This paper will focus on the analysis of the unique natural endowments and cultural characteristics of Melanesian island countries, the influence of Melanesian Spearhead Group on the development of the region, as well as the trends and characteristics of the interaction with China in pursuing their own development.

Keywords: Melanesian Island Countries; The Belt and Road; South Pacific Region

Abstract: In recent years, the economic, trade, and investment cooperation between China and Pacific island countries has shown a good development momentum, which has laid a solid foundation for their production capacity cooperation. The establishment and development of China-Pacific Island

Countries Economic Development and Cooperation Forum and other cooperation mechanisms have also provided important support for the production capacity cooperation. At present, China and Pacific island countries face new opportunities in production capacity cooperation in infrastructure construction, development and utilization of renewable or clean energies, green agriculture and other industries, but some projects face challenges such as unsustainable host country debts, high construction and operating costs, and instable political environment. Therefore, both sides should tap the potential of cooperation in key areas, control the cost of cooperative projects and consolidate the political basis for production capacity cooperation, so as to ensure the orderly advancement of the production capacity cooperation projects.

Keywords: The Belt and Road; Pacific Island Countries; Production Capacity Cooperation

Ⅳ Special Topics

Abstract: The regional order in the South Pacific has changed in the 2010s, the most recent decade. While Australia and New Zealand (ANZ) still maintain their dominant role in the regional affairs to a large extent, new dynamics of rising Chinese profile, more involvement from outside players and more active Pacific regionalism have shaped the regional order in terms of major actors, pattered interactions and regional identities. A rising Pacific agency, characterized by more active Pacific-led and Pacific-owned regionalism driven by its development needs especially the climate agenda under the new global circumstances, has shaped the region identity.

Keywords: Regional Order; South Pacific; Pacific Regionalism; Geopolitics; Climate Change

Abstract: 2019 marked a year of growing US-Australia cooperation in promoting the Indo-Pacific Strategy, one that witnessed a re-focusing on the South Pacific, where Washington and Canberra sought to renew and strengthen all-round diplomatic, economic and security ties with the Pacific island states to counter what are perceived emerging Chinese challenges. Australia in particular rolled out a series of initiatives, such as the Pacific Step-Up, creating new diplomatic posts, dedicated economic assistance, and security exchanges, all aimed at regaining Australia's role and place as the region's dominant force and a solid anchor of the Trump administration's strategic realignment in the South Pacific. While understandable from the perspective of a long-standing alliance with the US, Australia's ability to both fulfill and accomplish these ambitious goals not only will depend on its own capacities but also the stability and commitments of the evolving US strategy toward the region.

Keywords: Indo-Pacific Strategy; Pacific Step-Up; US Australia Alliance; South Pacific

Abstract: The end of the Cold War has witnessed an increasingly strong Australia-US Alliance. On the one hand, it is because that Australia and the United States believe that the existence of the Alliance is in their own national interests. On the other hand, the institutional design of the Alliance allows the two countries to interpret the risks they face flexibly according to the changes of the environment and their own needs. They can interpret the risks from the perspective of security, and then justify the existence of the Alliance. These two factors are the most important reasons for Australia-US Alliance to maintain its cohesion, and also explain why Australia-US Alliance can maintain its vitality in the context of the Indo-Pacific Strategy put forward by the Trump administration, and promote the implementation of the Indo-Pacific Strategy.

Keywords: Australia-US Alliance; Australia-US Relations; Cohesion; Indo-Pacific Strategy

B. 12 Analysis of the Foreign Policy Decision-making Mechanism of Australia

Yu Changsen / 180

Abstract: Australia plays an active role in handling bilateral relations, regional cooperation and global affairs as an active middle power in the Asia Pacific region. This paper will analyze the foreign policy decision-making mechanism of Australia, so as to present the composition and operation characteristics of each component of the mechanism in a panoramic manner. Australia's foreign policy decision-making is characterized by its hierarchy, openness and diversity of participants. In this process, the Prime Minister is the highest decision-maker, and the administration and bureaucracy are the actual makers and enforcers. In addition, as an open society, Australia is subject to the direct or indirect influence of intelligence agencies, interest groups, think tanks and media in terms of its foreign policy decision-making.

Keywords: Australia; Foreign Policy Decision-making Mechanism; Middle Power; Hierarchy

Abstract: 2019 is a year full of changes and challenges for Australia's defense and security policies. On the one hand, the security environment in the Indo-Pacific region becomes more and more uncertain with the growing trend of China-US strategic competition, which has increased the instability and risk of the external security of Australia. On the other hand, due to the sudden large-scale wildfire in Australia in the second half of 2019, non-traditional security issues which had not been paid enough attention to become serious security threats. In terms of official policies, Australia's defense strategies with US-Australia Alliance as the core remain unchanged and have been further strengthened in many aspects, however, the rapid changes in the balance of major powers in the region and the increasingly prominent non-traditional security threats have triggered heated discussions about defense strategies as well as the composition and use of military forces in Australia.

Keywords: Regional Security; US-Australia Alliance; Australia; Non-traditional Security Issues

Abstract: In 2019, the development of relations between Japan and Pacific Island countries showed a state of "great harmony and small differences", and Japan firmly implemented the "South Pacific Policy". Japan has strengthened its partnership with Australia, New Zealand and the South Pacific island countries through strategic alliances, economic mutual assistance, resource development, and scientific and technological exchanges. Oceania countries are one of the important fulcrums for Japan to achieve its national strategic aspirations and geostrategic objectives, while Japan is an "Valuable" country that Oceania countries cannot ignore.

Keywords: South Pacific Policy; Multilateral Defense; Marine Diplomacy; Regionalism

权威报告·一手数据·特色资源

皮书数据库

ANNUAL REPORT(YEARBOOK) DATABASE

分析解读当下中国发展变迁的高端智库平台

所获荣誉

- 2019年，入围国家新闻出版署数字出版精品遴选推荐计划项目
- 2016年，入选“‘十三五’国家重点电子出版物出版规划骨干工程”
- 2015年，荣获“搜索中国正能量 点赞2015”“创新中国科技创新奖”
- 2013年，荣获“中国出版政府奖·网络出版物奖”提名奖
- 连续多年荣获中国数字出版博览会“数字出版·优秀品牌”奖

成为会员

通过网址www.pishu.com.cn访问皮书数据库网站或下载皮书数据库APP，进行手机号码验证或邮箱验证即可成为皮书数据库会员。

会员福利

- 已注册用户购书后可免费获赠100元皮书数据库充值卡。刮开充值卡涂层获取充值密码，登录并进入“会员中心”—“在线充值”—“充值卡充值”，充值成功即可购买和查看数据库内容。
- 会员福利最终解释权归社会科学文献出版社所有。

数据库服务热线：400-008-6695
数据库服务QQ：2475522410
数据库服务邮箱：database@ssap.cn
图书销售热线：010-59367070/7028
图书服务QQ：1265056568
图书服务邮箱：duzhe@ssap.cn

社会科学文献出版社 SOCIAL SCIENCES ACADEMIC PRESS (CHINA) 皮书系列
卡号：412936327917
密码：

S 基本子库
UB DATABASE

中国社会发展数据库（下设 12 个子库）

整合国内外中国社会发展研究成果，汇聚独家统计数据、深度分析报告，涉及社会、人口、政治、教育、法律等 12 个领域，为了解中国社会发展动态、跟踪社会核心热点、分析社会发展趋势提供一站式资源搜索和数据服务。

中国经济发展数据库（下设 12 个子库）

围绕国内外中国经济发展主题研究报告、学术资讯、基础数据等资料构建，内容涵盖宏观经济、农业经济、工业经济、产业经济等 12 个重点经济领域，为实时掌控经济运行态势、把握经济发展规律、洞察经济形势、进行经济决策提供参考和依据。

中国行业发展数据库（下设 17 个子库）

以中国国民经济行业分类为依据，覆盖金融业、旅游、医疗卫生、交通运输、能源矿产等 100 多个行业，跟踪分析国民经济相关行业市场运行状况和政策导向，汇集行业发展前沿资讯，为投资、从业及各种经济决策提供理论基础和实践指导。

中国区域发展数据库（下设 6 个子库）

对中国特定区域内的经济、社会、文化等领域现状与发展情况进行深度分析和预测，研究层级至县及县以下行政区，涉及地区、区域经济体、城市、农村等不同维度，为地方经济社会宏观态势研究、发展经验研究、案例分析提供数据服务。

中国文化传媒数据库（下设 18 个子库）

汇聚文化传媒领域专家观点、热点资讯，梳理国内外中国文化发展相关学术研究成果、一手统计数据，涵盖文化产业、新闻传播、电影娱乐、文学艺术、群众文化等 18 个重点研究领域。为文化传媒研究提供相关数据、研究报告和综合分析服务。

世界经济与国际关系数据库（下设 6 个子库）

立足“皮书系列”世界经济、国际关系相关学术资源，整合世界经济、国际政治、世界文化与科技、全球性问题、国际组织与国际法、区域研究 6 大领域研究成果，为世界经济与国际关系研究提供全方位数据分析，为决策和形势研判提供参考。

法律声明